D1932471

WERKE DER WELTLITERATUR

NATHANIEL HAWTHORNE

DER GARTEN DES BÖSEN

Nathaniel Hawthorne

Der Garten des Bösen

und andere Erzählungen

Magnus Verlag

Herausgegeben von R. W. Pinson
Neubearbeitung nach der ersten deutschen Gesamtausgabe von 1851/52 unter Hinzuziehung der Originalausgaben

© MAGNUS VERLAG
Mit Genehmigung der Rechteinhaber
Druck und Bindung:
Salzer - Ueberreuter, Wien

ISBN 3-88400-216-3

INHALTSVERZEICHNIS

Die Blumen des Bösen

Ein junger Mann, namens Giovanni Guasconti, kam vor langer Zeit aus Süditalien zum Studium nach Padua. Die goldenen Dukaten klangen nur spärlich in seiner Tasche, und Giovanni bezog ein hohes, düsteres Zimmer in einem alten Haus, das gut ein ehemaliger Adelspalast hätte sein können. Und in der Tat: das Wappenschild einer längst erloschenen Familie war über dem Portal zu sehen. Der junge Fremde wußte wohl Bescheid in seines Vaterlandes größter Dichtung, und er wußte, daß Dante einen Vorfahren dieses Geschlechtes, einen Bewohner dieses Hauses vielleicht, teilhaben ließ an den unendlichen Qualen seines Inferno. Diese Beziehungen und Erinnerungen, im Verein mit der Neigung zum Weltschmerz, so natürlich bei einem jungen Menschen, der zum ersten Mal heimatlicher Vertrautheit entrissen ward, entlockten Giovanni einen tiefen Seufzer, als er sich umschaute in dem trostlosen, schlecht möblierten Raum.

„Heilige Jungfrau", rief die alte Lisabetta, die sich, gefangen von der auffallenden Schönheit des Jünglings, freundlich muhte, das Zimmer wohnlich herzurichten, „solch ein Seufzer aus so junger Brust! Findet Ihr das alte Haus düster? Dann steckt um Himmels willen rasch den Kopf zum Fenster hinaus, und Ihr werdet ebenso hellen Sonnenschein sehen, wie Ihr ihn in Neapel zurückgelassen habt."

Unwillkürlich tat Guasconti, wie die alte Frau ihm riet; allein er war nicht ganz ihrer Ansicht, daß die Sonne in der Lombardei so hell schien, wie im südlichen Italien. Doch sie fiel auf einen Garten unter dem Fenster und teilte ihre mütterliche Sorgfalt vielen Blumen mit, die mit außerordentlicher Liebe gepflegt erschienen.

„Gehört dieser Garten zum Hause?" fragte Giovanni.

„Gott behüte Herr! Ja, wenn bessere Kräuter da wüchsen als jetzt", antwortete Lisabetta. „Nein, diesen Garten bebaut Signor Giacomo Rappacini mit eigener Hand, der berühmte Arzt, von dem man doch ganz gewiß schon bis Neapel gehört hat. Man sagt, daß er Arzneien mache aus diesen Pflanzen, die machtvoll seien wie Zauberei. Ihr könnt den Herrn Doktor bald bei der Arbeit sehen, und wenn Ihr Glück habt, auch seine Tochter, wenn sie die seltsamen Gewächse pflückt, die in diesem Garten wachsen."

Die alte Frau hatte nun am Aussehen des Zimmers ihr Möglichstes getan, empfahl den jungen Mann dem Schutze der Heiligen und ging hinaus.

Noch immer wußte Giovanni nichts Besseres zu tun, als in den Garten unter dem Fenster hinabzuschauen. Dem Anblick nach hielt er ihn für einen botanischen Garten, wie man ihn in Padua früher kannte, als sonst irgendwo in Italien oder auf der ganzen Welt. Möglich auch, daß er einst der Lustgarten einer reichen Familie war, denn in der Mitte stand die Ruine eines Marmorbrunnens, in höchst kunstvoller Arbeit, aber so kläglich zertrümmert, daß keine Möglichkeit mehr bestand, den ursprünglichen Entwurf aus dem Wirrwarr der Überreste zu enträtseln. Das Wasser aber sprang und funkelte im Sonnenschein so freudig wie nur je. Ein leises Murmeln drang bis zum Fenster des Jünglings und gab ihm das Gefühl, als sei im Brunnen ein unsterblicher Geist, der sein Lied in Ewigkeiten singt und nicht acht hat, was um ihn geschieht, mag ein Jahrhundert ihn in Marmor meißeln, ein anderes dies vergängliche Gewand in Splittern auf den Boden streuen. Der ganze Teich, in den das Wasser abfloß, war von verschiedenartigen Pflanzen überwuchert, die sehr viel Feuchtigkeit zu brauchen schienen, um ihre ungeheuren Blätter und üppigen Blüten zu ernähren. Ein Strauch besonders, den man mitten im Teich in eine Marmorurne gepflanzt hatte, trug eine Überfülle purpurner Blüten, jede einzelne reich und strahlend wie ein Edelstein; und von dem ganzen Busch ging ein solches Leuchten aus, daß es ausreichend schien, dem Garten Licht zu geben, auch ohne Sonnenschein. Allenthalben war der Boden mit Pflanzen und Kräutern bevölkert, die, wenn auch weniger schön, doch sorgfältigste Pflege verrieten, als hätte jede ihre besondere Tugend, um derentwillen ein gelehrter Geist sie hegte. Einige waren in reich geschnitzte alte Urnen gepflanzt, andere in schlichte Blumentöpfe. Wie Schlangen krochen sie am Boden hin, oder sie klommen hoch empor, alles benützend, was sich darbot zum Klettern. Eine Pflanze wand sich um ein Standbild des Vertumnus, der ganz verhüllt und eingeschlossen war in einem Kleid von hängendem Blattwerk, so künstlerisch geschlungen, daß es einem Bildhauer zum Modell hätte dienen können.

Während Giovanni noch am Fenster stand, hörte er hinter einer Blätterwand etwas rascheln und sah, daß jemand sich im Garten zu schaffen machte. Bald trat die Gestalt vor seinen Blick. Es war kein gewöhnlicher Arbeiter, sondern ein schlanker, hagerer, blaß und kränklich aussehender Mann in schwarzem Gelehrtengewand. Er stand jenseits der Mittelgrenze des Lebens, das Haar und der dünne Bart waren grau; sein Gesicht sprach in hohem Maße von Klugheit und Kultur, aber es hatte wohl nie, auch in jüngeren Jahren nicht, große Herzenswärme ausgedrückt.

Mit ganz unübertrefflicher Genauigkeit prüfte dieser gelehrte Gärtner jeden Strauch, an dem er vorüber kam. Er schien in das Innerste der Pflanzen zu schauen, Beobachtungen zu machen über das Wesen ihres Wachstums und festzustellen, warum ein Blatt diese Gestalt hatte, ein anderes jene, und warum die einzelnen Blumen so verschieden waren in Form und Duft. Und doch, trotz seiner eindringlichen Beobachtung, kamen sie einander nicht innerlich nahe, er und seine Pflanzenwesen. Im Gegenteil, er vermied, sie wirklich zu berühren oder ihren Duft voll einzuatmen, mit einer Vorsicht, die Giovanni höchst unangenehm berührte. Er benahm sich so, als ginge er unter bösen Gewalten einher, wilden Furien, todbringenden Schlangen, bösen Geistern, von denen ihm furchtbares Unheil drohe im kleinsten unbeherrschten Augenblick. Sonderbar angstvoll war es für den jungen Mann, diese Unsicherheit an einem Menschen zu beobachten, der einen Garten pflegt, bei dieser einfachsten und unschuldigsten aller menschlichen Beschäftigungen, die schon die Freude und Mühe unserer Ureltern vor dem Sündenfall gewesen.

Der mißtrauische Gärtner hatte seine Hände mit dicken Handschuhen geschützt, als er die toten Blätter fortnahm und das allzu üppige Wachstum der Sträucher beschnitt. Und das war noch nicht sein einziger Schutz. Als er auf seinem Weg durch den Garten zu der prächtigen Pflanze kam, deren rubinrote Blüten neben dem Marmorbrunnen wucherten, legte er eine Art Maske über Mund und Nase, als sei in all dieser Schönheit tödlichste Tücke versteckt. Doch es schien ihm immer noch zu gefährlich; er trat zurück, nahm die Maske ab und rief laut, aber mit der unsicheren Stimme eines innerlich kranken Menschen:

„Beatrice! Beatrice!"

„Da bin ich, Vater! Was wünscht Ihr?" rief eine volle, jugendfrische Stimme aus einem Fenster des gegenüberliegenden Hauses; so reich war die Stimme wie ein Sonnenuntergang in den Tropen, und Giovanni mußte unwillkürlich an tiefe purpurne oder rosenrote Farbentöne denken und an schwere, köstliche Gerüche. – „Seid Ihr im Garten?"

„Ja, Beatrice", antwortete der Gärtner, „und ich brauche deine Hilfe."

Bald trat aus einem geschnitzten Portal die Gestalt eines jungen Mädchens, mit so erlesenem Geschmack gekleidet, wie die prächtigste der Blüten, und schön wie der Tag. Überquellend von Leben, Gesundheit und Kraft sah sie aus; all dies verhalten und verdichtet, in seiner Überfülle, sozusagen eingedämmt vom Gürtel der Jungfräulichkeit. Doch Giovannis Phantasie mußte krank geworden sein vom Schauen in den Garten, denn das schöne fremde Mädchen erschien ihm selber wie eine Blume, die menschliche Schwester jener Gewächse, so schön wie sie, schöner noch als die köstlichste von ihnen – doch auch sie nur mit geschützten Fingern anzufassen, auch ihr nicht ohne Maske nahe zu kommen. Als Beatrice den Gartenpfad herabkam, konnte man beobachten, daß sie mehrere Pflanzen anfaßte, die ihr Vater sorgfältigst gemieden hatte, und auch ihren Duft einatmete.

„Sieh hier, Beatrice", sagte der Vater, „wie vielerlei an unserem größten Schatz notwendig zu geschehen hat. Allein, hinfällig wie ich bin, könnte ich es mit dem Leben büßen, so dicht heranzugehen, wie erforderlich. Ich fürchte, von nun an muß ich dir allein die Sorge für diese Pflanze übertragen."

„Und gern will ich sie übernehmen", rief wieder die volle Stimme des jungen Mädchens. Sie neigte sich zu der prächtigen Pflanze und tat die Arme auf, als ob sie sie umfassen wolle.

Giovanni, hoch oben am Fenster, rieb sich die Augen und wußte nicht recht, ob das ein Mädchen war, das ihre Lieblingsblume pflegt, oder eine Schwester, die der andern liebevollste Dienste tut. Bald aber schwand das Bild. Vielleicht hatte Doktor Rappacini seine Arbeiten im Garten beendet; vielleicht auch hatte sein wachsames Auge das Gesicht des Fremden erspäht – er nahm den Arm seiner Tochter und zog sich zurück. Schon sank die Nacht; schwüle Dünste schienen von den Pflanzen aufzusteigen und oben an dem geöffneten Fenster vorbeizuschleichen. Giovanni schloß die Läden, ging zu seinem Lager und träumte von einer prächtigen Blume und einem schönen Mädchen. Blume und Jungfrau waren zwei, und doch dasselbe, mit seltsamer Gefahr verknüpft in beiderlei Gestalt.

Doch es liegt im Morgenlicht eine Kraft, die klarzustellen sucht, wo unsere Phantasie und Urteilskraft sich täuschten beim Sonnenuntergang, in den Schatten der Nacht oder im ungesunden Schein des Mondlichts. Giovanni schreckte aus dem Schlummer empor, und seine erste Bewegung war, das Fenster aufzureißen und in den Garten hinabzustarren, den seine Träume so mit Geheimnissen bevölkert hatten. Er war erstaunt und leicht beschämt zu finden, wie wirklich und selbstverständlich er erschien in den ersten Strahlen der Sonne, die den Tau auf Blatt und Blüte vergoldete; wenn sie auch all den seltenen Blumen noch schimmernde Schönheit verlieh, so rückte sie doch alles in die Grenzen üblicher Erfahrung zurück. Der junge

Mann freute sich, daß er mitten in der kahlen Stadt das Vorrecht genoß, diese Stelle lieblichen und üppigen Wachstums zu überschauen. Freilich waren jetzt weder der kränkliche, vergrübelte Doktor Giacomo Rappacini noch seine strahlende Tochter zu sehen, so daß Giovanni nicht entscheiden konnte, wieviel von der Eigenart, die er ihnen beiden zuschrieb, ihren wirklichen Eigenschaften entsprach, und wieviel davon seiner wundertätigen Phantasie entsprang. Allein er war geneigt, die ganze Sache höchst rational anzusehen.

Im Laufe des Tages stellte er sich bei Signor Pietro Baglioni vor, Professor der Medizin an der Universität, einem Arzt von hervorragendem Rufe, an den er ein Empfehlungsschreiben mitgebracht hatte. Der Professor war ein älterer Herr, offenbar von heiterer Veranlagung und lustig in seinem Wesen. Er behielt den jungen Mann zum Mittagessen da und war höchst angenehm in seiner freien und lebhaften Unterhaltung, besonders, nachdem er sich an einer Flasche Toskanerwein erwärmt hatte. In der Annahme, daß Gelehrte, die in der gleichen Stadt wohnen, notwendigerweise auf vertrautem Fuße miteinander stehen müßten, nahm Giovanni Gelegenheit, den Namen des Doktor Rappacini zu erwähnen. Aber der Professor antwortete nicht so herzlich, wie er angenommen hatte.

„Es stünde einem Lehrer der göttlichen Kunst der Medizin schlecht an", antwortete Professor Pietro Baglioni auf eine Frage Giovannis, „einem so ungeheuer geschickten Arzt wie Rappacini die schuldige und wohlerwogene Anerkennung vorzuenthalten. Andererseits aber könnte ich es kaum vor meinem Gewissen verantworten, einen Jüngling wie Euch, Signor Giovanni, den Sohn eines alten Freundes, in irrigen Annahmen zu belassen über einen Mann, der vielleicht noch einmal Euer Leben und Euren Tod in seinen Händen halten könnte. Die Wahrheit ist, daß unser verehrter Doktor Rappacini in der Wissenschaft so beschlagen ist wie nur irgendein Vertreter der Fakultät – vielleicht mit einer einzigen Ausnahme – in Padua oder ganz Italien. Aber gegen seine Berufsauffassung bestehen gewisse ernste Bedenken."

„Und welche?" fragte der junge Mann.

„Hat mein Freund Giovanni irgendeine körperliche oder seelische Krankheit, weil er so eingehend nach Ärzten fragt?" sagte der Professor lächelnd. „Aber was Rappacini anbetrifft, so sagt man von ihm – und ich, der ich den Mann gut kenne, stehe dafür ein, daß es wahr ist – daß er sich unendlich viel mehr um die Wissenschaft als um die Menschheit kümmert. Seine Patienten, die doch lebendige Wesen sind, interessieren ihn nur als Gegenstände für irgendein neues wissenschaftliches Experiment. Er würde Menschenleben opfern, auch sein eigenes, oder was ihm sonst am teuersten ist, nur um dem ungeheuren Berg seiner aufgehäuften Weisheit auch nur ein Senfkörnlein hinzuzufügen."

„Er scheint mir wahrlich auch ein furchtbarer Mann", bemerkte Guasconti, der sich im Geiste das von nichts als kaltem Verstand sprechende Antlitz Rappacinis wieder vorstellte. „Und doch, verehrter Professor, ist er nicht ein hervorragender Mensch? Gibt es viele, die einer so vergeistigten Liebe zur Wissenschaft fähig sind?"

„Gott behüte", antwortete der Professor etwas starrköpfig – „es sei denn, daß man gesündere Ansichten von der Heilkunst hat, als Rappacini sie vertritt. Es ist nämlich seine Theorie, daß alle Heilkräfte in den Substanzen eingeschlossen sind, die wir pflanzliche Gifte nennen. Diese züchtet er eigenhändig, und man erzählt, daß er sogar neue Arten von Giften erzeugt habe, verderblicher als alle, mit denen die Natur ohne die Hilfe dieses Gelehrten die Menschheit jemals heimgesucht hätte. Daß der Herr Doktor mit solch gefährlichen Stoffen weniger Unheil anrichtet, als man erwarten sollte, läßt sich nicht leugnen. Ab und zu, das muß man zugeben, hat er oder scheint er eine wunderbare Heilung bewirkt zu haben. Aber wenn ich meine persönliche Meinung sagen soll, Signor Giovanni, man sollte ihm solche Fälle des Erfolges nicht hoch anrechnen, da er sie wahrscheinlich dem Zufall dankt, für die Fehlschläge jedoch sollte man ihn ernsthaft verantwortlich machen, denn die kann man mit Recht als sein eigenes Werk ansehen."

Der Jüngling hätte Baglionis Ansichten mit mancherlei Einschränkung aufgenommen, hätte er gewußt, daß zwischen ihm und Rappacini ein langer beruflicher Zwist bestand, in dem der letztere nach allgemeiner Ansicht Sieger blieb.

„Ich weiß nicht, gelehrter Herr Professor", entgegnete Giovanni, nachdem er eine Zeitlang über das nachgedacht hatte, was von Rappacinis ausschließlichem Eifer für die Wissenschaft gesagt worden war – „ich weiß nicht, bis zu welchem Grade dieser Arzt seine Kunst liebt; aber sicher gibt es etwas, was ihm noch teurer ist. Er hat eine Tochter."

„Aha!" rief der Professor und lachte. „So, nun ist Freund Giovannis Geheimnis entdeckt. Ihr habt von dieser Tochter gehört, in die alle jungen Männer von Padua vernarrt sind, obwohl noch nicht ein halbes Dutzend jemals so glücklich war, ihr Gesicht zu sehen. Ich weiß wenig von Fräulein Beatrice, außer daß Rappacini sie tief in seine Wissenschaft eingeweiht hat, und daß sie, trotz der Jugend und Schönheit, die man ihr nachrühmt, schon imstande wäre, einen Lehrstuhl auszufüllen. Vielleicht hat ihr Vater sie für meinen vorgesehen! Es gehen noch andere sonderbare Gerüchte, die aber kein Gehör oder Weitererzählen verdienen. So, Signor Giovanni, nun trinkt aber Euer Glas Lacrimae aus!"

Etwas erhitzt vom Wein kehrte Guasconti in seine Wohnung zurück, und seltsame Phantasien über Rappacini und die schöne Beatrice schwammen durch sein Hirn. Als er unterwegs zufällig an einem Blumenladen vorbeikam, kaufte er einen frischen Strauß.

Er stieg in sein Zimmer hinauf und setzte sich ans Fenster, aber in den Schatten der dicken Mauer, so daß er ohne große Gefahr, entdeckt zu werden, in den Garten hinabschauen konnte. Unter seinen Augen lag nichts als Einsamkeit. Die seltsamen Pflanzen badeten im Sonnenschein und nickten einander von Zeit zu Zeit freundlich zu wie um sich Liebe und Zusammengehörigkeit zu beweisen. In der Mitte, bei dem eingestürzten Brunnen, wuchs der prächtige Strauch, ganz übersät von purpurnen Edelsteinen. Sie glühten in der Luft und glänzten aus der Tiefe des Teiches zurück, der so überzuquellen schien von farbigem Schimmer, in den er getaucht war. Zuerst war der Garten einsam. Bald jedoch – wie Giovanni halb gehofft und halb gefürchtet hatte – erschien eine Gestalt unter dem alten geschnitzten Portal und kam durch die Reihen der Blumen herabgeschritten, ihre verschiedenen Düfte atmend, wie eines jener klassischen Fabelwesen, die von süßen Wohlgerüchen lebten. Beim erneuten Anblick Beatrices erschrak der junge Mann fast, als er bemerkte, wie weit ihre Schönheit seine Erinnerung daran noch übertraf; so glänzend war sie, so lebhaft in ihrer Eigenart, daß sie mitten im Sonnenlicht noch glühte und, wie Giovanni leise bei sich sagte, tatsächlich die schattigeren Teile des Gartenpfades erleuchtete. Jetzt war ihr Gesicht weniger verhüllt als bei der früheren Gelegenheit, und er erstaunte über seinen schlichten und lieblichen Ausdruck, etwas was er sich nicht in ihrem Charakter vorgestellt hatte, und er fragte sich wieder, was für ein Lebewesen sie eigentlich sei. Auch fehlte wieder die Beobachtung oder Einbildung nicht, daß eine Ähnlichkeit bestand zwischen dem schönen Mädchen und dem üppigen Strauch, der seine edlen Blüten über den Brunnen hängen ließ – eine Ähnlichkeit, die Beatrice in phantastischer Laune noch mit Absicht zu erhöhen schien durch die Anordnung ihres Gewandes und die Wahl seiner Farben.

Als sie sich dem Strauch näherte, öffnete sie die Arme, wie in leidenschaftlicher Liebe, und zog seine Zweige in enger Umarmung an sich, so eng, daß ihr Gesicht in seinen Blätterherzen sich versteckte und ihre glänzenden Locken sich ganz mit seinen Blüten mischten.

„Gib mir deinen Odem, Schwester“, rief Beatrice, „denn ich bin schwach von der gemeinen Luft. Und gib mir diese Blüte, die ich mit zartesten Fingern von deinem Stamme löse und dicht an meinem Herzen berge.“

Mit diesen Worten pflückte Rappacinis schöne Tochter eine der reichsten Blüten des Strauches und wollte sie an ihrer Brust befestigen. Doch jetzt geschah etwas Sonderbares, wenn nicht der Wein Giovannis Sinne verwirrt hatte. Ein kleines orangefarbenes Tier, eine Eidechse oder ein Chamäleon, kroch zufällig gerade vor ihren Füßen über den Weg. Es schien Giovanni – aber aus der Entfernung, von der er herabschaute, hätte er kaum etwas so Winziges beobachten können – es schien ihm jedoch so, als seien ein oder zwei feuchte Tropfen aus dem verwundeten Stamm auf den Kopf der Eidechse gefallen. Einen Augenblick lang wand sich das Reptil krampfartig, dann lag es bewegungslos im Sonnenschein. Beatrice bemerkte die auffallende Erscheinung und bekreuzigte sich, auch zögerte sie nicht, die verhängnisvolle Blume vor die Brust zu stecken. Dort erglühte sie und schimmerte fast so blendend wie ein Edelstein. Sie verlieh ihrer Kleidung und der ganzen Erscheinung den einzigen passenden Reiz, den sonst nichts in der Welt hätte verleihen können. Aber Giovanni beugte sich aus dem Schatten des Fensters vor, schrak zurück, sprach irre Worte und zitterte.

„Wache ich? Bin ich bei Sinnen?" sagte er zu sich selber. „Was ist dieses Wesen? – Soll ich sie schön nennen – oder unaussprechlich furchtbar?"

Lässig durch den Garten streifend, kam Beatrice nun dichter unter Giovannis Fenster, so daß er den Kopf ganz aus seinem Versteck vorstrecken mußte, um der großen, schmerzenden Neugier zu genügen, die sie erregte. In diesem Augenblick kam ein schönes Insekt über die Gartenmauer herüber. Vielleicht hatte es die Stadt durchflogen und keine Blüten und kein Grün an diesen alten Stätten der Menschheit gefunden, bis der schwere Duft von Doktor Rappacinis Sträuchern es von weither herangelockt hatte. Ohne sich auf die Blumen zu senken, schien dies geflügelte Glänzen von Beatrice angezogen, zauderte in der Luft und umflatterte ihr Haupt. Nun mußten aber Giovanni Guascontis Augen wirklich trügen. Wie dem auch sei, er glaubte zu sehen, wie das Insekt, von Beatrice mit kindlichem Entzücken bestaunt, matt wurde und zu ihren Füßen niederfiel – seine schimmernden Flügel erzitterten – dann war es tot – aus keinem wahrnehmbaren Grund, wenn es nicht ihr eigener Odem war. Wieder schlug Beatrice ein Kreuz und seufzte tief, als sie sich über das tote Tier neigte.

Eine plötzliche Bewegung Giovannis lenkte ihre Augen nach dem Fenster. Dort erblickte sie den schönen Kopf des Jünglings – mehr ein griechischer als ein italienischer Kopf, mit hübschen, regelmäßigen Zügen und einem goldenen Schimmer über den Locken. Er starrte auf sie herab, wie ein Wesen, das frei in der Luft schwebte. Kaum wissend, was er tat, warf Giovanni den Strauß hinab, den er bisher in der Hand gehalten.

„Fräulein", sagte er, „dies sind reine und gesunde Blüten. Tragt sie um Giovanni Guascontis willen!"

„Ich danke Euch, Herr", erwiderte Beatrice mit ihrer vollen Stimme, die wie ein Strom von Musik aus ihr hervorquoll, und mit heiterem Ausdruck, halb kindlich und halb frauenhaft. „Ich nehme Eure Gabe an und möchte sie gerne mit dieser köstlichen Purpurblüte lohnen, aber wenn ich sie auch hinaufwerfe, sie wird Euch nicht erreichen. So muß sich Signor Guasconti mit meinem Dank allein begnügen."

Sie hob den Strauß vom Boden auf, und dann, als schäme sie sich innerlich, aus ihrer mädchenhaften Scheu herausgetreten zu sein, um dem Gruß eines Fremden zu antworten, eilte sie rasch durch den Garten heimwärts. Aber so kurz die Augenblicke auch waren, es kam Giovanni so vor, als finge sein schöner Blumenstrauß in ihrer Hand bereits zu welken an, als sie gerade unter dem geschnitzten Portal verschwand. Es war eine müßige Einbildung, denn es war nicht möglich, aus so großer Entfernung eine welke Blume von einer frischen zu unterscheiden.

Viele Tage lang nach diesem Zwischenfall mied der junge Mann das Fenster, das in Doktor Rappacinis Garten blickte, als ob etwas Häßliches und Ungeheuerliches sein Augenlicht mit giftigem Hauch bedrohe, sobald er sich nur zu einem Blick verleiten ließ. Er war sich bewußt, durch die Verbindung, die er mit Beatrice angesponnen hatte, sich bis zu gewissem Grade unter den Einfluß einer unbegreiflichen Macht begeben zu haben. Das klügste wäre gewesen, hätte sein Herz wirklich in Gefahr gestanden, seine Wohnung und ganz Padua sofort zu verlassen; fast so klug, sich so gut wie möglich an den vertrauten Anblick

Beatrices im hellen Tageslicht zu gewöhnen und sie so streng und planmäßig in die Grenzen allgemeiner Erfahrung zu rükken. Am allerwenigsten aber hätte Giovanni diesem ungewöhnlichen Wesen so nahe bleiben sollen, ohne es zu sehen, weil die Nähe und sogar die Möglichkeit der Unterredung, den wilden Einfällen, die seine Phantasie unaufhörlich jagten, eine Art Faßbarkeit und Wirklichkeit verliehen. Guasconti war keine tiefe Natur – jedenfalls ließ sich die Tiefe noch nicht ermessen –, aber er hatte eine lebendige Phantasie und heißes südliches Temperament, das ihn von Minute zu Minute in einen höheren Fiebergrad steigerte. Ob Beatrice nun wirklich diese schrecklichen Eigenschaften besaß oder nicht – jenen todbringenden Atem, die Verwandtschaft mit den schönen, verhängnisvollen Blumen –, was sich alles aus Giovannis Beobachtungen ergab, jedenfalls hatte sie ihm ein heftiges und tückisches Gift eingeflößt. Es war nicht Liebe, wenn auch ihre reiche Schönheit ihn toll machte; auch Entsetzen war es nicht, selbst wenn er sich vorstellte, daß ihr Geist ebenso verderblich durchsetzt war, wie ihr Körper es schien. Liebe und Entsetzen hatten gleichen Teil daran; es brannte wie die eine und machte zittern wie das andere. Giovanni wußte nicht, was er zu fürchten hatte. Noch weniger wußte er, was er hoffen durfte. Doch Furcht und Hoffnung stritten in seiner Brust, besiegten einander und standen wieder auf zu neuem Streit. Gesegnet seien alle einfachen Gefühle, düstere und helle! Das geisterhafte Gemisch aus beiden läßt die lodernde Flamme des Inferno entstehen.

Manchmal versuchte er das Fieber seines Geistes durch ein rasches Gehen in den Straßen von Padua zu dämpfen. Seine Tritte gingen im Takt mit dem hämmernden Klopfen im Gehirn, so daß der Spaziergang zu wildem Jagen wurde. Eines Tages fühlte er sich plötzlich aufgehalten. Sein Arm wurde von einem stattlichen Mann erfaßt, der umgekehrt war, als er den Jüngling erkannte und ihn nun keuchend eingeholt hatte.

„Signor Giovanni! Halt, junger Freund!“ rief er. „Habt Ihr mich vergessen? Das könnte wohl angehen, wenn ich mich ebenso verändert hätte wie Ihr.“

Es war Baglioni, den Giovanni seit der ersten Begegnung gemieden hatte, aus Furcht, die Klugheit des Professors möchte zu tief in seine Geheimnisse dringen. Er versuchte sich zu fassen; verwirrt trat er aus der Welt seines Innern in die Außenwelt hinaus und sprach wie im Traum.

„Ja, ich bin Giovanni Guasconti. Und Ihr seid Professor Pietro Baglioni. Nun laßt mich weiter!"

„Noch nicht – noch nicht, Giovanni Guasconti", sagte der Professor lächelnd; aber zugleich schaute er mit ernstem, forschendem Blick den Jüngling an. „Wie, bin ich mit Eurem Vater gemeinsam aufgewachsen, und sein Sohn soll wie ein Fremder in diesen alten Gassen von Padua an mir vorübergehen? Bleibt stehen, Signor Giovanni, wir müssen ein paar Worte wechseln, bevor wir uns trennen."

„Dann aber schnell, sehr verehrter Professor, schnell!" sagte Giovanni. „Sehr Ihr nicht, daß ich in Eile bin?"

Während er noch sprach, kam ein schwarz gekleideter Herr die Straße entlang. Er ging gebückt und bewegte sich mühsam wie ein kranker Mensch. Sein Gesicht war von gelber, kränklicher Blässe überzogen; doch der Ausdruck durchdringender, lebhafter Klugheit beherrschte es so stark, daß ein Beschauer leicht das rein Physische übersehen und nur die wunderbare Energie bestaunen konnte. Im Vorübergehen wechselte er einen kühlen, zurückhaltenden Gruß mit Baglioni, heftete aber mit solcher Eindringlichkeit den Blick auf Giovanni, daß er alles aus ihm hervorzuholen schien, was der Beachtung wert war. Trotzdem lag eine merkwürdige Ruhe in dem Blick, als nehme er nur wissenschaftliches und kein menschliches Interesse an dem jungen Mann.

„Das ist Doktor Rappacini!" flüsterte der Professor, als der Fremde vorüber war. „Hat er Euer Gesicht schon einmal gesehen?"

„Nicht, daß ich wüßte", antwortete Giovanni, der bei dem Namen zusammenschrak.

„Er hat Euch sicher gesehen! Er muß Euch gesehen haben!" sagte Baglioni hastig. „Zu irgendeinem Zweck beobachtet

Euch dieser Gelehrte! Ich kenne diesen Blick an ihm: Es ist der gleiche, der kalt in seinen Augen leuchtet, wenn er sich über einen Vogel, eine Maus oder einen Schmetterling neigt, die er um irgendeines Versuches willen mit dem Duft einer Blume getötet hat – ein Blick, so tief wie die Natur, doch ohne ihre wärmende Liebe. Signor Giovanni, ich setze mein Leben zum Pfand, Ihr seid der Gegenstand eines Versuches für Rappacini!"

„Wollt Ihr mich zum Narren halten?" rief Giovanni wild. „Das, Herr Professor, wäre ein unangebrachtes Experiment."

„Geduld, Geduld", erwiderte der unerschütterliche Professor. „Ich versichere Euch, mein armer Giovanni, Rappacini hat ein wissenschaftliches Interesse an Euch. Ihr seid in furchtbare Hände geraten! Und die Signora Beatrice? Welche Rolle spielt sie in dem Geheimnis?"

Aber hier lief Guasconti, der Baglionis Hartnäckigkeit unerträglich fand, davon und war fort, bevor der Professor seinen Ärmel wieder fassen konnte. Er blickte aufmerksam hinter dem jungen Mann her und schüttelte das Haupt.

‚Das darf nicht geschehen', sagte Baglioni zu sich selber. ‚Der Junge ist der Sohn meines alten Freundes, und er soll keinen Schaden nehmen, vor dem ihn die Geheimnisse der ärztlichen Wissenschaft bewahren können. Außerdem ist es eine unausstehliche Anmaßung von Rappacini, mir den Burschen einfach wegzuschnappen und für seine verdammten Experimente zu gebrauchen. Und diese Tochter! Ich werde aufpassen. Wer weiß, hochgelehrter Rappacini, vielleicht fasse ich Euch, wo Ihr es Euch nicht träumen laßt.'

Inzwischen hatte Giovanni einen weiten Umweg gemacht und sah sich schließlich vor der Tür seiner Wohnung. Auf der Schwelle traf er auf die alte Lisabetta, die übers ganze Gesicht schmunzelte und offenbar seine Aufmerksamkeit auf sich ziehen wollte; umsonst jedoch, denn der Aufruhr seiner Empfindungen war plötzlich einer kalten, dumpfen Leere gewichen. Er wandte die Augen voll auf das welke Gesicht, das sich zu einem Lächeln verzog, aber er schien es nicht zu sehen. Da faßte ihn die Alte am Mantel.

„Herr! – Herr!“ flüsterte sie und grinste noch immer von einem Ohr bis zum andern – es sah fast aus wie ein alter, in Jahrhunderten gedunkelter Holzschnitt. „Hört nur, Herr! Es gibt einen geheimen Eingang in den Garten!“

„Was sagt Ihr da?“ rief Giovanni und fuhr rasch herum, als ob ein lebloses Wesen zu fieberhaftem Leben aufwache, „Ein geheimer Eingang zu Doktor Rappacinis Garten?“

„Pst! Nicht so laut!“ flüsterte Lisabetta und legte ihm die Hand auf den Mund. „Ja, in den Garten des verehrten Doktors, wo Ihr all die schönen Gewächse sehen könnt. Mancher junge Mann in Padua würde es mit Gold bezahlen, zu diesen Blumen eingelassen zu werden.“

Giovanni legte ihr ein Goldstück in die Hand.

„Zeigt mir den Weg“, sagte er.

Ein Argwohn durchkreuzte sein Hirn, wahrscheinlich durch seine Unterhaltung mit Baglioni hervorgerufen, daß diese Einmischung der alten Lisabetta irgendwie im Zusammenhang stehen könnte mit der unbekannten Intrige, in die ihn Doktor Rappacini nach der Meinung des Professors scheinbar verwikkeln wollte. Aber solcher Verdacht, wenn er ihn auch störte, konnte ihn doch nicht zurückhalten. Sofort, nachdem er nur eine Möglichkeit sah, sich Beatrice zu nähern, erschien ihm dies als unbedingte Lebensnotwendigkeit. Es galt ganz gleich, ob sie ein Engel war oder ein Dämon, er stand unwiderruflich in ihrem Bann und mußte dem Gesetz gehorchen, das ihn vorwärts trieb, in immer engeren Zirkeln zu einem Ziel, das er sich nicht auszumalen versuchte. Und doch – wie seltsam – kam ihm ein plötzlicher Zweifel, ob dieses brennende Interesse seinerseits auch keine Täuschung sei, ob es wirklich so bedingungslos und tief sei, daß es ihn dazu berechtigte, sich jetzt in eine unberechenbare Situation zu stürzen, ob es nicht nur die Schwärmerei eines jugendlichen Hirnes sei und wenig oder gar nichts mit dem Herzen zu tun habe!

Er blieb stehen, zögerte, wandte sich halb um, dann ging er weiter. Seine alte Führerin leitete ihn durch mehrere dunkle Gänge und schloß zuletzt eine Tür auf. Als sie offen war, hörte und sah man raschelnde Blätter, durch die gebrochenes Sonnenlicht schimmerte. Giovanni trat hinaus, bahnte sich einen Weg durch das Gestrüpp eines Busches, der mit seinen Ranken den versteckten Eingang versperrte, und stand unter seinem eigenen Fenster, frei in Doktor Rappacinis Garten.

Wie oft ist es so: wenn Unmöglichkeiten aufgehört haben, wenn nebelhafte Träume sich zu greifbarer Wirklichkeit verdichtet haben, dann sind wir ganz ruhig, fast kalt und beherrscht in Umständen, deren bloße Vorstellung uns sonst vor Freude oder Schmerz rasend gemacht hätte. Das Schicksal liebt es, so mit uns zu spielen. Die Leidenschaft wählt sich die Zeit nach eigenem Willen, auf der Bühne zu erscheinen; sie zögert träge im Hintergrund, selbst wenn die günstigsten Ereignisse zusammentreffen und ihr Auftreten zu fordern scheinen. So erging es Giovanni jetzt. Tag für Tag hatte sein Blut fieberhaft gepocht bei der unwahrscheinlichen Vorstellung, mit Beatrice zusammenzutreffen, Aug' in Auge ihr gegenüber, in diesem Garten hier, im südlichen Sonnenschein ihrer Schönheit zu versinken, aus ihrem offenen Blick das Geheimnis zu schöpfen, das ihm das Rätsel seines eigenen Lebens schien. Doch jetzt fühlte er einen merkwürdigen, unangebrachten Gleichmut in seiner Brust. Er ließ seinen Blick durch den Garten gehen, um festzustellen, ob Beatrice oder ihr Vater da seien. Als er sich allein sah, begann er eine kritische Beobachtung der Pflanzen.

Durchweg befriedigte ihn ihr Anblick nicht. Ihre Pracht schien gewaltsam, krampfhaft und sogar widernatürlich. Es war kaum ein einziger Strauch darunter, vor dem der Wanderer, der einsam den Wald durchstreift, sich nicht erschrocken gewundert hätte, ihn im Freien wachsen zu sehen, als hätte ihn ein unwirkliches Gesicht plötzlich aus dem Dickicht angestarrt. Einige konnten ein feines Empfinden auch dadurch abstoßen, daß sie so künstlich aussahen; sie deuteten an, daß eine Kreuzung stattgefunden hatte, Unzucht gewissermaßen, zwischen verschiedenen Pflanzenarten, so daß das Ergebnis kein Werk Gottes mehr war, sondern ein Monstrum, aus der verderbten Phantasie der Menschen hervorgegangen; und seine Schönheit war nur höllisches Blendwerk. Sie waren jedenfalls das Ergebnis von Experimenten, denen es in einzelnen Fällen gelungen war, aus ursprünglich lieblichen Blumen ein Gemisch zu erzeugen, das zweifelhaft und verdächtig aussah, wie alles, was in dem Garten wuchs. Kurzum, Giovanni kannte nur zwei oder drei Pflanzen unter allen, und von diesen wußte er bestimmt, daß sie giftig waren. Noch beschäftigt mit diesen Betrachtungen, hörte er das Rascheln eines Seidenkleides. Er wandte sich und sah, wie Beatrice aus dem geschmückten Portal hervortrat.

Giovanni hatte sich nicht überlegt, wie er sich benehmen sollte, ob er sich entschuldigen wollte wegen seines Eindringens in den Garten, oder so tun, als sei er zum mindesten unter Mitwissen, wenn nicht sogar auf Wunsch Doktor Rappacinis oder seiner Tochter hier. Aber Beatrices Benehmen beruhigte ihn, wenn es ihm auch nicht den Zweifel darüber nahm, auf wessen Betreiben er Einlaß erlangt hatte. Leichtfüßig kam sie den Pfad entlang und traf ihn neben dem eingestürzten Brunnen. Überraschung lag auf ihrem Gesicht, doch es strahlte in einfacher, natürlicher Freude.

„Ihr seid ein Blumenkenner, mein Herr", sagte Beatrice lächelnd und spielte damit auf den Strauß an, den er ihr aus dem Fenster zugeworfen hatte. „Da ist es kein Wunder, daß meines Vaters seltene Sammlung Euch in Versuchung geführt hat, sie näher zu besichtigen. Wäre er hier, so könnte er Euch viel seltsame und interessante Dinge erzählen über die Natur und Gewohnheit dieser Sträucher, denn er hat sein Leben mit solchen Studien verbracht, und dieser Garten ist seine Welt."

„Und Ihr, mein Fräulein", bemerkte Giovanni, „wenn das Gerücht wahr ist, so seid auch Ihr sehr geschult in den Wunderkräften dieser reichen Blüten und starken Düfte. Wolltet Ihr geruhen, mir Lehrerin zu sein, ich würde ein noch eifrigerer Schüler werden als unter Signor Rappacini selbst."

„Sagt man das?" fragte Beatrice und lachte lustig und klingend. „Sagen die Leute wirklich, ich sei in meines Vaters Kenntnisse der Pflanzen eingeweiht? Wie spaßhaft das ist! Nein; obwohl ich unter diesen Pflanzen aufgewachsen bin, so kenne ich doch von ihnen nur Gestalt und Duft; und manchmal scheint mir, möchte ich selbst dieses geringe Wissen gern wieder missen. Es sind viele Pflanzen hier, und fast die prächtigsten beleidigen und stoßen mich ab, wenn mein Auge sie trifft. Aber bitte, Signor, glaubt nicht diese Geschichten von meiner Wissenschaft. Glaubt nichts von mir, was Ihr nicht mit eigenen Augen seht."

„Und muß ich denn alles glauben, was ich mit eigenen Augen gesehen habe?" fragte Giovanni mit Betonung, während ihn die Erinnerung an frühere Szenen wieder schreckte. „Nein, Signora, Ihr verlangt zu wenig von mir. Heißt mich nichts glauben, was nicht von Euren eigenen Lippen kommt."

Fast schien es, als verstünde Beatrice, was er meinte. Tiefe Röte stieg in ihre Wangen; aber sie blickte Giovanni voll in die Augen und erwiderte seinen beunruhigten, argwöhnischen Blick hoheitsvoll wie eine Königin.

„Das bitte ich Euch wirklich, mein Herr!" antwortete sie. „Vergeßt, was immer Ihr Euch von mir vorgestellt haben mögt. Wenn es auch für die äußeren Sinne wahr zu sein scheint, sc kann es doch im tiefsten Grunde irrig sein. Aber die Worte aus Beatrice Rappacinis Munde sind wahr, von innen heraus. Die dürft Ihr glauben!"

Ein heiliger Eifer durchglühte sie ganz und strahlte wie das Licht der Wahrheit selber auf Giovanni über. Doch während sie sprach, lag ein Duften in der Luft, die sie umgab, reich und köstlich, wenn auch nur wie ein Hauch; und doch wagte der junge Mann, aus unbestimmbarem Widerstreben heraus, kaum, es voll einzuatmen. Es hätte der Duft der Blumen sein können. Konnte es auch Beatrices Atem sein, der so ihre Worte seltsam reich durchduttete, als seien sie durchtränkt von ihrem Herzen? Eine schattenhafte Schwäche überflog Giovanni, um rasch wieder zu schwinden, er schien durch die Augen des schönen Mädchens in ihre klare Seele zu schauen, und er fühlte nicht mehr Furcht noch Zweifel.

Der Anflug von Leidenschaft, der Beatrices Wesen belebt hatte, schwand wieder; sie wurde heiter und schien ein reines

Vergnügen an dem Verkehr mit dem Jüngling zu finden; so wie wohl ein Mädchen auf einsamer Insel es empfunden haben möchte, mit einem Reisenden aus der kultivierten Welt sich zu bereden. Augenscheinlich beschränkte sich ihre ganze Lebenserfahrung auf die Grenzen dieses Gartens. Bald plauderte sie über Dinge, so einfach wie das Tageslicht oder die sommerlichen Wolken, bald stellte sie Fragen über die Stadt, über Giovannis ferne Heimat, seine Freunde, seine Mutter, seine Schwestern. Fragen, die von solcher Unkenntnis zeugten, von solchem Mangel an Vertrautheit mit allem, was Brauch und Sitte war, daß Giovanni ihr wie einem Kinde antwortete. Ihr Geist sprudelte vor ihm hervor wie ein frischer Quell, der gerade zum erstenmal das Sonnenlicht schaut und darüber staunt, wie sich Erde und Himmel in ihm widerspiegeln. Auch tiefe Gedanken kamen zum Vorschein und köstlich blitzende Einfälle, als ob Diamanten und Rubinen aus den Wellen des Bächleins hervorblinkten. Immer wieder ging dem jungen Mann ein Wundern durch den Sinn, daß er Seite an Seite neben dem Wesen ging, mit dem sich seine Einbildung so stark beschäftigt, deren Bild er sich mit soviel Schrecken ausgemalt, an dem er selber tatsächlich solche Auswirkungen furchtbarer Eigenschaften beobachtet hatte – daß er sich jetzt wie ein Bruder mit Beatrice unterhielt, und daß er sie so natürlich und so mädchenhaft sah. Aber solche Gedanken waren nur vorübergehend; die Wirkung ihres Wesens war zu selbstverständlich, um nicht sofort vertraut zu machen.

In solch freien Gesprächen hatten sie den Garten durchstreift, und nun waren sie nach vielen Windungen seiner Wege wieder bei dem Brunnen angelangt, neben dem der prächtige Strauch mit der Fülle glühender Blüten stand. Ein Duft ging von ihm aus, den Giovanni als den gleichen erkannte, den er Beatrices Atem zuschrieb, nur war er unvergleichlich viel stärker. Giovanni sah, wie sie die Hand auf die Brust preßte, als ihr Blick darauf fiel, als klopfe ihr Herz plötzlich und voll Schmerz.

„Zum ersten Mal in meinem Leben“, wandte sie sich flüsternd an den Strauch, „hatte ich dich vergessen!“

„Ich erinnere mich, Signora“, sagte Giovanni, „daß Ihr mir einmal verspracht, mir mit einem dieser lebenden Edelsteine zu lohnen für die gesegnete Kühnheit, die mich den Strauß zu Euren Füßen niederwerfen ließ. Erlaubt mir, ihn jetzt zu pflücken zum Gedächtnis dieser Begegnung.“

Er tat einen Schritt auf den Strauch zu und streckte die Hand aus. Aber mit einem Schrei, der ihm wie ein Dolch durchs Herz fuhr, stürzte Beatrice vor, fing seine Hand auf und zog sie mit der ganzen Kraft ihrer zarten Gestalt zurück. Ihre Berührung durchschauerte Giovanni in allen Fiebern.

„Faßt ihn nicht an!“ rief sie, und Todesangst war in ihrer Stimme. „Um Euer Leben nicht! Er bringt den Tod!“

Dann barg sie ihr Gesicht in den Händen, floh von ihm und verschwand unter der geschnitzten Tür. Als Giovanni ihr mit den Augen folge, erblickte er die abgezehrte Gestalt und das bleiche Gesicht Doktor Rappacinis, der, vielleicht lange schon, die Szene vom Schatten des Portals aus beobachtet hatte.

Kaum war Guasconti allein in seinem Zimmer, als Beatrices Bild in seine erregten Gedanken zurückkehrte, von allen Zauberkünsten umsponnen, die es umkleidet hatten, seit er sie zum erstenmal erblickte; doch jetzt war es auch noch von der sanften Wärme mädchenhaften Frauentums durchstrahlt. Sie war ein Mensch. Alle zarten und weiblichen Eigenschaften waren ihr eigen, wie sehr war sie verehrungswürdig! Sie, ganz gewiß, war aller Größe und Heldenkraft der Liebe fähig. Die Anzeichen, die er bisher als Beweise einer furchtbaren Eigenart ihrer körperlichen und seelischen Verfassung betrachtet hatte, waren entweder vergessen, oder von der Sophisterei der Leidenschaft zu einer goldenen Krone der Zauberhaftigkeit gewandelt, die Beatrice nur bewundernswerter machte, weil sie so noch einzigartiger ward. Was häßlich erschienen war, jetzt war es schön; oder, wenn es solcher Wandlung nicht fähig war, stahl es sich fort und verbarg sich unter jenen gestaltlosen Traumvorstellungen, die die trübe Sphäre über dem hellen Licht unseres klaren Bewußtseins erfüllen. So verbrachte Giovanni die Nacht, und er schlief nicht ein, bevor die Dämmerung die schlummernden

Blumen in Doktor Rappacinis Garten zu wecken begann, in den ihn seine Träume sicherlich führten. Sie Sonne stand auf, als ihre Zeit gekommen war, warf ihre Strahlen über die Lider des jungen Mannes und weckte ihn zu einem Schmerzempfinden. Als er völlig erwacht war, verspürte er einen brennenden und stechenden Schmerz in der Hand – in der rechten Hand –, derselben Hand, die Beatrice mit der ihren gefaßt hatte, als er im Begriff stand, eine der Rubinblüten zu pflücken. Auf dem Handrücken war ein purpurroter Abdruck, wie von vier kleinen Fingern, und am Gelenk das Bild eines zarten Daumens.

Wie hartnäckig hält die Liebe – oder auch das listige Trugbild der Liebe, das in der Einbildung blüht und keine Wurzel tief im Herzen schlägt –, wie hartnäckig hält sie an ihrem Glauben fest, bis der Augenblick kommt, wo sie in leeren Rauch vergehen muß! Giovanni legte sich ein Tuch um die Hand und fragte sich verwundert, was ihn so bösartig gestochen habe. Doch bald vergaß er den Schmerz und träumte von Beatrice.

Nach dem ersten Zusammentreffen war ein zweites im Laufe dessen, was wir Schicksal nennen, unvermeidlich. Ein drittes auch; und ein viertes. Eine Begegnung mit Beatrice im Garten war nicht länger ein Ereignis in Giovannis täglichem Leben, sondern in ihr war sein ganzes Leben eingeschlossen. Denn die Vorfreude und das Gedenken dieser verzückten Stunde füllten alle übrige Zeit aus. Auch Rappacinis Tochter erging es nicht anders. Sie wartete auf das Erscheinen des Jünglings und flog ihm entgegen, so vertraut und rückhaltlos, als seien sie seit früher Kindheit Spielgefährten – als seien sie es heute noch. Wenn er, durch irgendeinen ungewöhnlichen Zufall, nicht im vereinbarten Augenblick erschien, stand sie unter seinem Fenster und sandte ihre süße, klingende Stimme hinauf, die ihn in seinem Zimmer umflutete und ihm im Herzen klang und widerhallte – „Giovanni! Giovanni! Warum zauderst du? Komm herunter!" – und er eilte hinab in das Paradies der bösen Blumen.

Doch bei all dieser innigen Vertrautheit lag in Beatrices Benehmen eine Zurückhaltung, die sie so streng und unwandelbar aufrecht erhielt, daß ihm kaum jemals der Gedanke kam, sie zu durchbrechen. Alle Anzeichen sprachen dafür, daß sie einander liebten. Sie hatten Liebe geblickt, aus Augen, die das heilige Geheimnis aus der Tiefe einer Seele in die Tiefe der andern leiten, als sei es zu weihevoll für Worte. Sie hatten aber auch Liebe geredet, in jenen leidenschaftlichen Ergüssen, wo der Geist sich Bahn bricht und den Atem zu Worten formt, so wie eine lang verdeckte Flamme plötzlich hervorzüngelt. Und doch hatten die Lippen es nicht besiegelt; da war kein Händedruck, nicht die leiseste Zärtlichkeit, wie die Liebe sie fordert und heiligt. Nie hatte er eine der schimmernden Locken ihres Haares berührt; kein Luftzug hatte ihn ihr wehendes Gewand berühren lassen – so deutlich bestand die körperliche Trennung zwischen ihnen. Bei den wenigen Gelegenheiten, wo Giovanni versucht schien, die Grenze zu überschreiten, wurde Beatrice so traurig-ernst und sah so allein aus, selber schaudernd vor der Trennung, daß es keines Wortes bedurfte, ihn zurückzuhalten. Zu solchen Zeiten erschrak er vor dem furchtbaren Verdacht, der wie ein Ungeheuer aus der Höhle seines Herzens kroch und ihm entgegenstarrte. Schwach und matt wurde seine Liebe wie der Morgennebel. Nur seine Zweifel waren noch voll Leben. Aber wenn Beatrices Züge sich wieder erhellten nach der vorübergehenden Umwölkung, verwandelte sich sofort wieder das geheimnisvolle, vieldeutige Wesen, das er mit soviel Furcht und Entsetzen beobachtet hatte; sie war wieder das schöne, schlichte Mädchen, und er fühlte, sie so sicher zu kennen, daß kein anderes Wesen Raum gewinnen konnte.

Viel Zeit war inzwischen seit Giovannis letztem Zusammentreffen mit Baglioni verflossen. Eines Morgens jedoch wurde er unangenehm durch einen Besuch des Professors überrascht, an den er wochenlang kaum gedacht hatte und den er gerne noch länger vergessen hätte. Einer alles beherrschenden Erregtheit ganz hingegeben, konnte er keine Gesellschaft ertragen, es sei denn, daß sie völlig mit seinem augenblicklichen Gefühlszustand übereinstimmte. Er wußte, wie selten es vorkam. Eine solche Übereinstimmung war von Professor Baglioni nicht zu erwarten.

Der Besucher plauderte eine Zeitlang oberflächlich von den Neuigkeiten in Stadt und Universität und nahm dann ein neues Thema auf.

„Ich habe kürzlich einen alten klassischen Schriftsteller gelesen“, sagte er, „und eine Geschichte gefunden, die mich merkwürdig fesselte. Vielleicht kennt Ihr sie. Sie handelt von einem indischen Fürsten, der Alexander dem Großen eine schöne Frau als Geschenk sandte. Sie war lieblich wie die Morgenröte und leuchtend wie die untergehende Sonne. Was sie aber besonders auszeichnete, war ein gewisser reicher Duft ihres Atems – reicher als ein Rosengarten Persiens. Wie natürlich bei einem jugendlichen Eroberer, verliebte sich Alexander auf den ersten Blick in die herrliche fremde Frau. Aber ein weiser Arzt, der zufällig anwesend war, entdeckte ein furchtbares Geheimnis, das sie betraf.“

„Und welches war dies?“ fragte Giovanni und schlug die Augen nieder, um des Professors Blick zu vermeiden, da er eine gewisse Verlegenheit zu verbergen suchte.

„Daß diese liebliche Frau“, fuhr Baglioni mit Nachdruck fort, „seit ihrer Geburt mit Giften ernährt worden, bis sie so sehr davon durchtränkt war, daß sie selbst zum tödlichsten aller Gifte geworden war. Gift war ihr Lebenselement. Mit jenem köstlichen Duft ihres Atems verpestete sie die Luft. Ihre Liebe wäre Gift gewesen! – Ihre Umarmung der Tod! – Ist das nicht eine wunderbare Erzählung?“

„Eine kindische Geschichte“, antwortete Giovanni und fuhr unruhig von seinem Stuhl empor. „Mich wundert nur, wie Ihr, verehrter Professor, bei Euren ernsten Studien Zeit findet, solchen Unsinn zu lesen.“

„Nebenbei bemerkt“, sagte der Professor und sah sich beunruhigt um, „was ist das für ein sonderbarer Geruch in Eurem Zimmer? Kommt er von Euren Handschuhen? Er ist nur schwach, aber köstlich und trotzdem durchaus nicht angenehm. Wenn ich ihn lange atmen müßte – ich glaube, er würde mich krank machen. Es ist wie der Duft einer Blume, aber ich sehe keine Blume im Zimmer.“

„Es sind auch keine da", erwiderte Giovanni, der bei den Worten des Professors erbleicht war, „ich glaube auch nicht, daß irgendein Duft da ist; Ihr bildet ihn Euch wohl nur ein. Gerüche, die sich ja aus sinnlichen und geistigen Elementen zusammensetzen, täuschen uns leicht in solcher Weise. Die Erinnerung an einen Duft, die bloße Vorstellung davon, kann leicht für bestehende Wirklichkeit gehalten werden."

„Ach – aber meine nüchterne Phantasie spielt mir nicht oft solche Streiche", sagte Baglioni, „und sollte ich mir einen Duft einbilden, so wäre es wohl irgendein häßlicher Arzneigeruch, der leicht an meinen Fingern haften könnte. Unser verehrter Freund Rappacini, wie ich gehört habe, mischt seinen Medikamenten Düfte bei, die die Wohlgerüche Arabiens noch übertreffen. So würde auch zweifellos die schöne und gelehrte Signora Beatrice ihren Patienten Tränklein einflößen, so süß wie der Atem einer Jungfrau. Aber wehe denen, die sie schlürfen!"

Auf Giovannis Antlitz malten sich viele widerstreitende Gefühle. Der Ton, in dem der Professor auf die reine, liebliche Tochter Rappacinis anspielte, war seiner Seele qualvoll. Und doch gab schon die Andeutung einer Ansicht von ihr, die der seinen widersprach, sofort tausend unklaren Verdachtsmomenten feste Gestalt, und sie grinsten ihn nun an wie lauter Teufel. Doch er mühte sich sehr, sie zu unterdrücken und Baglioni mit dem festen Glauben eines wahrhaft Liebenden zu antworten.

„Herr Professor", sagte er, „Ihr wart meines Vaters Freund – vielleicht ist es auch Eure Absicht, freundschaftlich an seinem Sohn zu handeln. Gerne möchte ich für Euch nur Achtung und Ehrfurcht empfinden. Doch ich bitte Euch, zu beachten, daß es einen Gegenstand gibt, über den wir nicht reden dürfen. Ihr kennt Signora Beatrice nicht. Ihr könnt daher das Unrecht nicht ermessen – die Lästerung könnte ich fast sagen –, die ihr durch das leiseste beleidigende Wort widerfährt."

„Giovanni! Mein armer Giovanni!" antwortete der Professor mit ruhigem Mitleid. „Ich kenne das unglückliche Mädchen viel besser als Ihr. Ihr sollt die Wahrheit hören über den Giftmischer Rappacini und seine giftige Tochter. Ja, so giftig wie sie schön ist! Hört zu! Denn ich will nicht schweigen, selbst wenn Ihr meinen grauen Haaren Gewalt antun möchtet. Jene alte Fabel der indischen Frau ist zur Wahrheit geworden durch die tiefe und tödliche Weisheit Rappacinis, und zwar in der Gestalt der lieblichen Beatrice."

Giovanni stöhnte und schlug die Hände vors Gesicht.

„Ihr Vater", fuhr Baglioni fort, „wurde nicht durch die natürliche Zuneigung daran gehindert, sein Kind auf diese furchtbare Weise seiner wahnsinnigen Leidenschaft für die Wissenschaft zum Opfer zu bringen. Denn – um ihm Gerechtigkeit widerfahren zu lassen – er ist ein so begeisterter Gelehrter, wie nur je einer das eigene Herz in einem Versuchskolben destillierte. Was wird also Euer Schicksal sein? Ganz ohne Zweifel seid Ihr zum Gegenstand irgendeines neuen Experiments ausersehen. Vielleicht ist Tod das Ergebnis, vielleicht ein noch schlimmeres Geschick! Wenn Rappacini das vor Augen hat, was er sein wissenschaftliches Interesse nennt, schreckt er vor nichts zurück."

„Es ist ein Traum", murmelte Giovanni bei sich, „gewiß es ist nur ein Traum."

„Aber", nahm der Professor wieder auf, „seid guten Mutes, Sohn meines Freundes! Die Rettung kommt noch nicht zu spät. Möglich sogar, daß es uns gelingt, dieses arme Kind in die Grenzen der allgemeinen Natur zurückzubringen, der ihr Vater sie in seinem Wahn entfremdet hat. Seht dieses kleine silberne Fläschchen! Es ist eine Arbeit aus des berühmten Benvenuto Cellinis Händen und ist wohl wert, der schönsten Dame in Italien als Liebesgabe gereicht zu werden. Sein Inhalt aber ist ganz unschätzbar. Ein kleiner Tropfen dieses Gegengiftes hätte selbst das furchtbarste Gift der Borgia unschädlich gemacht. Zweifelt nicht, daß es gegen die Rappacinis ebenso wirksam sein wird. Schenkt das Fläschchen und die kostbare Flüssigkeit darin Eurer Beatrice und wartet voll Hoffnung auf das Ergebnis."

Baglioni legte eine kleine, köstlich gearbeitete Phiole auf der Tisch, verabschiedete sich und überließ den jungen Mann de Wirkung seiner Worte.

Wir werden Rappacini doch noch kriegen! dachte er und kicherte heimlich, als er die Treppe hinabstieg. Aber die Wahrheit muß zugegeben werden, er ist ein wundervoller Mann! Aber – ein gefährlicher Pfuscher in seiner Praxis, und daher darf er nicht geduldet werden von Leuten, die noch Achtung haben vor den guten alten Regeln des Heilberufes!

Während seiner ganzen Bekanntschaft mit Beatrice, war Giovanni manchmal, wie schon berichtet wurde, von Zweifeln an ihrem Charakter verfolgt worden. Allein, es war ihr gelungen, von ihm so vollkommen als einfaches, natürliches, liebevolles und harmloses Geschöpf empfunden zu werden, daß das Bild, das Professor Baglioni jetzt von ihr entwarf, so fremd und unglaubhaft aussah, als ob es gar nicht mit seiner eigenen ursprünglichen Auffassung übereinstimme. Freilich, es gab häßliche Erinnerungen, die sich an die ersten flüchtigen Begegnungen mit dem schönen Mädchen knüpften. Er konnte den Blumenstrauß, der welk wurde in ihrer Hand, nicht ganz vergessen, auch nicht das Insekt, das in sonniger Luft so plötzlich starb, ohne sichtbaren Grund als den Duft ihres Atems. Diese Vorfälle jedoch hatten sich aufgelöst im reinen Licht ihrer Persönlichkeit, wirkten nicht länger wie Tatsachen, sondern wurden als falsch gedeutete Wahnvorstellungen angesehen, wollte sie auch das Zeugnis der Sinne noch so sehr als Wirklichkeit erscheinen lassen. Es gibt etwas, das wahrer ist und wirklicher als das, was wir mit den Augen sehen oder mit den Fingern betasten können. Auf solche besseren Beweise hatte Giovanni sein Vertrauen in Beatrice gegründet, mehr allerdings, weil ihn ihre schönen Eigenschaften notwendig dazu führten, als aus tiefem, edlem Glauben, der aus ihm selber kam. Aber nun war sein Gefühl nicht mehr fähig, sich auf der Höhe zu halten, zu der die erste Begeisterung der Liebe es gesteigert hatte; es fiel herab, und kroch unter irdischen Zweifeln umher und befleckte so die lichte Reinheit ihres Bildes. Nicht, daß er sich von ihr losgesagt hätte; er hegte nur Mißtrauen. Er beschloß, einen untrüglichen Beweis zu erbringen, der ihn für alle Zeit klar sehen lassen sollte, ob wirklich in ihrer Körperlichkeit jene furchtbaren Eigentümlichkeiten lagen, die man sich nicht ohne entsprechende Ungeheuerlichkeiten der Seele denken konnte. Aus der Ferne herabschauend, konnten seine Augen ihn getäuscht haben über die Eidechse, das Insekt und die Blumen. Aber wenn er aus einer Entfernung von wenigen Schritten beobachten konnte, wie eine frische und gesunde Blüte in ihrer Hand plötzlich erstarb, dann war kein längerer Zweifel möglich. In dieser Absicht eilte er zum Gärtner und erstand einen Strauß, auf dem noch die Perlen des Frühtaus blitzten.

Es war um die gewohnte Stunde des täglichen Zusammentreffens mit Beatrice. Bevor er in den Garten hinabstieg, unterließ es Giovanni nicht, sich im Spiegel zu besehen – eine Eitelkeit, die man von einem schönen Jüngling erwarten darf; aber daß sie sich in diesem bedrängten und aufgeregten Augenblick zeigte, sprach von einer gewissen Oberflächlichkeit des Gefühls und mangelnder Charaktertiefe. Er beschaute sich und sagte sich selber, daß seine Züge nie vorher so voll Anmut gewesen, seine Augen nie so lebhaft und seine Wangen so von warmer Röte überschäumenden Lebens.

Wenigstens, dachte er, hat sich ihr Gift meinem Körper noch nicht mitgeteilt. Ich bin keine Blume, die welk wird in ihrer Hand.

Bei diesem Gedanken fiel sein Auge auf den Strauß, den er noch nicht aus der Hand gelegt hatte. Ein Schauder unbeschreiblichen Entsetzens durchlief ihn, als er bemerkte, wie die frischen Blumen schon matt zu werden begannen; sie sahen aus wie etwas, das gestern frisch und lieblich gewesen war. Giovanni wurde marmorbleich, stand regungslos vor dem Spiegel und starrte sich selber darin an wie ein furchtbares Bild. Er dachte an Baglionis Bemerkung über den Duft, der das Zimmer zu erfüllen schien. Das mußte das Gift seines Atems gewesen sein! Dann schauderte ihn – es schauderte ihn vor sich selber! Aus seiner Erstarrung erwacht, begann er neugierig eine Spinne zu beobachten, die fleißig dabei war, ihr Netz zu spinnen im alten Gesims des Zimmers. Hin und wieder lief sie im kunstvollen System verwobener Fäden – eine so kräftige und lebhafte Spinne, wie sie nur je von einer alten Decke herabhing. Giovanni neigte sich zu dem Insekt hin und hauchte es tief und lange an. Plötzlich hielt die Spinne in ihrer Arbeit ein. Das Netz durchlief ein Zittern, das vom Körper der kleinen Künstlerin ausging. Wieder atmete Giovanni, noch tiefer und noch länger, und ein böses Gefühl aus einem Herzen lag in seinem Atem. Er wußte aber nicht, ob er schlecht war, oder nur verzweifelt. Die Spinne zuckte krampfhaft mit den Beinen, dann hing sie tot über dem Fenster.

„Verfluchter!“ redete Giovanni sich selber an, „bist du so giftig geworden, daß selbst dieses giftige Insekt von deinem Atem stirbt?“

In diesem Augenblick klang eine volle, süße Stimme aus dem Garten herauf:

„Giovanni! Giovanni! Die Stunde ist schon überschritten. Warum zauderst du! Komm herab!“

„Ja“, murmelte Giovanni wieder – „und sie ist das einzige Wesen, das mein Atem nicht töten kann! Ich wollte, er könnte es!“

Er stürzte hinunter und stand im nächsten Augenblick den strahlenden, liebevollen Augen Beatrices gegenüber. Noch eben waren Wut und Verzweiflung so wild in ihm gewesen, daß er nichts mehr gewünscht hätte, als sie mit einem Blick zu vernichten. Aber als sie wirklich vor ihm stand, machten sich Einflüsse geltend, die sich nicht sofort abschütteln ließen, so fest und sicher standen sie: Erinnerungen an die zarte und gütige Macht ihrer Weiblichkeit, die ihn so oft in fromme Ruhe eingehüllt hatte. Erinnerungen an so manche heiligen und begeisterten Ergüsse ihres Herzens, wenn der reine Quell aus den Tiefen entsiegelt war und sich in kristallener Klarheit vor ihm zeigte, Erinnerungen, die – hätte Giovanni sie zu schätzen gewußt – ihm Versicherung gegeben hätten, daß all dies häßliche Geheimnis nur eine irdische Täuschung war, und daß, trotz aller schlimmen Nebel, die sich um sie zu ballen schienen, die wirkliche Beatrice ein Engel vom Himmel war. Wenn er auch so hoher Gläubigkeit nicht fähig war, so hatte doch ihre Gegenwart noch nicht völlig ihren Zauber verloren. Giovannis Wut dämpfte sich zu scheinbarer Empfindungslosigkeit. Beatrice fühlte mit wachen Sinnen sofort, daß ein schwarzer Abgrund zwischen ihnen gähnte, den keines überschreiten konnte. Traurig und schweigend gingen sie zusammen weiter und kamen zu dem Marmorbrunnen und dem Teich darunter, in dessen Mitte der Strauch mit den Rubinblüten wuchs. Giovanni erschrak über die helle Freude, den Hunger fast, mit dem er den Duft der Blumen einsog.

„Beatrice", fragte er, „woher kommt dieser Strauch?"

„Mein Vater hat ihn geschaffen", antwortete sie schlicht.

„Geschaffen! geschaffen!" wiederholte Giovanni. „Was meinst du damit, Beatrice?"

„Er ist sehr vertraut mit den Geheimnissen der Natur", erwiderte Beatrice, „und zur gleichen Stunde, als ich den ersten Atemzug tat, keimte diese Pflanze aus dem Boden, das Kind seiner Wissenschaft, seines Geistes, während ich nur seine leibliche Tochter war. Komm ihm nicht zu nahe!" fuhr sie fort, als sie voll Schrecken beobachtete, daß Giovanni sich dem Strauch näherte. „Er hat Eigenschaften, von denen du wenig ahnst. Aber ich, liebster Giovanni, ich wuchs auf und erblühte mit dieser Pflanze und ward von ihrem Atem genährt. Sie war meine Schwester, und ich liebte sie, wie man einen Menschen liebt; denn – ach! Hast du es nicht geahnt? Ein furchtbares Geschick lag über mir."

Hier blickte Giovanni sie so finster an, daß Beatrice stockte und zu zittern begann. Aber ihr Glaube an seine Liebe beruhigte sie wieder und ließ sie erröten, daß sie einen Augenblick lang gezweifelt hatte.

„Ein furchtbares Geschick", fuhr sie fort, „die Auswirkung der verhängnisvollen Liebe meines Vaters zur Wissenschaft, das mich von jeder menschlichen Gesellschaft ausschloß. Bis der Himmel dich sandte, Liebster, wie einsam war deine arme Beatrice!"

„War das ein hartes Geschick?" fragte Giovanni und sah sie fest an.

„Erst seit kurzer Zeit weiß ich, wie schwer es war", antwortete sie voll Zärtlichkeit. „O ja, aber mein Herz war gefühllos und darum still."

Wie ein Blitz aus dunkler Wolke durchbrach Giovannis Wut das düstere Schweigen.

„Verfluchte!" schrie er in bösem Zorn – „Und weil du deine Einsamkeit bedrückend fandest, hast du auch mich von allem warmen Leben geschieden und mich in deinen Bannkreis unaussprechlicher Schrecken gelockt!"

„Giovanni!" rief Beatrice und wandte ihre großen, strahlenden Augen auf sein Gesicht. Seine gewalttätigen Worte waren noch nicht in sie eingedrungen. Sie war nur wie vom Blitz getroffen.

„Ja, du giftiges Geschöpf!" wiederholte Giovanni, außer sich vor Wut – „Das hast du getan! Du hast mich vernichtet! Du hast mir Gift in die Adern gegossen! Du hast ein so hassenswertes, häßliches, verabscheuungswürdiges und giftiges Geschöpf aus mir gemacht, wie du es selber bist – ein Weltwunder scheußlicher Ungeheuerlichkeit! Und nun, wenn unser Atem, wie ich wünsche, uns selber so verderblich ist wie allen andern, dann sollen unsere Lippen in einem Kuß unsagbaren Hasses sich vereinen – und so laß uns sterben!"

„Was ist über dich gekommen?" murmelte Beatrice, und leises Stöhnen kam aus ihrer Brust. „Heilige Jungfrau, hab' Mitleid mit mir; mir armem Kind ist das Herz gebrochen!"

„Du! Du willst beten?" rief Giovanni, noch immer mit dem gleichen teuflischen Hohn. „Selbst deine Gebete erfüllen die Luft mit Tod, wenn sie von deinen Lippen kommen. Ja, ja! Laß uns beten! Laß uns zur Kirche gehen und unsere Finger in das geweihte Wasser bei der Tür eintauchen! Die nach uns kommen, werden sterben wie an einer Pestilenz. Laß uns das Kreuzeszeichen schlagen in der Luft! Flüche wird es ausstreuen in der Verkleidung heiliger Symbole!"

„Giovanni", sagte Beatrice ruhig, denn ihr Leid war zu tief für wilde Äußerung, „warum gesellst du dich zu mir in diesen furchtbaren Worten? Ich, das ist wahr, ich bin so furchtbar wie du mich schiltst. Aber du, – was brauchst du anderes zu tun, als noch einmal zu erschauern vor meinem scheußlichen Elend und dann aus dem Garten zu gehen, dich unter deinesgleichen zu mischen und zu vergessen, daß je so etwas Ungeheuerliches wie die arme Beatrice auf Erden war?“

„Stellst du dich, als wüßtest du es nicht?“ fragte Giovanni und blickte sie drohend an. „Sieh her! Diese Macht habe ich von Rappacinis reiner Tocher erworben!“

Ein Schwarm sommerlicher Insekten schwirrte durch die Luft und suchte die Nahrung, die die Blütendüfte des verhängnisvollen Gartens versprachen. Sie umkreisten Giovannis Haupt und wurden augenscheinlich aus dem gleichen Grunde von ihm angezogen, der sie, für Augenblicke, in die Nähe mehrerer Sträucher gelockt hatte. Er schickte seinen Atem unter sie und lächelte Beatrice bitter an, als wenigstens zwanzig von ihnen tot zu Boden fielen.

„Ich sehe es! Ich sehe es!“ schrie Beatrice auf. „Ist das meines Vaters verhängnisvolle Wissenschaft? Nein, nein, Giovanni, ich war es nicht! Niemals! Ich träumte nur davon, dich zu lieben, eine kurze Zeitlang bei dir zu sein und dich dann ziehen zu lassen; nur dein Bild sollte in meinem Herzen bleiben. Denn, glaube mir, Giovanni, wenn auch mein Körper mit Giften genährt ist, mein Geist ist Gottes Geschöpf und verlangt nach Liebe als sein täglich Brot. Aber mein Vater! Er hat uns in dieser furchtbaren Übereinstimmung vereint. Ja, schmähe mich! Tritt mich mit Füßen! Töte mich! Was ist der Tod nach solchen Worten, wie du sie sprachst? Aber ich war es nicht! Nicht um alles Heil der Welt hätte ich es getan!“

Giovannis Leidenschaft hatte sich in dem Ausbruch erschöpft. Jetzt überkam ihn, traurig und nicht ohne Zärtlichkeit, das Bewußtsein der innigen und sonderbaren Verwandtschaft zwischen Beatrice und ihm. Sie standen gewissermaßen völlig verlassen im dichtesten Gewühl des Menschenlebens. Sollte die menschenleere Wüste um sie diese beiden Einsamen nicht enger aneinander schließen? Waren sie einander grausam, wer sollte dann gut zu ihnen sein? Außerdem – so dachte Giovanni –

könnte es nicht eine Hoffnung geben, daß er in die Grenzen der Natur zurückkehrte, mit Beatrice, der befreiten Beatrice, in seiner Hand?

„Liebe Beatrice", sagte er und trat auf sie zu, während sie zurückwich, wie sie immer getan, doch diesmal aus anderem Grunde; – „liebste Beatrice, unser Geschick ist noch nicht hoffnungslos. Sieh! Hier ist ein Heiltrank, mächtig, wie ein weiser Arzt mir versichert hat, und fast übernatürlich in seiner Wirkung. Er ist aus Dingen zusammengesetzt, die das Gegenteil sind von dem, wodurch dein furchtbarer Vater dieses Unheil über dich und mich heraufbeschworen hat. Er ist aus heiligen Kräutern gemischt. Wollen wir ihn nicht zusammen trinken und uns so vom Bösen reinigen?"

„Gib es mir!" sagte Beatrice und streckte die Hand aus nach dem kleinen silbernen Fläschchen, das Giovanni hervorzog. Mit eigener Betonung fügte sie hinzu: „Ich will trinken – aber warte du die Wirkung ab."

Sie setzte Baglionis Gegengift ohne Zögern an die Lippen. Im selben Augenblick trat Rappacini aus dem Tor und kam langsam auf den Marmorbrunnen zu. Als er sich näherte, schien der bleiche Mann der Wissenschaft mit triumphierendem Ausdruck auf die schönen Menschenkinder zu blicken, wie ein Künstler etwa, der sein Leben an die Vollendung eines Bildes oder einer Marmorgruppe setzt und mit dem Erfolg zufrieden ist. Er blieb stehen – machtbewußt richtete seine gebeugte Gestalt sich auf; er streckte seine Hand über sie, wie ein Vater, der den Segen des Himmels für seine Kinder erfleht. Aber es war dieselbe Hand, die Gift in ihre Lebensadern geträufelt hatte! Giovanni bebte. Beatrice zitterte erregt und preßte die Hand aufs Herz.

„Meine Tochter", sagte Rappacini, „du stehst nicht länger allein in der Welt! Pflücke eine dieser köstlichen Knospen von dem schwesterlichen Strauch, und laß deinem Bräutigam sie am Herzen tragen. Sie wird ihm nicht mehr schaden! Meine Wissenschaft und eure Liebe haben so in ihm gewirkt, daß er jetzt abseits steht von andern Männern, wie du von andern Frauen.

So geht denn weiter durch die Welt, einander herzlich lieb und allen andern schreckenvoll!"

„Mein Vater", sagte Beatrice mit schwacher Stimme, und noch immer hielt sie die Hand aufs Herz gepreßt, „warum hast du dieses furchtbare Schicksal über dein Kind verhängt?"

„Unglückliche!" rief Rappacini: „Was denkst du, törichtes Mädchen? Hältst du es für Unglück, mit wunderbaren Gaben ausgestattet zu sein, denen keine feindliche Gewalt und Stärke gewachsen ist? Für Unglück, den Mächtigsten mit einem Atemzug vernichten zu können? Für Unglück, so furchtbar zu sein wie du schön bist? Wolltest du lieber das Geschick eines schwachen Weibes tragen, das allem Bösen preisgegeben ist und selber keine schlimme Macht besitzt?"

„Ich wäre gern geliebt und nicht gefürchtet worden", murmelte Beatrice und sank zu Boden. „Doch jetzt bedeutet es nichts mehr; ich gehe dahin, Vater, wo das Böse, das du mir eng verbinden wolltest, wie ein Traum entschwindet – wie der Duft dieser giftigen Blumen, die meinen Atem nicht mehr beflecken werden unter den Blumen des Paradieses. Leb wohl, Giovanni, deine haßerfüllten Worte sind so schwer in meinem Herzen – doch auch sie werden abfallen, wenn ich aufschwebe. War nicht vom ersten Augenblick an mehr Gift in dir als in mir selber?"

Für Beatrice – so gänzlich war ihr sterblicher Teil von Rappacinis Kunst durchsetzt – bedeutete das mächtige Gegengift den Tod, da das Gift ihr Leben bedeutet hatte. Und so starb hier zu Füßen ihres Vaters und Giovannis das arme Opfer menschlichen Scharfsinns und betrogener Natur und des Fluches, der stets solche Auswirkungen mißleiteter Wissenschaft bedroht. Und im selben Augenblick sah Professor Pietro Baglioni aus dem Fenster herab und rief laut mit triumphierender Stimme dem ganz gebrochenen Mann der Wissenschaft zu:

„Rappacini! Rappacini! Das also ist das Ergebnis Eures Versuches?"

Ein Mann namens Wakefield

Aus irgendeinem alten Journal erinnere ich mich einer Erzählung, als wahr erzählt von einem Manne namens Wakefield, der sich für eine lange Zeit von seiner Frau entfernte. Das ist, so kurz mitgeteilt, nichts Ungewöhnliches und wäre ohne den Bericht der begleitenden Umstände auch weder als schlecht noch unsinnig zu verurteilen. Aber was diesen Wakefield betrifft, so ist es sicher nicht das schlimmste, aber das sonderbarste Beispiel ehelicher Vernachlässigung und zudem das Grillenhafteste unter allen menschlichen Sonderbarkeiten.

Das Ehepaar lebte in London. Der Mann nahm unter dem Vorwand, eine Reise machen zu wollen, eine Wohnung in der seinem Hause zunächst gelegenen Straße und lebte da, ungesehen von seiner Frau und seinen Freunden und ohne vernünftigen Grund zu solcher Selbstverbannung länger als zwanzig Jahre. Während dieser Zeit sah er sein Haus täglich, öfter sogar auch Frau Wakefield, und nach einer so großen Kluft in seinem ehelichen Glück, nachdem sein Tod bereits als gewiß angenommen, sein Name dem Gedächtnis entschwunden war und seine Frau sich lange zuvor schon in ihren herbstlichen Witwenstand gefunden hatte – da öffnete er eines Tages ganz ruhig die Tür, als wenn er nur einen Tag lang fort gewesen wäre, und wurde wieder der freundliche Gatte, blieb es bis zu seinem Tode.

Das ist alles, was ich aus jenem Journal behalten habe, Umrisse, nichts weiter. Aber der Vorfall ist, wenn auch originell und ohne Beispiel, doch, wie mir scheint, von einer Art, die menschliche Sympathie in Anspruch nimmt. Natürlich weiß jeder für sich, daß keiner von uns solcher Torheit fähig wäre, trauen sie aber doch andern zu. Meine Erinnerung kehrte oft zu diesem merkwürdigen Manne zurück, der immer wieder meine

Bewunderung erregte, und mit dem immer deutlicheren Gefühl, die Geschichte müsse wahr sein – ich sah den Mann.

Ergreift unsern Geist ein Gegenstand mit solcher Gewalt, so ist die Zeit, über ihn nachzudenken, wohl angewandt. Mag nun der Leser seine eigenen Gedanken darüber haben oder es vorziehen, mit mir durch die zwanzig Jahre dieses Mannes Wakefield zu wandern – im letzteren Fall wird er am Schluß auch eine Moral finden. Jedes Nachdenken hat seine Wirkung. Jedes auffallende Geschehnis hat seine Moral.

Was war das für ein Mann, dieser Wakefield? Wir gewinnen sein Bild, indem wir nichts tun, als der ihn beherrschenden Idee folgen. Er stand jetzt im Mittag seines Lebens. Seine eheliche Liebe, nie leidenschaftlich gewesen, hatte sich in zur Gewohnheit gewordenes ruhiges Gefühl abgekühlt, und von allen Ehemännern würde er, dank einer gewissen Trägheit, die sein Herz in beständiger Ruhe hielt, für den treuesten, beständigsten gehalten worden sein. Er hatte natürlichen Verstand, aber ohne ihn tätig anzuwenden, denn sein Denken hing nur langen und trägen Betrachtungen nach, die ohne Ziel waren oder nicht die Kraft hatten, es zu erreichen. Was er dachte, war selten so energisch und bestimmt, daß es sich in Worte faßte. Phantasie in der engsten Bedeutung des Wortes hatte gar kein Teil an Wakefields Gaben. Mit einem kalten, aber weder verderbten noch flackrigen Herzen, und mit einem Geiste, der nie am Fieber aufrührerischer Gedanken litt oder sich von einem Streben nach Originalität verleiten ließ – wer hätte geahnt, daß sich dieser Mann einen ersten Platz unter all denen erwerben würde, die jemals Exzentrisches begangen haben? Ein ganz gewöhnlicher Mann namens Wakefield. Hätte man seine Bekannten gefragt, wer in London am wenigsten geeignet sei, heute etwas zu tun, wovon man morgen noch redete, so würden sie an Wakefield gedacht haben. Nur sein Weib hätte vielleicht gezaudert. Ohne ihn genauer geprüft zu haben, wußte sie, daß eine ruhige Selbstsucht sich in seinem untätigen Geist eingerostet hatte, der eine gewisse Art Eitelkeit besaß, seine unliebenswürdigste Eigenschaft, und eine Neigung zur List, die sich kaum in deutlicheren

Wirkungen gezeigt hatte, als dem Fürsichbehalten geringfügiger Geheimnisse, und dann zuweilen eine gewisse Fremdartigkeit, wie sie es nannte, welche Eigenschaft, wenn sie überhaupt vorhanden war, sich nicht näher beschreiben läßt als mit dem Wort selber, das die Frau dafür anwandte: Fremdartigkeit.

Wakefield sagt seiner Frau Lebewohl. Es geschieht in der Dämmerung eines Oktobertages. Seine Reiseausrüstung besteht aus einem dicken, wollenen Überrock, einem mit Wachstuch überzogenen Hut, Stulpenstiefeln, einem Regenschirm in der einen, einer kleinen Reisetasche in der anderen Hand. Er wolle mit der Nachtpost über Land fahren, hat er seiner Frau gesagt. Sie hätte ihn gern nach der Dauer seiner Reise, ihrem Zweck und Ziel gefragt, auch wann er wohl zurück zu sein gedenke, aber aus Nachgiebigkeit gegen seine harmlose Neigung zur Geheimniskrämerei drückt sie dies nur durch einen Blick aus. Sie möge ihn nicht mit der wendenden Post erwarten, sagt er nur, auch daß sie nicht unruhig werden solle, wenn er drei oder vier Tage länger ausbleibe. Aber daß sie ihn jedenfalls am Freitag zum Abendessen erwarten könne. Wohl zu beachten ist: Wakefield hat selber keine Ahnung dessen, was ihm bevorsteht. Er streckt seine Hand, sie gibt ihm die ihre und erwidert seinen Abschiedskuß in der ruhigen Weise zehnjähriger Eheleute –, und fort geht der bereits im mittleren Alter stehende Mann, beinahe entschlossen, seine brave Frau durch eine vollwöchentliche Abwesenheit in Unruhe zu versetzen. Nachdem sich die Tür hinter ihm geschlossen hat, sieht sie diese nochmals ein wenig aufgehen und durch die Öffnung das ihr zulächelnde Gesicht des Mannes, der gleich darauf verschwunden ist. Im Augenblick beachtet sie diesen unwesentlichen Umstand nicht weiter; aber lange nachher, nachdem sie mehr Jahre eine Witwe als eine Frau gewesen ist, da kehrt dieses Lächeln in ihr Gedächtnis zurück und überschimmert in ihrer Erinnerung Wakefields Züge. Oft in ihrem Sinnen umgibt sie dieses Lächeln mit einer Menge Phantasien, die es schrecklich und fremdartig machen: wenn sie sich ihn in einem Sarg denkt, ist dieser lächelnde Abschiedsblick auf bleichen Zügen eingefroren; träumt sie von ihm im Himmel, so trägt selbst sein seliger Geist dieses ruhige verschmitzt-listige Lächeln an sich. Alle anderen halten ihn schon für tot, sie selber aber zweifelt um seiner selbst willen daran, daß sie Witwe ist.

Aber ich muß hinter Wakefield her, ehe er seine Person verliert und in der Masse des Londoner Lebens verschmilzt. Dicht auf den Fersen folge ich ihm durch vieles Hin und Her in den Gassen bis an das Feuer eines kleinen Zimmers, das er vorher für sich bestellt hat, gestern oder vor acht Tagen. Nun sitzt er vor dem Feuer in der seiner Wohnung zunächst gelegenen Gasse und ist am Ende seiner Reise. Kaum traut er seinem Glück, unbemerkt bis hierher gekommen zu sein, denn, noch fällt es ihm mit Schrecken ein, mitten unter dem Licht einer Laterne war er durch die Menge einmal aufgehalten worden und hatte Fußtritte hinter sich gehört, ganz deutlich vom Geräusch der schreitenden, eilenden Menge unterschieden, und daß er dann ganz fern eine Stimme gehört hatte, die seinen Namen rief. Sicher haben wichtigtuerische Freunde ihn beobachtet und die ganze Sache seiner Frau hinterbracht. So denkt der arme Wakefield, ohne Ahnung von seiner Unbedeutendheit in der Welt, und daß keines Menschen Auge ihn verfolgt hat außer das meine. Geh zu Bett, alter Mann, törichter Mann, und morgen, wenn du klug bist, gehst du wieder nach Haus zu Frau Wakefield und sagst ihr, was war.

Seinen Scherz, oder wie sonst er es nennen wollte, fast bereuend, legte sich Wakefield zeitig zur Ruh und streckt, aus dem ersten Schlaf erwachend, seine Arme in die weite und einsame Wüste des ungewohnten Bettes. „Nein“, denkt er und legt die Decken enger um sich, „ich will keine zweite Nacht allein schlafen.“

Am nächsten Morgen steht er früher als gewöhnlich auf und gibt sich Gedanken hin, was er eigentlich tun will. So zerlaufen und unstet sind sie, daß er, was er Sonderbares tat, zwar mit dem Bewußtsein einer Absicht getan hat, aber ohne imstande zu sein, sich diese klarzumachen. Das ganz Unbestimmte seines Unternehmens und die krampfartige Anstrengung, mit der er sich in dessen Ausführung stürzte, zeigen einen Menschen seltsam schwachen Geistes. Wakefield durchsucht und wendet seine Gedanken und sie bleiben an einem haften: wie er außerordentlich neugierig ist, zu wissen, wie die Sachen zu Hause weitergehen – wie sein vortreffliches Weib ihren einwöchentlichen Witwenstand ertragen wird und wie überhaupt der kleine Kreis von Kreatürlichem und Verhältnissen, deren Mittelpunkt er bildete, von seiner Entfernung berührt werden wird. Der ganzen Sache scheint nur eine klägliche Eitelkeit zugrunde zu liegen. Dies zunächst. Wie soll er seine Neugierde befriedigen? Wohl dadurch, daß er in seiner neuen Wohnung sitzen bleibt, wo er, obgleich er nur in der nächsten Gasse schlief und erwachte, in Wahrheit so weit weg von seinem Haus ist, als wäre er mit der Post die ganze Nacht ins Land gefahren. Zeigte er sich schon, wäre der ganze Plan zerstört. Er müht sein armes Hirn ab in hoffnungsloser Verlegenheit, bis er sich schließlich hervorwagt, halb entschlossen, am obern Ende seiner Gasse nur gerade so vorbeizugehen und einen raschen Blick auf seine verlassene Wohnung zu werfen. Gewohnheit aber – er ist ein Mensch der Gewohnheit – nimmt ihn bei der Hand und führt ihn, seiner unbewußt, nach seiner Haustür, und da erwacht er gerade im kritischen Moment, am Türtritt, am Geräusch seiner Schuhe am Abstreifeisen. Wakefield! Wohin willst du gehen?

In diesem Augenblicke stand sein Schicksal im Wendepunkt. Nicht ahnend das Los, zu dem ihn dieser erste Schritt zurück verurteilt, eilt er atemlos und aufgeregt wie nie zuvor in seinem Leben davon, wagt kaum, an ferner Ecke den Kopf zu wenden. Hat ihn, ist es möglich, daß ihn niemand gesehen hat? Wird nicht der ganze Hausstand, die ehrbare Frau Wakefield, die kleine Magd, der schmutzige Laufbursch hinter ihm herschreien und den flüchtigen Hausherrn verfolgen? Er findet sein Entkommen wunderbar. Er gibt sich Mut anzuhalten und zurück nach seinem Haus zu schauen. Aber er ist von einem Gefühl der Veränderung betroffen, die er an dem so vertrauten kleinen Haus wahrnimmt – es ist ihm, wie es uns geht, wenn wir nach Jahren wieder einen Hügel, einen See, ein Kunstwerk wiedersehen, mit dem wir einst Freund waren. In gewöhnlichen Fällen wird dieser seltsame Eindruck durch Vergleich und Gegensatz zwischen unserer unvollkommenen Erinnerung und der Wirklichkeit hervorgerufen. Aber bei Wakefield hatte die Magie einer einzigen Nacht eine ähnliche Veränderung bewirkt, und es war eine große Veränderung in seinem Geist vorgegangen, Dies blieb ihm selber aber Geheimnis. Ehe er den Ort, wo er steht, verläßt, gewahrt er für die Dauer eines Augenblickes seine Frau, die am Vorderfenster vorbeigeht, ihr Gesicht dem oberen Ende der Gasse zugewendet. Wakefield macht sich sofort auf, von dem Gedanken gejagt, daß ihr Auge unter Tausenden solcher sterblicher Nichts gerade ihn entdeckt haben müsse. Es schwindelt ihn im Kopf, aber in seinem Herzen ist Freude, als er sich wieder am Kohlenfeuer seiner neuen Wohnung befindet.

Dieses ist der Anfang einer langen Posse.

Nachdem erst der Gedanke bei dem Mann Eingang gefunden und sein träges Wesen in Bewegung gesetzt hat, läuft die ganze Sache auf ganz natürlichem Wege von selbst. Er kauft nach reichlichem Nachdenken eine rötliche Perücke und verschiedene Kleidungsstücke, abweichend von seiner gewöhnlichen Tracht in Schnitt und Farbe; lange suchte er danach bei einem Trödler. Nun ist er soweit; Wakefield ist ein anderer. Nachdem das neue System einmal hergestellt ist und funktioniert, würde eine rückgängige Bewegung nach dem alten beinahe so schwierig sein wie der Schritt, der ihn in diese Lage ohne Beispiel gebracht hat. Ja, es wäre die Anstrengung des Zurück größer als die Kraft, die er zu seinem Beharren braucht. Dann ist er auch aus einer gewissen Übellaunigkeit, die ihm zuweilen eigen, hartnäckig geworden, unmittelbar dazu veranlaßt durch die Idee, seine Frau habe beim Abschied nicht gerade ein sonderlich starkes Gefühl geäußert. In ihrer Frage, wie lange er bliebe, sei nicht gerade besonders viel Sorge über seine Trennung von ihr gelegen gewesen. So will er nicht früher zurück zu ihr, als bis sie vor Angst und Sorge halb tot ist. Zwei- oder dreimal ist sie in der Zeit an ihm vorbeigekommen, jedesmal mit schwererem

Gang, blasserer Wange, trüberer Stirn. Und in der dritten Woche sah er einen Unglückbringer in Gestalt des Apothekers in das Haus gehen. Am nächsten Tag ist der Türklopfer umwickelt mit Tuch. Und gegen Abend fährt der Wagen des Arztes vor und setzt seine feierliche, mit hoher Perücke versehene Last an Wakefields Haustür ab, aus der sie nach einem viertelstündigen Besuche, vielleicht als Vorbote eines Leichenbegängnisses, wieder hervortritt. Das liebe Weib! Wird sie sterben? Das Gefühl Wakefields bekam da wohl einige Energie, doch fand er seinem Gewissen bald Entschuldigung dafür, daß er nicht nach Hause ging, und Beruhigung, indem er sich sagte, sein Weib dürfe unter solchen Umständen nicht aufgeregt werden.

In einigen Wochen ist Frau Wakefield wieder genesen, die Krisis ist vorüber, ihr Herz traurig vielleicht, aber ruhig – er mag nun zurückkehren wann immer, es wird nicht mehr heftig für ihn schlagen, nie wieder fiebrig für ihn schlagen. Solche Gedanken schimmern durch den Nebel in Wakefields Hirn, und sie lassen ihn dunkel dessen bewußt werden, daß ein Abgrund, unüberbrückbar fast, sein Haus, das er bewohnt, trennt von dem andern, das er eine Gasse weiter bewohnte. „Meine Wohnung ist ja nur in der nächsten Gasse“, sagt er zuweilen. Der seltsame Narr weiß nicht, daß sie in einer andern Welt ist. Bisher hat er seine Rückkehr von einem Tag auf den andern verschoben. Von jetzt ab läßt er den Zeitpunkt unbestimmt. Er sagt sich: morgen nicht. Wahrscheinlich nächste Woche. Oder: so bald als möglich. Die Toten haben fast ebensoviel Aussicht, ihre irdischen Wohnungen wiederzusehen wie der in Selbstverbannung lebende Mann namens Wakefield.

Wäre es mir erlaubt, ein dickes Buch statt dieser kleinen Geschichte von zwölf Seiten zu schreiben, würde ich durch Beispiele erläutern können, wie ein über unsere Kräfte hinausgehender Einfluß seine starke Hand auf jede unserer Taten legt und deren Folgen in ein eisernes Netz von Notwendigkeit verwebt. Wakefield war wie festgebannt in einen magischen Kreis. Jahre, zehn Jahre lang umschleicht er, wie ein Spuk, sein Haus, treu seinem Weibe mit all der Zuneigung, deren er fähig ist, während sein Bild in ihrem Herzen langsam verblaßt. Daß das, was er tue, sonderbar ist, solche Erkenntnis hat er seit langem verloren.

Im Gewühl einer Londoner Straße erblickt man einen Mann, dem Alter nah, ohne bemerkenswerte Züge, die Aufmerksamkeit auf sich ziehen könnten. Aber des alten Mannes ganze Erscheinung zeigt den Menschen das Gepräge eines nicht gewöhnlichen Schicksals, die zu lesen verstehen. Er ist mager und die niedere, schmale Stirn ist gefurcht, die kleinen, glanzlosen Augen irren wie furchtsam, wenn sie nicht, wie meist, nach innen schauen. Er läßt den Kopf sinken und bewegt sich in gebeugter Haltung weiter, so, als ob er mit Absicht nicht seine ganze Vorderseite der Welt zeigen wolle. Er nimmt das Kinn zurück im Vorwärtsgehen, zieht die Brust ein, geht etwas schief gedreht nach vorne. Er schwenkt leise in eine schmale Seitengasse ab. An deren oberen Ende erscheint eine Frau, stattlich, doch in vorgerückten Jahren; ein Gebetbuch in der Hand, auf dem Weg in die Kirche dort. Sie hat die ruhige Miene einer resignierten Witwe, ihr Gram ist entweder geschwunden oder ein so wesentlicher Teil ihres Charakters geworden, daß Freude ein schlechter Austausch dagegen für sie wäre. In dem Augenblick, da der magere Mann und die stattliche Frau aneinander vorübergehen, ist durch Passanten der Weg versperrt, und dies bringt die beiden in unmittelbare Berührung. Ihre Hände begegnen sich, der Druck der Menge preßt ihre Brust an seine Schulter und sie stehen von Angesicht zu Angesicht und sich gegenseitig in die Augen schauend gegenüber. Auf diese Weise begegnet Wakefield seinem Weibe nach zehnjähriger Trennung.

Das Gedränge löst sich und führt sie wieder voneinander weg. Die ehrbare Witwe nimmt wieder ihren früheren Schritt auf, geht zur Kirche. Aber im Portal bleibt sie für eine ganz kleine Weile stehen und wirft einen etwas unruhigen Blick zurück, die Gasse entlang. Nun tritt sie in die Kirche und öffnet ihr Gebetbuch, während sie eintritt.

Der Mann? Der stürzt mit einem aufgeregten Gesicht, daß selbst der geschäftige und selbstbedenkende Londoner nachstarrt, nach seiner Wohnung, verriegelt die Tür und wirft sich aufs Bett. Alte eingeschlafene Gefühle aus alten Jahren taumeln auf und geben dem schwachen Geiste von ihrer nur mehr kleinen Kraft eine kurze Stärke; die ganz elende Verlassenheit seines Lebens wird ihm in einem Blick offenbart, daß er sich fragt: „Bist du verrückt, Wakefield?"

Vielleicht war er verrückt. Die Sonderbarkeit seiner Lage mußte ihn so in ihre Formen gepreßt haben, daß er in seinen Beziehungen zu den Mitmenschen und den Geschäften des Lebens kaum als im vollen Besitz seiner Geisteskräfte erachtet werden konnte. Er hatte sich mehr durch Zufall als durch eigene Bemühung von der Welt getrennt; er war verschwunden; er hatte seinen Platz und dessen Vorrechte bei den Lebenden aufgegeben, ohne unter die Toten aufgenommen zu sein. Das Leben des Einsiedlers ist mit dem seinen nicht zu vergleichen. Er lebte im Gewühl und Gelärm einer Stadt wie früher, aber die Menge floß an ihm vorüber und sah ihn nicht; er war, bildlich gesprochen, stets an der Seite seines Weibes und seines Herdes, ohne je die Wärme des einen und die Liebe des andern empfinden zu dürfen. Es war dieses Mannes namens Wakefield beispielloses Schicksal, seinen ursprünglichen Anteil an den menschlichen Sympathien bewahrt zu haben und noch in menschliche Interessen verwickelt zu sein, während er seinen eigenen Einfluß auf diese gänzlich verloren hatte. Aber so verändert er auch war, er wurde sich dessen kaum oder nur sehr selten bewußt, sondern hielt sich immerzu noch für denselben Menschen, wenn auch dann und wann, doch nur für einen ganz kurzen Augenblick ein Strahl der Wahrheit auf ihn fiel und er wieder sagte: „Ich werde bald zurückkehren, in der nächsten Woche", ohne zu denken, daß er das seit zwanzig Jahren versprochen hatte.

Sicher werden rückblickend darauf diese zwanzig Jahre ihm kaum länger erscheinen als die Woche, auf welche Wakefield anfangs die Dauer seiner Anwesenheit hatte begrenzen wollen.

Er werde auf die ganze Sache wie auf eine Episode in den Hauptgeschäften seines Lebens blicken; und wenn er es nach einiger Zeit für angemessen halten sollte, wieder in das Wohnzimmer seiner Frau zu treten, so würde sie beim Anblick des in guten mittleren Jahren stehenden Herrn Wakefield vor Freude die Hände zusammenschlagen. So meinte er. Als ob die Zeit nur auf die Beendigung unserer Lieblingstorheiten wartete! Wäre es so, dann würden wir allerdings junge Leute bleiben bis zum Jüngsten Gericht.

Eines Abends im zwanzigsten Jahr seit seinem Verschwinden machte Wakefield seinen gewohnten Spaziergang nach der Gegend jener Wohnung, die er noch immer die seine nannte. Es ist ein stürmischer Herbstabend mit häufigen Regengüssen, die auf das Pflaster niederklatschen und wieder verschwunden sind, ehe noch ein Mensch Zeit hat, seinen Regenschirm zu öffnen. Er bleibt in der Nähe des Hauses stehen, sieht in den Fenstern des ersten Stockwerkes den roten Schein und das flackernde Licht eines behaglichen Feuers. An der Decke des Zimmers erscheint der riesige Schatten der guten Frau Wakefield; Haube, Nase und Kinn bilden ein groteskes Zerrbild, das mit dem flakkernden und niedersinkenden Feuerschein fast zu lustig für den Schatten einer älteren Witwe tanzt. Da klatscht wieder ein Regen nieder, den der Wind Wakefield ins Gesicht treibt. Die Kälte schüttelt ihn. Soll er hier naß und frierend stehen, und sein eigener Herd hat ein gutes Feuer, ihn zu wärmen, und seine Frau ist bereit, ihm den grauen Hausrock zu holen, den sie doch sicher in dem Wandschrank aufgehoben hat, der in ihrem gemeinsamen Schlafzimmer steht. Nein, ein solcher Narr ist Wakefield nicht. Er steigt die Treppe hinauf, langsam und schweren Schrittes, denn zwanzig Jahre, seitdem er sie zum letztenmal herunterstieg, haben seine Beine steif werden lassen. Aber er weiß es nicht. Wakefield! Willst du die einzige Heimat suchen, die dir noch geblieben ist, so geh in dein Grab. Er macht die Tür auf, und während er eintritt, erhaschen wir noch einen letzten Anblick seines Gesichtes und sehen jenes listige Lächeln, das der Vorbote jenes kleinen Spaßes war, den er seitdem zwanzig

Jahre gespielt hat. Zunächst auf Kosten seines Weibes. Er hat doch wirklich unbarmherzig dieses arme Weib zum Narren gehalten. Gute Nacht, Herr Wakefield!

Dies glückliche Ereignis seiner Heimkehr, angenommen, es war wirklich ein solches, konnte nur in einem unbewachten Moment eintreten. Ob es ein glückliches Ereignis war, können wir nicht sagen, denn wir wollen dem Mann namens Wakefield nicht über die Schwelle zu Frau Wakefield folgen.

Unter der scheinbaren Verworrenheit dieser geheimnisvollen Welt sind wir Individuen so genau in ein System und die Systeme aneinander und zu einem Ganzen gepaßt, daß ein Mensch, tritt er nur einen Augenblick lang heraus und zur Seite, sich der Gefahr aussetzt, seinen Ort für immer zu verlieren. Er kann ein Ausgestoßener des Universums werden wie dieser Mann namens Wakefield.

Herrn Higginbothams Katastrophe

Ein junger Mensch, herumziehender Tabakskrämer von Profession, war unterwegs von Morristown, wo er gute Geschäfte gemacht hatte, mit dem Diakon der Shakerniederlassung, nach dem Weiler Parkers Fall am Salmenfluß. Auf seinem kleinen, grüngestrichenen Wagen war auf dessen beiden Seiten eine Zigarrenkiste, auf der Hinterseite aber ein Indianer gemalt, der eine Pfeife und einen goldenen Tabakstengel in der Hand hielt. Der Krämer fuhr mit einer kräftigen kleinen Stute und war ein junger Mann von trefflichem Charakter, auf seinen Vorteil im Geschäft stets bedacht, aber trotzdem geliebt von den Yankees, die sich, wie ich mir habe sagen lassen, lieber mit einem scharfen als mit einem stumpfen Barbiermesser den Bart scheren lassen. Insbesondere war er der Liebling der jungen Mädchen am Connecticut entlang, deren Gunst er sich durch Geschenke besten Rauchtabaks zu erwerben pflegte, wohl wissend, daß den Landmädchen von Neuengland in der Regel große Fertigkeit in Behandlung der Pfeife eignet. Zudem war, wie sich aus der Geschichte ergeben wird, der Krämer sehr neugierig und so was wie ein Schwätzer, stets darauf aus, Neuigkeiten zu hören und eifrigst bemüht, sie weiterzugeben.

Dominikus Pike, dieser Krämer, war nach einem zeitig in Morristown eingenommenen Frühstück sieben Meilen durch ein einsames Gehölz gefahren, ohne auch nur ein einziges Wort mit jemand anderen zu sprechen als mit sich selber und seiner grauen Stute. Es ging auf sieben, und Pike war begierig auf seinen Morgenschwatz, genau wie ein Stadtkrämer auf seine Morgenzeitung. Dazu schien sich eine günstige Gelegenheit zu bieten. Er zündete gerade mit einem Brennglas seine Zigarre an, als er einen Mann den Hügel herabkommen sah, an dessen Fuß sein grünes Gefährt hielt. Dominikus schaute sich ihn an, während er näher kam, bemerkte, daß er ein Bündel am Stock über der Schulter trug und einen müden, aber entschlossenen Schritt ging. Er sah nicht aus, als ob er in der Frühe des Morgens aufgebrochen wäre, sondern als ob er die ganze Nacht durchwandert und die Absicht hätte, dies den ganzen Tag über fortzusetzen.

„Guten Morgen", rief Pike, „Ihr seid ein guter Fußgänger, das sieht man. Was gibt's Neues in Parkers Fall?"

Der Mann rückte den breiten Rand seines grauen Hutes über die Augen und gab verdrießlich Antwort, er komme nicht von Parkers Fall, welchen Ort der Krämer sehr natürlich deshalb erwähnt hatte, weil er das Ende seiner bevorstehenden Tagreise war.

„Na, dann erzählt mir die Neuigkeiten von dem Ort, woher Ihr kommt. Es liegt mir nicht garade an Parkers Fall, jeder Ort ist gleich."

Der Reisende, ein Kerl, übel aussehend, wie man sich ihn nur sehr ungern in dem einsamen Wald wünschen konnte, zögerte einen Augenblick, als ob er in seinem Gedächtnis nach Neuigkeiten suchte oder überlege, ob es passend sei, dergleichen mitzuteilen. Nun aber stieg er auf den Wagentritt und flüsterte dem Dominikus was ins Ohr, obgleich er es ebensogut hätte schreien können, ohne daß irgendein Sterblicher ihn gehört haben würde.

„Mir fällt da eine kleine, unbedeutende Neuigkeit ein", sagte er. „Der alte Higginbotham zu Kimballton ist gestern abend um acht in seinem Baumgarten von einem Irländer und einem Neger ermordet worden. Sie zogen ihn an einem Ast von einem Michelsbirnbaum in die Höhe, wo ihn niemand vor dem Morgen wird finden können."

Mit mehr Eile als zuvor setzte der Mann darauf seine Reise fort, wandte nicht einmal mehr den Kopf um, als Pike ihn einlud, eine gute Zigarre mit ihm zu rauchen und die näheren Umstände zu erzählen. Der Krämer pfiff seiner Stute und fuhr den Hügel hinauf, während er über das traurige Schicksal des alten

Higginbotham nachdachte, den er aus seinen Geschäften recht wohl kannte; er hatte ihm schon große Stücke Kautabak und Zigarren verkauft. Er war überrascht über die Schnelligkeit, mit der sich diese Neuigkeit verbreitet hatte. Kimballton war nämlich beinahe sechzig Meilen in der Luftlinie entfernt, der Mord war erst am vergangenen Abend um acht verübt worden, und Dominikus hörte hiervon bereits am folgenden Morgen um sieben früh, zu einer Zeit, wo des armen Higginbotham eigene Familie wahrscheinlich den am Michelsbirnbaum hängenden Leichnam entdeckt haben konnte. Der Fremde mußte notwendig Siebenmeilenstiefel getragen haben, um so schnell reisen zu können.

„Böse Nachrichten laufen schnell“, dachte Pike, „aber das geht doch über die Eisenbahn. Der Kerl sollte gedungen werden, um Regierungserlasse expreß auszutragen.“

Die Schwierigkeit hob sich ihm dadurch, daß Dominikus annahm, daß sich der Erzähler um einen Tag im Datum geirrt habe. So daß er keinen Anstand nahm, die von ihm um einen Tag zurückdatierte Geschichte in jedem Wirtshaus am Wege zu erzählen, wobei er an die erschreckten Zuhörer nicht schlecht Zigarren verkaufte. Er sah sich überall als der erste, der die Nachricht brachte, und wurde so mit Fragen bestürmt, daß er nicht umhin konnte, die Umrisse gehörig auszufüllen, bis es eine vollständige Erzählung war. Er fand durch Zufall ein ihn stützendes Beweisstück. Dieser Higginbotham war ein Kaufmann und einer von dessen früheren Dienern, dem Pike die Sache erzählte, bezeugte, daß der alte Herr gewohnt gewesen sei, abends mit dem Geld und den geldwerten Papieren in der Tasche durch den Baumgarten nach Hause zu gehen. Der Diener schien wenig bekümmert um Herrn Higginbothams Unfall, gab zu verstehen, was Pike aus eigener Erfahrung wußte, daß er ein mürrischer, alter Mann und verschlossen wie ein Schraubstock gewesen sei. Sein Vermögen sollte auf eine hübsche Nichte übergehen, die zur Zeit Schule in Kimballton hielt.

Mit diesem Erzählen der Neuigkeit zum allgemeinen Besten verspätete sich Dominikus so sehr auf seinem Weg, daß er sich entschloß, in einem Wirtshaus zu bleiben, das ungefähr fünf Meilen vor Parkers Fall lag. Nach dem Abendessen steckte er sich eine seiner besten Havannas an, setzte sich ins Schenkzimmer und wiederholte nun die Geschichte des Mordes, die so rasch zugenommen hatte, daß er jetzt bereits eine halbe Stunde dafür brauchte. Von den etwa zwanzig Gästen nahmen sie neunzehn wie das Evangelium auf. Der zwanzigste war ein ältlicher Farmer, der kurz vorher zu Pferd angekommen war, jetzt in einer Ecke saß und seine Pfeife rauchte. Nachdem Pike seine Geschichte geendigt hatte, stand der Farmer sehr bedachtsam auf, setzte seinen Stuhl gerade vor Dominikus nieder und starrte ihm voll ins Gesicht, wobei er ihm den allerschlechtesten Tabak zublies, den der Krämer je gerochen hatte.

„Wollt Ihr es auf Euern Eid nehmen", sagte er wie ein Landrichter, der eine Untersuchung beginnt, „daß der alte Higginbotham von Kimballton vorgestern abend in seinem Baumgarten ermordet und gestern früh an seinem großen Birnbaum hängend gefunden worden sei?"

„Ich erzähle die Geschichte, wie ich sie gehört habe. Ich sage ja nicht, daß ich die Sache mit angesehen habe, also kann ich auch keinen Eid darauf nehmen, daß er wirklich ermordet worden sei." Und er ließ die halb abgebrannte Zigarre fallen.

„Aber ich", sagte der Farmer, „ich kann einen Eid darauf nehmen, daß, falls dieser Higginbotham vorgestern abend ermordet worden ist, ich diesen Morgen einen Bitteren mit seinem Geist getrunken habe. Er ist mein Nachbar, und den Morgen rief er mich in seinen Laden, als ich vorbeiritt, und er schenkte mir den Schnaps ein und bat mich, ein paar Geschäfte für ihn am Wege zu besorgen. Er schien von seiner Ermordung nicht mehr zu wissen als ich."

„Dann kann's natürlich nicht wahr sein", rief Dominikus.

„Wär's anders, würde er wohl was davon erwähnt haben", sagte der Farmer und trug seinen Stuhl wieder in die Ecke zurück. Dominikus saß mit einem dummen Gesicht.

Das war eine traurige Wiederauferstehung des alten Higginbotham. Der Krämer hatte kein Herz mehr, sich noch auf irgendwelche Weise in die Unterhaltung zu mischen, sondern tröstete sich mit einem Glas Gin und ging dann zu Bett.

Um den alten Bauernkerl zu vermeiden, den er so haßte, daß er ihn lieber aufgehängt gesehen hätte als Higginbotham, stand Dominikus bei Morgengrauen auf, spannte die Stute vor sein grünes Wägelchen und trabte schnell davon, Parkers Fall zu. Der frische Morgen, der gute Weg und der Tau auf dem Gras belebten seinen Geist wieder und würden ihm vielleicht sogar hinreichenden Mut gegeben haben, die alte Geschichte noch einmal zu erzählen, wenn schon irgendwer wach gewesen wäre, um sie zu hören. Aber er begegnete weder einem Ochsengespann noch einer Kutsche noch einem Reiter oder einem Fußgänger, bis endlich, gerade als er über den Salmenfluß fuhr, ein Mann mit einem Bündel über der Schulter der Brücke zugewandert kam.

„Guten Morgen", rief er und hielt die Stute an. „Wenn Ihr von Kimballton oder aus der Nachbarschaft seid, könnt Ihr mir vielleicht die Wahrheit über Higginbotham erzählen. Ist der alte Junge wirklich vor zwei oder drei Tagen von einem Irländer und einem Neger ermordert worden?"

Dominikus hatte den Wanderer so rasch überfallen, daß er jetzt erst merkte, daß der Fremde von Negerblut nicht ganz frei war, ja, mehr davon hatte als von anderem. Bei der Frage aber schien der Mensch seine Hautfarbe zu ändern, das dunkle Braungelb wurde leichenhaft weiß. Er schüttelte den Kopf.

„Nein! Nein! Kein farbiger Mann! Irländer war's, der ihn gestern abend um acht Uhr aufhing. Ich ging fort von dorten um sieben Uhr. Seine Leute können ihn noch nicht im Baumgarten gefunden haben."

Der Mulatte, der vorher sehr ermüdet schien, setzte nach diesen Worten seinen Weg in einem Schritte fort, der des Krämers Stute zum Trab genötigt hätte. Wenn der Mord erst Dienstagabend verübt worden war, wer war dann der Prophet, der ihn mit allen seinen Nebenumständen schon am Dienstagmorgen voraus verkündet hatte? Wenn der Leichnam von der eigenen Familie noch nicht aufgefunden worden war, wie konnte der

Mulatte in einer Entfernung von fast dreißig Meilen wissen, daß er im Baumgarten hänge? Er hatte doch Kimballton verlassen, ehe der unglückliche Mann überhaupt gehängt worden war! Diese verdächtigen Umstände im Verein mit der Überraschung und dem Schrecken des Mulatten ließen Dominikus daran denken, hinter ihm als einem Mitschuldigen an dem Mord herzuschreien. Aber gleich darauf dachte er, den Kerl laufen zu lassen; wird der Neger aufgehängt, bleibt Herr Higginbotham nicht ungehängt. „Der ungehängte Alte –, es ist eine Sünde, ich weiß, aber es wäre abscheulich, würde er zum zweiten Male wieder lebendig und machte mich zum Lügner."

Solches denkend, fuhr Dominikus Pike in die Straße von Parkers Fall ein, das, wie jeder weiß, ein so lebhaftes Nest ist, wie drei Baumwollspinnereien und ein Dampfsägewerk es nur immer zustande bringen. Die Maschinen waren noch nicht in Bewegung und nur wenige Ladentüren standen offen, als er im Hof des Wirthauses abstieg und zunächst vier Metzen Hafer für sein Pferd bestellte. Sein zweites Geschäft war natürlich, des alten Higginbotham Unglück dem Hausknecht mitzuteilen. Er hielt es indes für geraten, nicht zu bestimmt im Datum der schrecklichen Tat zu sein wie auch darüber, ob sie von einem Iren und einem Mulatten oder von einem Iren allein verübt worden sei. Auch versicherte er die Geschichte nicht auf eigenes oder fremdes Zeugnis, sondern sprach davon nur als von einem allgemein verbreiteten Gerücht.

Die Erzählung lief durch das Nest wie Feuer durch dürre Bäume, wurde das allgemeine Gespräch in einem Maße, daß niemand mehr sagen konnte, woher es entsprungen war. Der alte Higginbotham war in Parkers Fall so gut bekannt wie jeder dortige Bürger, denn er war Miteigentümer des Sägewerks und Hauptaktionär der Spinnereien. Die Einwohner fühlten, daß ihre eigene Wohlfahrt von dem Schicksal des Alten abhängig sei. Die Aufregung war so groß, daß die „Morgenpost von Parkers Fall" – sie kam nur zweimal die Woche heraus – früher erschien, und zwar mit drei Spalten Text unter der fetten Überschrift: „Schrecklicher Mord an Herrn Higginbotham". Neben vielen anderen Details beschrieb die Zeitung den Einschnitt der Schlinge um den Hals des toten Mannes und gab den Betrag des ihm geraubten Goldes mit tausend Dollar an. Der Artikel zeigte auch viel sentimentales Pathos von seiten der Betrübnis einer Nichte, die von dem Moment an, wo ihr Onkel mit umgedrehten Taschen am Baume hängend, gefunden worden war, von einer Ohnmacht in die andere gefallen sein sollte. Auch eine Ballade von siebzehn Strophen war in der Zeitung, den Schmerz der jungen Dame besingend. Der Bürgermeister berief eine Sitzung ein und man beschloß, in Anbetracht der Verdienste des Herrn Higginbotham für die Stadt, eine Belohnung von fünfhundert Dollar für Ergreifung der Mörder und Wiedererlangung des gestohlenen Eigentums auszusetzen.

Die ganze Bevölkerung von Parkers Fall, aus Krämern, Wirtsfrauen, Fabrikmädchen, Spinnern und Schuljungen bestehend, war auf der Straße und unterhielt sich so lebhaft, daß dadurch vollständiger Ersatz für das Schweigen des Sägewerks geleistet wurde, das aus Achtung für den Hingeschiedenen sein sonstiges Getöse unterließ. Hätte Herr Higginbotham auf Nachruhm großen Wert gelegt, so würde sein unzeitig abberufener Geist über diesen Tumult sehr erfreut gewesen sein. Dominikus Pike vergaß in der Eitelkeit seines Herzens seine beabsichtigte Vorsicht, stieg auf den Marktbrunnen und kündigte sich selber als die authentische Quelle der Nachricht an, die eine so lebhafte Volksbewegung hervorgerufen hatte. Er wurde sogleich der große Mann der Stunde und hatte gerade mit einer Stimme wie ein Feldprediger eine neue Ausgabe seiner Mordgeschichte begonnen, als der Postwagen in die Dorfstraße einfuhr. Er war die ganze Nacht hindurch gefahren und mußte in Kimballton um drei Uhr morgens die Pferde gewechselt haben.

„Jetzt werden wir alles ganz genau erfahren“, rief die Menge.

Gefolgt von allen Einwohnern rasselte die Kutsche auf den Platz vor dem Wirtshaus. Hatte bisher jemand noch seinen besonderen Geschäften obgelegen, jetzt kam er herbeigelaufen. Pike, der unter den Vordersten stand, entdeckte die zwei Passagiere, beide aus behaglichstem Schlafe geweckt, um sich inmitten einer Menschenmenge zu finden. Da alles und jeder fragte und gestikulierte, war das Paar sprachlos vor Schrecken, obgleich die eine Person ein Advokat und die andere eine junge Dame war.

„Higginbotham! Erzählen Sie! Was sagt der Untersuchungsrichter? Sind die Mörder gefangen? Hat sich die Nichte von ihren Ohnmachten erholt?"

Der Postkutscher sagte kein Wort, er fluchte nur schrecklich über den Hausknecht, weil der ihm den frischen Zug Pferde nicht brachte. Der Advokat im Wagen behielt für gewöhnlich seine ruhige Besonnenheit, sogar während des Schlafes. Er zog also zunächst, nachdem er den Anlaß der Bewegung erfahren hatte, eine große rote Brieftasche hervor. Währenddem hatte Pike, ein sehr höflicher junger Mann, in der Annahme, daß eine weibliche Zunge ebenso geläufig erzählen werde wie die eines Advokaten, die junge Dame aus dem Wagen gehoben. Sie war ein hübsches, frisches junges Mädchen, jetzt völlig wach, glänzend wie ein Knopf. Sie hatte einen so allerliebsten Mund, daß Dominikus beinahe ebenso gern eine Liebes- wie eine Mordgeschichte aus ihm gehört hätte.

„Meine Damen und Herren", sagte der Advokat zu den Krämern, Fabrikmädchen und Sägeburschen, „ich kann Sie versichern, daß diese seltsame Aufregung nur aus einem unerklärlichen Irrtum oder noch wahrscheinlicher aus einer absichtlichen Erdichtung entsprungen ist, die jemand boshafterweise erfand, um Herrn Higginbothams Kredit zu schaden. Wir sind heute früh um drei Uhr durch Kimballton gefahren und würden ganz bestimmt von dem Mord gehört haben, wenn ein solcher verübt worden wäre. Aber ich habe einen sehr guten Beweis vom Gegenteil, nämlich Herrn Higginbothams eigenes Zeugnis. Hier ist ein Brief bezüglich eines im Gericht zu Connecticut schwebenden Prozesses, und von Herrn Higginbotham selber an mich gerichtet – ich sehe, daß er von zehn Uhr am gestrigen Abend datiert ist."

Mit diesen Worten zeigte der Advokat Datum und Unterschrift eines Briefes, der unwiderlegbar bewies, daß Higginbotham entweder am Leben war, als er ihn schrieb, oder daß er, wie manche als wahrscheinlicher annahmen, in weltliche Geschäfte so vertieft war, daß er selbst im Tode noch mit deren Erledigung fortfuhr.

Doch da stellte sich ganz unerwartet noch ein neuer Beweis ein. Die junge Dame hatte gehört, worüber man redete, nun strich sie nur einen Augenblick ihr Kleid glatt und brachte ihre Locken in Ordnung, um nun an der Wirtshaustür zu erscheinen. Sie gab ein bescheidenes Zeichen, daß sie gehört zu werden wünsche.

„Liebe Leute", sagte sie, „ich bin Herrn Higginbothams Nichte."

Allgemeines Staunen ging durch die Menge, dieselbe Nichte rosig und blühend hier zu sehen, die nach der Zeitung, dem Tode nahe, in Ohnmacht liegen solle. Einige scharfsinnige Burschen hatten immerhin in Zweifel gezogen, daß eine junge Dame gerade darüber sterben solle, wenn ein alter, reicher Erbonkel aufgehängt worden sei.

Das Fräulein fuhr fort: „Sie sehen, daß diese sonderbare Geschichte, was mich betrifft, ganz unbegründet ist, und ich kann versichern, daß sie es auch wegen meines lieben Onkels ist. Er war so freundlich, mich bei sich wohnen zu lassen. Ich verließ Kimballton diesen Morgen, die Ferien bei einer Freundin zuzubringen, die ungefähr fünf Meilen von hier wohnt. Mein lieber Oheim rief mich, wie ich die Treppe herunterging, an sein Bett und gab mir zweieinhalb Dollar, daß ich davon die Post bezahle, und dazu noch einen Dollar für Extras. Daraufhin legte er seine Brieftasche unters Kissen, drückte mir die Hand und gab mir den Rat, Biskuit in die Tasche zu tun, statt unterwegs zu frühstücken. Ich bin darum ganz sicher, daß ich meinen guten Onkel lebendig verließ und hoffe, ihn bei meiner Rückkehr auch so wiederzufinden."

Die junge Dame machte einen Knicks am Schluß ihrer Ansprache, die so gefühlvoll und so anmutig vorgetragen war, daß jeder von Parkers Fall sie für geeignet hielt, Lehrerin an der ersten Schule der Staaten zu werden. Aber nun erhob sich großes

Geschrei der Einwohner, die wütend über ihren Irrtum – ein Fremder würde geglaubt haben, Herr Higginbotham sei ein Gegenstand des Hasses in diesem Orte gewesen. Die Kerle von der Dampfsäge beschlossen, dem Dominikus Pike besondere Ehre zu erweisen und waren nur uneins, wie es am besten zu tun sei, ob sie ihn teeren und federn oder auf einer Stange reiten lassen sollten oder ihn im Stadtbrunnen baden lassen. Ein Stadtverordneter war dafür, ihn wegen Verbreitung ungehöriger Gerüchte vor Gericht zu stellen. Nichts schützte Dominikus vor der Volksjustiz als das Dazwischentreten der jungen Dame. Nach wenigen Worten tiefgefühlten Dankes bestieg er seinen grünen Wagen und machte sich davon, belegt von der schweren Artillerie der Schulbuben, die ihre Geschosse in großen Mengen in den nahen Ton- und Lehmgruben fanden. Er wandte seinen Kopf, um noch einen Abschiedsblick auf die reizende Nichte zu werfen, aber da traf ihn eine Dreckkugel von der Festigkeit eines in Eile bereiteten Puddings genau auf den Mund, was ihm ein grimmiges Aussehen gab. Von oben bis unten mit den Schmutzgeschossen bedeckt, hatte er fast Lust, umzukehren und das angedrohte Bad im Stadtbrunnen als eine Gunst zu erbitten, denn obgleich nicht in freundlicher Absicht versprochen, würde es jetzt eine Handlung christlicher Liebe gewesen sein.

Indes schien die Sonne auf Dominikus, und der Schmutz als ein Sinnbild aller Flecke unverdienter Schmähung wurde trokken und ließ sich leicht abbürsten. Da er ein spaßlustiger Schelm war, wurde er bald wieder vergnügt und mußte selber lachen über den Aufruhr, den die Geschichte verursacht hatte, die nun dank dem schönen Zeitungsartikel sicher bis nach London käme. Dann träumte der junge Krämer von den Reizen der jungen Nichte, worüber er die Straße von Kimballton erreichte, welchen Ort er zu besuchen beschloß, obwohl er dadurch vom geraden Weg nach Morristown weit abgezogen wurde. Als er sich dem Schauplatz des angeblichen Mordes näherte, überdachte er noch einmal alle Umstände und war über das Aufsehen erstaunt, das der Fall jetzt annahm. Hätte sich nichts ereignet, was die Mitteilung des ersten Fußwanderers bestätigte, so würde man die ganze Sache jetzt für einen Schwank haben halten können, aber der Mulatte war doch offenbar mit dem Sachverhalt bekannt, und in seinem Blick und Wesen lag Undurchdringliches. Das Gerücht stimmte auch mit Higginbothams Charakter und Gewohnheiten zusammen, auch besaß er diesen Michelsbirnbaum, in dessen Nähe er jeden Abend vorbeiging. Dominikus bekam Zweifel, ob die vom Advokaten gezeigte Handschrift oder das Zeugnis der Nichte als ebenso kräftig angesehen werden könne wie die Aussagen jener beiden Männer. Zudem war ihm unterwegs durch Nachfragen bekanntgeworden, daß der Alte einen Iren zweifelhaften Charakters in seinem Dienst hatte.

„So will ich doch selbst gehängt werden", rief Dominikus auf der Höhe eines eben erreichten Hügels, „wenn ich es eher glaube, daß der Higginbotham nicht gehenkt wurde, als bis ich es mit eigenen Augen sehe und aus seinem eigenen Mund höre! Und da er ein alter Gauner ist, will ich den Geistlichen als Zeugen dazu nehmen oder sonst eine glaubwürdige Person."

Es dämmerte bereits, als er das Straßenzollhaus erreichte, das etwa zehn Minuten diesseits von Kimballton gelegen war. Rasch brachte er sein kleines Pferd hinter einem Reiter her, der einige Schritte vor ihm durch den Schlagbaum trabte, dem Zolleinnehmer zunickte und nach dem Dorf zu weiterritt. Dominikus war mit dem Einnehmer bekannt, und während der ihm Geld wechselte, sprachen sie miteinander vom Wetter und was man so rede. Dann sagte Dominikus, indem er mit der Peitsche wippte: „Ihr habt wohl nichts von dem alten Higginbotham in den letzten Tagen gesehen?"

Sagte darauf der Einnehmer: „Er ritt ja gerade am Schlagbaum vorbei, und dort reitet er noch, wenn Ihr in der Dämmerung sehen könnt. Er war heute nachmittag in Woodfield bei einer Auktion. Sonst gibt er mir die Hand und schwatzt eine Weile, heut abend nickte er bloß, als wollt er sagen: schreib meinen Zoll an, und trabte weiter, denn wohin er auch immer über Tag geht, um acht muß er immer zu Hause sein."

„Ja, das hab' ich auch gehört", sagte Dominikus.

„Nie in meinem Leben sah ich einen Menschen so gelb und dünn aussehen wie den alten Higginbotham vorher, sagte ich zu mir selber", fuhr der Einnehmer weiter, „er sieht schon mehr als wie ein Gespenst oder eine Mumie, als wie ein Mensch von Fleisch und Blut."

Dominikus Pike sah durch die Dämmerung und konnte gerade noch so etwas wie einen Reiter auf dem Weg nach dem Dorf wahrnehmen. Er glaubte die Hinterseite des Higginbotham zu erkennen, aber durch die Abendschatten und den Staub der Pferdehufe hindurch erschien die Gestalt des geheimnisvollen Alten undeutlich und wesenlos, als wäre sie aus Finsternis und grauem Licht gegossen worden. Dominikus überlief ein Schauder.

„Der Alte ist am Zollhaus von Kimballton vorbei aus der anderen Welt zurückgekommen", dachte er.

Er schüttelte die Zügel und schritt neben seinem Gefährt her, immer den gleichen Abstand zwischen sich und dem alten grauen Schatten behaltend, bis dieser in einer Wegbiegung verschwand. Als der Krämer an die Stelle kam, sah er den Reiter nicht mehr, er stand am Anfang der Dorfgasse, ein paar Läden waren da, zwei Wirtshäuser, eine Kirche. Linker Hand war eine steinerne Mauer mit einem Torweg, und ein Holzplatz, hinter dem ein Baumgarten, dann ein gemähtes Feld und endlich ein Haus lag. Dominikus kannte den Platz, und seine Stute war instinktmäßig stillgestanden, er war sich jedenfalls nicht bewußt, die Zügel angezogen zu haben.

„Ich kann meiner Seele nicht an der Pforte da vorbei", sagte er sich und merkte, daß er zitterte. „Ich bin nicht derselbe Mensch, sehe ich nicht den Higginbotham am Birnbaum hängen!"

Er schlang die Zügel um einen Torpfosten und rannte den grasigen Fußweg des Holzplatzes lang, als wäre der Teufel hinter ihm her. Gerade schlug die Dorfuhr acht, und Dominikus hetzte noch schneller als vorher, bis er in der einsamen Mitte des Baumgartens den verhängnisvollen Birnbaum gewahrte.

Ein großer Ast streckte sich von dem alten knorrigen Stamm nieder über den Weg hin und warf hier den dunkelsten Schatten.

Nie hatte Dominikus auf größeren Mut Anspruch gemacht, als einem Mann von so friedlicher Beschäftigung wie der seinen zukommt, und er konnte sich selber seine Tapferkeit an diesem Abend nicht erklären. Gewiß ist, daß er vorsprang, einen kräftigen Irländer mit dem verkehrten Ende seiner Peitsche niederschlug und den nämlichen alten Higginbotham zwar nicht am Birnbaum hängend, aber mit einem Strick um den Hals zitternd am Boden fand.

„Herr Higginbotham, Ihr seid ein rechtschaffener Mann, und ich glaube Euch auf Euer Wort. Sagt, seid Ihr gehängt worden oder nicht?“

Die innere Maschinerie, welche dieses Ereignis seinen Schatten vorauswerfen ließ, ist mit wenigen Worten jenen erklärt, die sie noch nicht erraten haben. Drei Männer hatten die Beraubung und den Mord des alten Higginbotham verabredet, von denen zweie, einer nach dem andern, den Mut verloren und flohen und durch ihr Verschwinden das Verbrechen jeder um eine Nacht verzögerten. Bis endlich der Dritte sich gerade in seiner Tat befand, als, dem Ruf des Schicksals blind gehorchend, ein Kämpfer gleich den Helden der Sagen in der Person des Dominikus Pike erschien.

Herr Higginbotham billigte Pikes Werben um die hübsche Nichte, vermachte deren Kindern sein ganzes Geld und starb einen christlichen Tod im Bett. Dominikus Pike verließ dann mit seiner Familie Kimballton und errichtete in seinem Heimatort eine große Zigarrenfabrik.

David Swan

Nur teilweise vermögen wir mit den Geschehnissen bekannt zu werden, die einen wirklichen Einfluß auf den Lauf unseres Lebens und unsere eigentliche Bestimmung äußern. Andere Ereignisse, wenn wir sie überhaupt so nennen können, treten hin und wieder in unsere nächste Nähe und verschwinden wieder ohne Folgen, und ihre Annäherung und Präsenz verrät sich nicht durch den leisesten Reflex von Licht oder Schatten auf unseren Geist. Vermöchten wir es, alle Wechselfälle unseres Schicksals zu kennen, es würde das Leben zu voll von Hoffnungen und Furcht, Entzücken und Enttäuschung sein, als daß uns eine Stunde ruhiger Heiterkeit bleibe – wir lebten in Extremen und lebten so nicht. Ich will etwas aus David Swans geheimer Geschichte erzählen.

Nicht eher haben wir mit seinem Leben zu tun, als bis wir ihn, zwanzigjährig, auf der Landstraße zwischen seinem Geburtsort und der Hauptstadt treffen, wo sein Onkel, ein kleiner Materialwarenhändler, ihn in seinen Laden nehmen wollte. Er ist der Sohn rechtlicher Leute und hat eine gewöhnliche Schulbildung mit einiger Kenntnis des Lateinischen bekommen. Nachdem er eines Sommertages von Sonnenaufgang bis Mittag zu Fuß gereist war, bestimmten ihn Müdigkeit und wachsende Hitze, am nächsten schattigen Ort sich hinzusetzen, um das Kommen des Postomnibus abzuwarten. Bald zeigte sich ein kleines Ahorngebüsch, in dessen Mitte ein schattiger Platz neben einer Quelle war, die für keinen anderen Reisenden als David Swan entsprungen zu sein schien. Erleichterung erfüllte ihn. Er warf sich hin, legte das Kissen unter den Kopf, ein Bündel mit Hemden und Hosen, und fiel in tiefen Schlaf, der vielleicht Träume barg. Aber ich habe von Begebenheiten zu erzählen, von denen er sich nichts träumen ließ.

Während er schlief, kamen Leute die Landstraße lang, gingen, ritten oder fuhren an seiner grünen Schlafstube vorüber. Manche schauten nicht rechts noch links, andere sahen wohl den Schlafenden, erlaubten ihm aber keinen Zutritt in ihre vielbeschäftigten Gedanken, andere wieder lachten beim Anblick seines gesunden Schlafes, und mehrere, deren Herz mit Galle gefüllt, schütteten ihren giftigen Überfluß auf David Swan aus. Eine Witwe in mittleren Jahren steckte, als niemand in der Nähe war, ihren Kopf ein wenig in das Gebüsch hinein und fand, daß der junge Bursche ganz reizend aussehe. Ein Mäßigkeitsprediger sah ihn und flocht den armen David als ein schreckliches Beispiel totaler Betrunkenheit an der Landstraße in seine Abendpredigt ein. Aber Tadel, Lob, Heiterkeit, Fluch und Gleichgültigkeit galten David Swan nichts.

Er hatte nicht lange geschlafen, als eine braune Kutsche, von zwei schönen Pferden gezogen, heranrollte und fast dicht vor Davids Ruheplatz plötzlich hielt. Eine Lünse war losgegangen und hatte das eine Rad ablaufen lassen. Der Schaden war gering und verursachte den Insassen, einem älteren Kaufherrn und seiner Frau, die in ihrem Wagen nach der Stadt zurückkehrten, nur einen kurzen Aufenthalt. Während Kutscher und Diener das Rad wieder anlegten, gingen der Herr und die Dame in den Schatten der Ahorne, sahen die Quelle und an ihrer Seite den schlafenden David.

Berührt von der Ehrfurcht, die auch der niederste Schläfer um sich verbreitet, trat der Kaufmann so leise auf, wie es seine Gicht ihm erlauben wollte, und seine Gattin nahm sich möglichst in acht, kein Geräusch mit ihrem Seidenkleid zu machen, damit David nicht plötzlich erwachen möchte.

„Der schläft gut", sagte der Kaufherr, „ein Schlaf wie der, ohne Schlafmittel erreicht, hätte für mich mehr Wert als die Hälfte meiner Einkünfte. Er würde Gesundheit und ein nicht beunruhigtes Gehirn voraussetzen."

„Und Jugend", sagte die Dame.

Je länger das Paar auf den Schläfer schaute, um so mehr fühlte es sich zu ihm hingezogen. Als ein verirrter Sonnenstrahl über sein Gesicht spielte, bemühte sich die Dame, ihn durch einen vorgebogenen Zweig abzuhalten, worauf sie begann, eine Art Muttergefühl für den jungen Mann zu bekommen.

„Die Vorsehung scheint ihn hierhergelegt zu haben", sagte sie leise zu ihrem Gatten, „und uns selber hierhergeführt, um ihn zu finden, jetzt, wo wir vom Sohn unseres Vetters so enttäuscht worden sind. Weißt du, er hat Ähnlichkeit mit unserem verstorbenen Henry. Sollen wir ihn wecken?"

„Wozu?" sagte der Mann. „Wir kennen doch den Charakter des jungen Mannes nicht im mindesten."

„Er hat so ein offenes, ehrliches Gesicht", bestand die Frau, „und sein Schlaf ist so unschuldig."

Währenddessen schlug das Herz des Schläfers weder unruhiger, noch wurde sein Atem bewegter, noch verrieten seine Züge das geringste Interesse. Und doch beugte sich eben das Glück über ihn und war im Begriff, eine Last Gold auf ihn herabfallen zu lassen. Der Kaufherr hatte seinen einzigen Sohn verloren und hatte keinen Erben für seinen Reichtum außer einen entfernten Verwandten, mit dessen Leben er unzufrieden war. In solchen Lagen tun die Menschen zuweilen noch sonderbarere Dinge, als die Rolle eines Zauberers zu übernehmen und einen Jüngling, in Armut eingeschlummert, zu Glanz und Reichtum zu erwecken. „Sollen wir ihn nicht wecken?" wiederholte die Dame, und ihr Ton war sehr ermunternd.

„Der Wagen ist wieder in Ordnung!" meldete da der Diener hinter ihnen.

Das alte Paar erschrak und hastete zum Wagen, im Innern verwundert, daß sie je daran hätten denken können, so etwas Lächerliches zu tun. Der Mann legte sich in den Wagen zurück und beschäftigte sich in Gedanken mit seinem Plan eines Asyls für verunglückte Geschäftsleute. Inzwischen schlief David Swan seinen guten Schlaf.

Der Wagen konnte noch nicht weit sein, als ein junges Mädchen des Weges kam, deren Schritt genau anzeigte, wie ihr kleines Herz hüpfte. Vielleicht war es diese fröhliche Art ihres Ganges, welche ihr Strumpfband sich lösen ließ. Sie fühlte das

Rutschen des seidenen Gürtels und wandte sich in den Schatten der Büsche und fand dort unseren Schlafenden. Rot wurde sie wie eine rote Rose darüber, in ein männliches Schlafgemach, und noch dazu zu einem solchen Zweck, gedrungen zu sein und wollte rasch wieder umkehren. Nur noch einen Blick auf des Jungen Gesicht warf sie und sah eine Gefahr über ihm schweben. Eine Biene umschwärmte ihn, ließ sich nieder, gerade auf seinem Augenlid. Ist nicht der Stich einer Biene zuweilen tödlich? So frei wie unschuldig ging das Mädchen das Ungeheuer mit dem Taschentuch an und jagte es aus dem Schatten der Bäume. Dies war getan, und mit kürzerem Atem und tieferer Röte gab sie dem Fremden noch einen Blick, um dessentwillen sie mit einem Drachen gekämpft hatte. „Wie hübsch er ist", dachte sie und wurde noch röter.

Wie war's möglich, daß kein Traum von Glück so lebendig in ihm wurde, daß er, von der eigenen Kraft erschüttert, zersprang und ihn das Mädchen in seinen Traumbildern wahrnehmen ließ? Weshalb lächelte er nicht wenigstens einen Gruß zu dem Mädchen hin? Es war doch gekommen, das reine Weib, dessen Seele nach dem alten Bild von seiner eigenen abgetrennt worden war, und die er zu finden sich sehnte mit allen seinen unbestimmten und leidenschaftlichen Wünschen! Nur sie konnte er wahrhaft lieben, nur ihn konnte sie in die Tiefe ihres Herzens nehmen – und jetzt errötete ihr Bild in der Quelle. Verschwand es, schimmerte sein glücklicher Glanz nie wieder über dem Leben des Jünglings.

„Wie ruhig er schläft", flüsterte das Mädchen.

Und sie ging, aber ihr Schritt war nicht mehr so lustvoll.

Der Vater des Mädchens, ein wohlhabender Kaufmann auf dem Lande, sah sich gerade zu dieser Zeit nach einem jungen Mann um, wie David Swan einer war. Hätte David hier am Wege die Bekanntschaft der Tochter gemacht, er würde des Vaters Gehilfe geworden sein, und alles andere wäre von selber erfolgt. Das gute Glück hatte sich abermals an ihn herangestohlen, so nah, daß es seine Kleider streifte, und er ahnte nichts davon.

Das Mädchen war aus dem Gesicht, als zwei Männer in den Schatten traten, Spitzbubengesichter hatten sie und ihre Kleider waren schmutzig, aber seltsam zusammengestellt. Es waren zwei Kerle, die von dem lebten, was ihnen der Teufel schickte. Sie hatten ihren gemeinsamen Gewinn aus dem nächsten Schurkenstreich auf ein Spiel Karten gesetzt, das unter diesen Bäumen entschieden werden sollte. Aber als sie David sahen, brummte der eine: „Still, das Bündel da unterm Kopf."

Der andere nickte, winkte und schielte zur Seite.

Sagte der erste: „Irgendwas wird er schon drin haben, Geld wohl auch. Da oder in seinen Hosentaschen."

„Aber wenn er aufwacht."

Der andere schob seine Weste etwas zur Seite, daß der Griff eines Messers sichtbar wurde.

„Na los!"

Der eine hatte sein Messer locker gemacht und hielt es dem Schläfer über das Herz, während der andere das Bündel untersuchte. Die beiden hätten wohl ihre bösen Gesichter nicht erkannt, hätten sie sich zur Seite gewandt und das Spiegelbild in der Quelle gesehen. Davis Swan hatte nie ein ruhigeres Gesicht gezeigt als jetzt – als ob er schlafend an seiner Mutter Brust läge.

„Ich muß das Bündel hervorziehen", sagte der eine.

„Wenn er sich rührt, stoße ich zu", sagte der andere.

In diesem Augenblick tauchte am Boden schnüffelnd ein Hund auf unter den Bäumen, nun schaute er die beiden an, dann den Schläfer.

Sagte der eine der Raubbuben: „Da ist nichts mehr zu tun. Der Herr des Hundes wird dicht hinter ihm sein."

„Wollen einen Schluck nehmen und dann fort", sagte der andere und steckte sein Messer ein. Der andere zog seine Branntweinflasche hervor, und jeder nahm einen Schluck daraus. Dann zogen sie mit einem Gelächter weiter, daß man wohl hätte sagen können, sie zogen jubelnd ihren Weg. In kaum einer Stunde hatten sie die ganze Sache vergessen und dachten nicht einen Augenblick daran, daß der wachende Engel das Verbrechen des Mordes in ewig unauslöschlichen Buchstaben in ihrer Seele verzeichnet hatte. David Swan aber, der schlief noch immer und hatte weder den Schatten des Todes gefühlt, als dieser über ihm hing, noch die Glut des erneuten Lebens, als er wieder verschwunden war.

Er schlief noch, aber nicht mehr so fest wie anfangs. Eine Stunde Rast hatte seine Glieder wieder von der Ermüdung befreit, die die Stunden der Anstrengung ihnen aufgeladen hatte. Er regte sich, bewegte lautlos seine Lippen, und nun hub er innen an, mit den Mittagsgespenstern seines Traumes zu reden. Aber das Rollen von Rädern kam lauter und rasselnd die Landstraße entlang, bis es dröhnend durch den sich bereits zerstreuenden Nebel von Davids Schlummer brach, und – da war der Postwagen. David sprang auf mit voller Besinnung.

„Holla! Kutscher! Ein Passagier!"

„Oben ist noch Platz!" rief es vom Bock.

David kletterte auf den Wagen und ließ sich nach der Stadt fahren, ohne auch nur einen Blick des Abschieds auf jene Quelle traumartiger Wechselfälle zurückzuwerfen. Weder wußte er, daß ein Phantom des Reichtums seine goldene Farbe auf ihr Wasser geworfen, noch daß ein anderes der Liebe bei ihrem Rauschen aufgeseufzt, noch daß ein drittes Phantom des Todes ihr Wasser mit seinem Blute hochrot zu färben gedroht hatte – und all dies in der kurzen Zeit eines Mittagsschlafes.

Schlafend oder wachend – nie hören wir die luftigen Fußtritte jener seltsamen Ereignisse, die sich beinahe verwirklichen. Man möchte auf eine alles überwachende Vorsehung schließen, daß, während Unsichtbares und Unerwartetes sich fortwährend über unseren Weg legt, dennoch Regel genug in unserem irdischen Leben wirkt, Regel genug, als daß ein selbst teilweises Vorhersehen ohne Nutzen wäre.

Die Höhle der drei Hügel

In jenen Zeiten, wo Träume und Schwärmereien der Narren noch im Leben Wirklichkeit wurden, trafen sich einst zwei Personen zu verabredeter Stunde an vorher bestimmtem Ort. Die eine war eine Dame, lieblich von Gestalt, schön von Angesicht, doch blaß und wie von einem unzeitigen Mehltau befallen in der Blüte ihrer Jahre. Die andere war ein altes zerlumptes Weib, häßlich und verwelkt, das die Dauer solchen Verfalls, die gewöhnliche Zeit menschlichen Lebens, um vieles überschritten zu haben schien. Drei kleine Hügel lagen da dicht beieinander; und eingebettet in ihren Steinmauern war etwas wie ein Loch in die Unterwelt, fast kreisrund und von solcher Tiefe, daß eine hohe Zeder, die auf dem Grunde dieser Höhle wuchs, kaum über ihren Rand ragte. Zwergfichten bestanden die Hügel und ihre Abhänge bis zum Rand des tiefen Loches, dessen Boden gelbes, bleiches Herbstgras deckte; da und dort moderte ein gefallener Baumstumpf, ein Pfuhl barg grünes schmutziges Wasser. An solchem Ort trafen sich, wie die Sage geht, um Mitternacht der Böse und seine Getreuen und tauften die Neulinge mit dem stinkenden Wasser.

Die kühle Schönheit eines herbstlichen Sonnenunterganges vergoldete die Hügelspitzen, von denen ein bläßlicher Schein sich in die Höhle hinabstahl.

„Hier soll unsere heitere Zwiesprache sein“, sagte das alte Weib, „so wie du es wünschtest. Sag schnell, was du von mir willst, denn nur eine kurze Stunde dürfen wir hier verweilen.“

Auf dem Gesicht der Alten schimmerte ein Lächeln; so glänzt Lampenlicht auf der Wand eines Grabgewölbes. Die Dame zitterte; sie blickte die Wände der Höhle hinauf zum Licht, als denke sie daran, wieder umzukehren, aber so war es nicht vom Schicksal bestimmt.

„Eine Fremde bin ich in diesem Lande. Gleich ist's, woher ich komme. Aber ich habe Wesen hinter mir zurückgelassen, mit denen mein Geschick verbunden war und von denen ich jetzt für immer geschieden bin. Es liegt eine Last auf mir, die ich nicht länger tragen kann, und ich bin gekommen zu hören, wie es jenen geht."

„Wer kann dir hier Nachricht von der anderen Seite bringen?" Die Alte schrie das und starrte der Dame ins Gesicht. „Nicht von meinen Lippen. Aber hast du Mut, so soll das Licht nicht von der Hügelspitze weichen, ehe dein Wunsch erfullt ist."

„Ich will tun, was Ihr verlangt. Auch wenn's mein Tod sein soll."

Die Alte setzte sich auf einen Baumstumpf und warf ihre Haube ab, daß ihr die grauen Strähnen ums Gesicht fielen.

„Knie da nieder", sagte sie, „und lege deine Stirn darauf."

Einen Augenblick zauderte sie. Aber die Angst, die lange schon in ihr brannte, schoß nun in wilden Flammen auf. Als sie niederkniete, sank der Saum ihres Gewandes in den Pfuhl. Sie legte ihre Stirn dem Weib auf die Knie; diese breitete einen Mantel über ihr Gesicht, daß sie ganz im Dunkeln war. Nun hörte die Dame die Worte eines Gebetes murmeln, worüber sie so erschrak, daß sie aufspringen wollte.

„Laß mich fort, laß mich, damit jene mich nicht sehen!" schrie sie. Aber die Alte legte leise die Hände auf ihr mit dem Tuch verhülltes Haupt, und die Dame schwieg.

Denn es schien ihr, als mischten sich nun andere, aus früher Kindheit vertraute Stimmen, nie vergessen durch alles Wandern und alle Qual ihres Herzens und den häufigen Wechsel ihres Glücks, mit den Lauten des Gebets. Anfangs waren die Worte ganz schwach noch und undeutlich, nicht durch die Entfernung der Redenden, sondern mehr den Seiten eines Buches ähnlich, das wir bei trübem und allmählich heller werdenden Licht zu lesen bemüht sind. Wie das Gebet weiterging, wurden diese Stimmen dem Ohr deutlicher, bis endlich der Spruch der Alten endete und das Zwiegespräch eines alten Mannes und einer Frau, hochbejahrt und kummerschwer, der Knienden deutlich wurde. Aber diese zwei schienen nicht in der Höhle zwischen den drei Hügeln zu stehen; ihre Stimmen waren von den Wänden eines Zimmers umschlossen, dessen Fenster der Wind klappernd bewegte, der regelmäßige Pendelschlag einer Uhr und das Knistern des Kaminfeuers machten den Raum so gegenwärtig, als schaute ihn das lebendige Auge. Die zwei alten Leute saßen an einem trübseligen Herd, der Mann gefaßt und traurig, die Frau jammernd und weinend und beider Worte waren schwer von Kummer beladen. Sie sprachen von einer Tochter, die umherirrte, sie wußten nicht wo, die Unehre mit sich trug und Schande und Trauer zurückgelassen hatte. Auch von anderen und neueren Leiden sprachen sie, aber mitten in dem Gespräch schienen ihre Stimmen wieder im Winde zu vergehen, der durch den Herbstwald strich. Als die Dame die Augen aufhob, kniete sie in der Höhle zwischen den drei Hügeln.

„Eine recht langweilige und einsame Zeit haben die alten Leute", sagte das Weib und lächelte der Dame ins Gesicht.

„Habt Ihr sie denn auch gehört?"

„Ja, und es gibt noch mehr zu hören." Und sie legte wieder das Tuch über den Kopf der Dame und sprach von neuem Worte eines Gebetes, das nicht für den Himmel bestimmt war. Und alsbald wurden in den Pausen ihres Atemholens flüsternde Laute hörbar, die allmählich stärker wurden, so daß sie die Beschwörungsformel übertönten und unhörbar machten. Schreie zerrissen die Dunkelheit des Klanges und ihnen folgte der Gesang sanfter weiblicher Stimmen, die wieder schwiegen vor einem wilden brüllenden Gelächter, das auf einmal von heftigem Stöhnen und Seufzen unterbrochen wurde: all das rief große Wirrnis aus Schrecken, Trauer und Fröhlichkeit hervor. Ketten rasselten, wilde drohende Stimmen brachen sich in Verliesen. Befehle gellten, und eine Geißel klatschte regelmäßig. Lauter und bestimmter wurden alle diese Klänge im Ohr der Hörerin unter dem Tuch, bis sie plötzlich jeden einzelnen Ton eines Liebesliedes vernehmen konnte, das langsam in einem Totenlied erstarb. Sie schauderte vor der plötzlichen Wut, die wie eine

Flamme in die Höhe fuhr, und wurde ohnmächtig von der grauenvollen Ausgelassenheit, die um sie herum raste. Es war ein Kreischen in Lüsten und Aufstöhnen im trunkenen Wettlauf der Sinne, inmitten dessen die feierliche Stimme eines Mannes tönte – es mochte einst eine melodische Stimme gewesen sein, die da feierlich redete; der Sprechende schritt dabei auf und ab, und seine Schritte hörte man auf dem Boden hallen. Er sprach von der Untreue eines Weibes, von einem Weibe, das seine Schwüre gebrochen und ein Herz und ein Haus verödet hatte. Und sein Sprechen begleitete Gelächter und Brüllen, Schreien und Stöhnen, und das Getöse wurde immer schwächer, bis es sich in den stoßweisen Lauten des Windes verlor, der um die Fichten auf den drei Hügeln kämpfte. Die Dame blickte auf, und da saß das eingeschrumpfte Weib und lächelte sie an.

„Hättest du gedacht, daß es in einem Tollhaus so munter hergeht?“

„Wahr, wahr“, sagte die Dame zu sich selber, „innerhalb seiner Mauern ist Lust und Lachen, aber außen ist nichts als Elend und Jammer.“

„Willst du noch mehr hören?“ fragte die Alte.

„Es gibt noch eine Stimme, die ich um alles hören möchte“, sagte die Dame ganz leise.

„Leg schnell den Kopf auf meine Knie, damit du wieder fort kannst von hier, ehe die Zeit um ist.“

Die goldenen Streifen des Tages zögerten noch auf den Hügelspitzen, aber tiefe Schatten hüllten Höhle und Pfuhl in Dunkel, als wenn, so war es, die Nacht von dorther aufstiege, um sich über die Erde zu breiten. Und wieder begann das Weib ihr höllisches Gebet. Lange blieb es ohne Antwort, bis das Läuten einer Glocke sich durch die Pausen ihrer Worte stahl, wie ein ferner Klang, der von weither über Berg und Tal gekommen, eben in der Luft verhallen wollte. Die Dame erbebte, als sie auf den Knien ihrer düsteren Gefährtin den bedeutungsvollen Ton vernahm. Der wurde nun stärker und trauervoller, und nun waren's die tiefen Klänge einer Totenglocke, die schmerzvoll von irgendeinem Turm ertönten, Sterblichkeit und Weh der Hütte, der Halle, dem einsamen Wanderer verkündete, daß alle das Schicksal beweinen möchten, das jeden trifft der Reihe nach. Nun wurde ein gemessener Tritt hörbar, kam näher und war wie der langsame Schritt, ach, der so langsame Schritt von Trauernden hinter einem Sarg, deren Gewänder auf der Erde nachschleppten, so daß das Ohr die Länge ihres melancholischen Zuges messen konnte. Vor ihnen schritt ein Priester und las die Sterbegebete. Die Blätter seines Buches raschelten dabei im Wind. Seine Stimme übertönte alles, und doch konnte man deutlich im Flüstern von Weibern und Männern Flüche und Schmähungen vernehmen, ausgerufen gegen die Tochter, die das Herz alter Eltern gebrochen, Flüche gegen die Gattin, welche die vertrauende Liebe des Gatten betrogen, Flüche gegen die Mutter, die gegen ihr Gefühl gesündigt und ihr Kind verlassen hatte, das nun gestorben war. Der schleppende schlürfende Ton und Tritt des Leichenzuges verschwand, wie dünner Nebel sich verzieht, und der Wind, der eben noch das Bahrentuch bewegt hatte, schüttelte die Fichtengipfel auf den drei Hügeln. Da stieß die Alte die kniende Dame, aber diese hob ihren Kopf nicht wieder.

„Es war eine recht hübsche Unterhaltung", sagte die Alte und lachte ein dürres, hölzernes Lachen.

Es war vollends Nacht geworden.

Der große Karfunkel

Es ist lange her, als sich eines Tages beim Einbruch der Nacht eine Gesellschaft Abenteurer nach mühseligem und vergeblichem Suchen nach dem großen Karfunkel an dem schroffen Absturz der Kristallberge sammelte, um zu rasten. Nicht als Freunde oder als Teilnehmer in der Unternehmung waren sie dort zusammengekommen, sondern ein jeder von ihnen, ein junges Paar ausgenommen, war einzeln ausgezogen, getrieben von seinem Verlangen nach dem kostbaren Juwel. Ihr geselliges Gefühl war aber hinreichend, sie zu gegenseitiger Hilfe zu veranlassen, eine rohe Hütte aus Baumrinde zu errichten und ein Feuer aus zersplitterten Fichten anzuzünden, die der reißende Amonusuck mit sich führte, an dessen Ufer sie die Nacht verbringen wollten.

Es war vielleicht nur einer unter ihnen, der durch den mächtigen Zauber des gesteckten Zieles allen menschlichen Gefühlen so entfremdet worden war, daß er selbst in dieser fernen einsamen Gegend, zu der sie gestiegen waren, keine Freude beim Anblick menschlicher Gesichter zu empfinden schien. Eine weite Wildnis lag zwischen ihnen und der nächsten Siedlung, während kaum eine Meile oberhalb ihrer Häupter jene schwarze Grenze war, wo die Berge ihren bunten laubigen Mantel abwerfen und nackt oder nebelverhüllt gegen den Himmel ragen. Das wilde Tosen des Amonusuck machte die schaurige Musik dieser Öde.

Die Abenteurer gaben sich gastfreundliche Grüße und luden sich gegenseitig in die Hütte ein, wo jeder der Wirt und alle die Gäste der ganzen Gesellschaft waren. Jeder breitete, was er an Lebensmitteln besaß, auf ebene Felsen aus, gemeinschaftlich wurde gegessen, und am Ende des Mahles ergab sich ein Gefühl guter Kameradschaft, wenn auch schüchtern und verdrängt von dem Gedanken, daß sie sich am andern Morgen wieder einander fremd sein würden. Sieben junge Männer und ein junges Weib lagen am Feuer, starrten sich an im flackernden Licht, unsicher einander und fremd, und nur von Nacht, Rast und Wärme zueinander in Freundlichkeit gebunden.

Der älteste, ein großer magerer Mensch mit verwittertem Gesicht, mochte ungefähr sechzig Jahre alt sein und war in Felle wilder Tiere gekleidet, deren Tracht er nicht mit Unrecht nachamte, da Hirsch, Wolf und Bär schon seit langer Zeit seine vertrautesten Gefährten waren. Er war einer jener Unglücklichen, die, wie die Indianer erzählen, von früher Jugend ab ihr Leben im Suchen des großen Karfunkel verbrachten, und man kannte ihn in diesen Gegenden nur unter dem Namen des Suchers. Im Tal des Saco war über ihn seit langem die Fabel verbreitet, er sei wegen seiner unmäßigen Begierde nach dem Stein verdammt worden, bis ans Ende der Zeiten in den Bergen zu wandern.

Neben dem Sucher saß eine kleine ältliche Person. Unter dem Namen eines Doktor Cacaphodel kam er von jenseits der See her und war durch sein Brüten vor Schmelzöfen und das Einatmen giftiger Dünste seiner Goldmacherkünste zu einer Mumie eingetrocknet. Von ihm wurde erzählt, ob wahr oder nicht, daß er am Anfang seiner Studien das beste und kräftigste Blut aus seinem Körper gezogen und es in einem unglücklichen Versuch mit noch anderen unschätzbaren Ingredienzen verschwendet habe und seitdem nie wieder gesund geworden sei.

Der dritte dieser Abenteurer war Jchabod Pigsnort, ein gewichtiger Kaufmann, Stadtverordneter aus Boston und zudem Kirchenältester der berühmten Northonskirche. Seine Feinde erzählten von ihm die lächerliche Geschichte, daß er gewohnt sei, sich abends und morgens nach dem Gebet eine volle Stunde lang auf einer ungeheuren Menge von Fichten-Schillingen, dem ältesten gemünzten Silber von Massachusetts, nackt herumzuwälzen.

Der vierte hatte keinen seinen Gefährten bekannten Namen und zeichnete sich insonders durch ein ständiges höhnisches

Lächeln aus, das sein Gesicht, welches ganz mager war, verzerrte, und durch eine ungeheure Brille, von der man sagte, daß sie der Wahrnehmung ihres Trägers die ganze Außenseite der Natur verstellt.

Auch der fünfte Abenteurer hatte keinen Namen, was um so mehr zu bedauern war, als er ein Dichter zu sein schien. Es war ein sehr abgezehrter Mann mit funkelnden Augen, der seine Nahrung, wie man sagte, aus Dunst, Nebel und einer dicken Wolkenscheibe bestritt, die er im Mondschein tränke. Sicher schmeckte seine Poesie stark nach diesen Leckerbissen.

Der sechste der Gesellschaft, ein junger Mann mit sehr stolzer Miene, saß abgesondert von den übrigen. Dieser war der Lord de Vere, von dem es hieß, daß er zu Hause den größten Teil seiner Zeit im Grabgewölbe seiner Ahnen zubringe und dort die modrigen Särge durchwühle.

Endlich befand sich unter der Gesellschaft auch ein hübscher Jüngling in bäuerischer Tracht, an seiner Seite ein blühendes kleines Wesen, in dem ein leichter Schatten mädchenhafter Scheu sich gerade mit der liebenden Glut eines jungen Weibes verschmolz. Ihr Name war Hanna und der ihres Mannes Matthäus; schlichte Namen, jedoch für das einfache Paar gut passend, das in dieser wunderlichen Gesellschaft, deren Begierden durch den großen Karfunkel angeregt worden waren, schlecht an seinem Platze zu sein schien.

Unter dem Schutz einer gemeinsamen Hütte und im hellen Schein eines wärmenden Feuers saßen diese so verschiedenartigen Abenteurer, alle von einem einzigen Gegenstand so in Anspruch genommen, daß, wovon sie auch immer zu sprechen anfangen mochten, ihre Schlußworte sicherlich von dem großen Karfunkel erleuchtet wurden. Einige unter ihnen erzählten die Umstände, die sie hierhergeführt hatten. Der eine hatte in seiner eigenen fernen Heimat die Erzählung eines Reisenden von diesem merkwürdigen Stein gehört, und war augenblicklich von einer solchen Gier, seiner ansichtig zu werden, ergriffen worden, daß dieser nur von dem durchdringenden Glanz des Juwels gestillt werden konnte. Ein anderer hatte vor langer Zeit, als der berühmte Kapitän Smith diese Küste besuchte, den Glanz in weiter Ferne auf der See wahrgenommen und seitdem nicht eher wieder Ruhe empfunden, als bis er jetzt die Nachforschung begonnen hatte. Ein dritter war, während er sich volle vierzig Meilen südlich von den weißen Bergen in einem nächtlichen Lager auf der Jagd befand, um Mitternacht erwacht und hatte den großen Karfunkel gleich einem Meteor glänzen sehen, so daß die Schatten der Bäume von seinem Licht zusammenfielen. Sie sprachen von den zahllosen Versuchen, die gemacht worden waren, um den Ort zu erreichen, und von dem wunderbaren Mißgeschick, das bis jetzt die Anstrengungen aller Abenteurer vereitelt hatte, obgleich es so leicht schien, ein Licht, dessen Glanz den Mond verdunkelte und beinahe dem der Sonne glich, bis an seine Quelle zu verfolgen. Es war bemerkbar, daß jeder über die Torheit der anderen verächtlich lächelte und mehr Glück als er bisher gehabt, von der Zukunft erwartend, die kaum verhehlte Überzeugung hegte, daß er selbst der begünstigte Finder sein werde. Wie um ihre zu sanguinischen Hoffnungen etwas zu mäßigen, kamen sie auf die indianischen Traditionen zurück, daß ein Geist dem Juwele Wache halte und die Suchenden dadurch verwirre, daß er entweder jenes von einer Bergspitze zur andern fortbewege, oder einen Nebel des bezauberten Sees zu Hilfe rufe, über dem es hänge. Allein diese Erzählungen wurden für unglaubwürdig gehalten, indem alle ihre Ansicht dahin ausdrückten, daß die Nachforschungen nur aus Mangel an Klugheit und Ausdauer seitens der Abenteurer vereitelt worden seien.

Während einer Pause in der Unterhaltung schaute sich der Träger der großen Brille in der Gesellschaft um und machte der Reihe nach eine jede Person darin zum Gegenstand des höhnischen Lächelns, das unveränderlich auf seinem Gesicht lag. „So“, sagte er, „Genossen auf dieser Pilgerfahrt, hier sind wir, sieben weise Männer und eine schöne Frau, die ohne Zweifel ebenso weise ist, wie alle Graubärte in der Gesellschaft; hier sind wir, sage ich, alle in derselben erfolgbringenden Unternehmung begriffen. Ich sollte meinen, es wäre jetzt nicht unrecht, wenn jeder von uns erklärte, was er mit dem großen Karfunkel zu tun beabsichtige, wenn er das Glück haben sollte, ihn zu erringen. Was sagt unser Freund im Bärenfell? Wie gedenkt Ihr, guter Herr, Euch des Preises zu erfreuen, den Ihr, der Himmel weiß wie lange, in den Kristallbergen gesucht habt?“

„Mich erfreuen?“ rief der bejahrte Sucher in bitterem Ton. „Ich rechne auf keinen Genuß davon, die Torheit hat längst aufgehört! Ich setze die Suche nach diesem verfluchten Stein fort, weil der eitle Ehrgeiz meiner Jugend zum Schicksal meines Alters geworden ist. In der Suche allein finde ich meine Stärke, die Energie meiner Seele, die Wonne meines Blutes und das Mark meiner Knochen. Müßte ich ihr den Rücken wenden, so würde ich schon diesseits des Engpasses, wo die Pforte zu dieser Berggegend ist, tot niederfallen. Aber auch nicht um den Preis, mein verlorenes Leben zurückzuerhalten, würde ich meine Hoffnungen auf den großen Karfunkel aufgeben. Hab ich ihn gefunden, so will ich ihn nach einer Höhle tragen, die ich kenne, ihn dort in meine Arme schließen, mich niederlegen und sterben und ihn für immer mit mir begraben halten.“

„Elender, der die heiligen Interessen der Wissenschaft verachtet!“ rief Doktor Cacaphodel mit philosophischer Entrüstung. „Du bist nicht wert, selbst von fern den Glanz dieses kostbaren Juwels zu schauen, das je im Laboratorium der Natur bereitet wurde. Meine Absicht ist die einzige, für die ein weiser Mann den Besitz des großen Karfunkels wünschen darf. Sobald ich ihn erlangt haben werde, denn ich habe ein Vorgefühl, gute Leute, daß der Preis mir vorbehalten ist, um meinen wissenschaftlichen Ruf zu krönen, kehre ich nach Europa zurück und will dann den Rest meiner Jahre dazu verwenden, ihn auf seine ersten Elemente zurückzuführen. Einen Teil des Steines werde ich zu allerfeinstem Pulver mahlen; andere Teile sollen durch Säuren oder welche Auflösungsmittel es sonst für eine so bewunderungswürdige Komposition der Natur gibt, zerlegt werden, und den Überrest beabsichtige ich im Tiegel zu schmelzen oder mit dem Lötrohr abzubrennen. Auf diesen verschiedenen Wegen werde ich eine genaue Analysis erlangen und endlich das Resultat meiner Arbeiten in einem Werk der Welt zum besten geben."

„Vortrefflich!" bemerkte der mit der Brille. „Auch braucht Ihr, sehr geehrter Herr, an der notwendigen Zerstörung des Juwels keinen Anstoß zu nehmen, da das Studium Eures Werkes ohne Zweifel jedem Sohn seiner Mutter unter uns lehren wird, einen großen Karfunkel in eigener Fabrik herzustellen."

„Wahrlich", sagte Jchabod Pigsnort, „ich für meinen Teil muß mich durchaus gegen derartige Verfälschungen erklären, weil der gangbare Preis des Juwels im Handel dadurch verringert werden würde. Ich gestehe offen, meine Freunde, ich habe ein Interesse dabei, den Preis aufrechtzuerhalten. Seht, ich habe meine bestehenden Handelsgeschäfte verlassen, meine Warenlager der Sorgfalt meiner Angestellten übergeben, meinen Kredit in große Gefahr gebracht und überdies mich selbst der Gefahr ausgesetzt, entweder umzukommen oder in die Gefangenschaft jener verfluchten Heiden zu geraten – und dieses alles ohne gewagt zu haben, die Gebete der Gemeinde für mich zu erbitten, weil das Suchen nach dem großen Karfunkel für nicht viel besser als ein Verkehr mit dem Bösen gehalten wird. Glaubt ihr nun also, daß ich meiner Seele, meinem Körper, meinem Ruf und meinem Vermögen diesen erheblichen Nachteil ohne eine vernünftige Aussicht auf Gewinn zugefügt haben würde?"

„Ich gewiß nicht, Master Pigsnort", sagte der Mann mit der Brille. „Ich habe Euch nie eine solche Torheit zugetraut."

„In der Tat, ich hoffe nicht", sagte der Kaufmann. „Was nun den Karfunkel betrifft, so muß ich gestehen, daß ich bis jetzt noch nie einen Schimmer davon gehabt habe; aber wenn sein Glanz auch nur zum hundertsten Teil so groß ist, wie die Leute sagen, so muß er dennoch einen bei weitem größeren Wert, als der beste Diamant des Großmoguls haben, den dieser zu einem unberechenbaren Preise hält. Deshalb bin ich willens, den großen Karfunkel auf ein Schiff zu laden und damit nach England, Frankreich, Spanien, Italien und nach den heidnischen Reichen zu reisen, wenn die Vorsehung mich so weit sollte gehen lassen, und mit einem Worte das Juwel dem besten Bieter unter den Potentaten der Erde zu überlassen, damit er es unter seinem Kronschmuck aufbewahre. Wenn einer von euch einen besseren Platz hat, so mag er ihn hören lassen."

„Den habe ich, du schmutziger Mensch!" rief der Dichter. „Strebst du denn nach nichts Höherem als nach Geld, daß du all diesen ätherischen Glanz in denselben Unrat verwandeln willst, in dem du dich bereits umherwälzest? Was mich betrifft, so werde ich das Juwel unter meinem Rock verbergen, und damit nach meinem Dachstübchen in einem der dunklen Gäßchen Londons eilen. Dort will ich es Nacht und Tag anschauen, meine Seele voll seinem Glanz einsaugen und ihn durch alle meine geistigen Kräfte verbreiten, auf daß er helleuchtend aus jeder dichterischen Zeile hervorscheine, die ich niederschreibe. Auf diese Weise wird noch Jahrhunderte lang der Glanz des großen Karfunkels meinen Namen umstrahlen."

„Wohl gesprochen", rief der Mann mit der Brille. „Unter deinem Rock verborgen, sagst du? Aber es wird durch die Löcher scheinen und dich wie ein Irrlicht erscheinen lassen."

„Nur zu denken", rief Lord de Vere, mehr zu sich selbst als zu seinen Gefährten sprechend, von denen er auch den besten als seiner unwürdig erachtete, „nur zu denken, daß ein Kerl mit einem zerrissenen Rock davon schwatzt, den großen Karfunkel nach einer Dachstube in Grubstreet schleppen zu wollen! Bin ich nicht zu der Überzeugung gelangt, daß die ganze Erde keinen passenden Schmuck für die große Halle meines Ahnenschlosses besitzt? Dort soll er Jahrhunderte lang glänzen, Sonnenhelle um Mitternacht verbreiten und seine Strahlen auf die Rüstungen, Banner und Wappen werfen, die rings an den Wänden hängen und das Gedächtnis der Helden lebendig halten. Deshalb haben alle Abenteurer nach dem Preis vergeblich gesucht, nur damit ich ihn gewinnen und zum Symbol des Ruhmes unseres erhabenen Geschlechtes machen solle. Und nimmer nahm der große Karfunkel im Diadem der weißen Berge einen halb so ruhmvollen Platz ein, wie der in der Halle der de Vere für ihn aufbewahrt ist."

„Es ist ein edler Gedanke“, sagte der Zyniker mit einem untertänigen Lächeln. „Aber wenn mir diese Äußerung erlaubt ist, so sollte ich denken, das Juwel würde eine vortreffliche Leichenlampe abgeben und den Ruhm von Ew. Herrlichkeit Vorfahren in dem Begräbnisgewölbe besser als in der Schloßhalle beleuchten.“

„Nein wahrlich“, sagte Matthäus, der junge Bauer, welcher Hand in Hand mit seiner Frau saß. „Der Herr hat sich einen recht passenden Nutzen des glänzenden Steines ausgedacht. Hanna und ich suchen ihn zu einem ähnlichen Zweck.“

„Wieso, Kerl?“ rief Se. Herrlichkeit voll Erstaunen. „Welche Schloßhalle besitzest du, um ihn darin aufzuhängen?“

„Kein Schloß“, entgegnete Matthäus, „aber eine so reinliche Hütte, wie nirgendwo eine im Umkreise der Kristallberge zu finden ist. Ihr müßt wissen, daß Hanna und ich, nachdem wir vorige Woche ehelich verbunden worden sind, das Aufsuchen des großen Karfunkels deshalb unternommen haben, weil wir sein Licht in den langen Winterabenden nötig haben werden, und was werden die Nachbarn sagen, wenn sie ihn sehen! Er wird das ganze Haus so erleuchten, daß man eine Stecknadel in einer Ecke aufnehmen kann; und durch die Fensterscheiben wird er einen solchen Glanz werfen, als wenn ein großes Feuer auf dem Herd brennen täte. Und dann, wie hübsch wird es sein, wenn wir in der Nacht aufwachen und gegenseitig unsere Gesichter sehen können!“

Ein allgemeines Lächeln lief durch die Abenteurer über die Einfachheit der Pläne, welche das junge Paar mit jenem wunderbaren und unschätzbaren Stein hatte, mit dem der größte Monarch der Erde stolz gewesen sein würde, seinen Palast schmücken zu können. Besonders verzerrte der Mann mit der Brille, der der Reihe nach über alle in der Gesellschaft höhnisch gelacht hatte, jetzt sein Gesicht zu einem Ausdruck von so boshafter Freude, daß Matthäus ihn etwas empfindlich fragte, was er selbst mit dem großen Karfunkel zu tun gedenke.

„Der große Karfunkel!“ antwortete der Zyniker mit unaussprechlichem Hohn, „du Dummkopf, solch ein Ding gibt es nicht in rerum natura. Ich bin dreitausend Meilen weit hierher gekommen und bin fest entschlossen, meinen Fuß auf jede Spitze dieser Berge zu setzen und meinen Kopf in jede Spalte derselben zu zwängen, nur um jeden Menschen, der um etwas weniger dumm ist als du, den überzeugenden Beweis liefern zu können, daß der große Karfunkel nichts als Erdichtung ist."

Eitel und töricht waren die Beweggründe, welche die meisten der Abenteurer nach den Kristallbergen geführt hatten, aber am meisten waren es die des Spötters mit der ungeheuren Brille. Er war einer jener bösen Menschen, deren Bestrebungen abwärts und der Finsternis zu, statt himmelwärts zu gehen, und die, wenn sie nur das von Gott für uns angezündete Licht auslöschen könnten, das mitternächtliche Dunkel für ihre größte Glorie halten würden. Während der Zyniker sprach, wurden mehrere unter der Gesellschaft durch den Strahl eines roten Scheines aufgeschreckt, welcher die gewaltigen Massen der umgebenden Berge und das mit Felsstücken bestreute Bett des brausenden Stromes sowie die Stämme und Zweige der Waldbäume mit einer ihrem Feuer unähnlichen Helle erkennen ließ. Sie warteten horchend auf das Rollen des Donners, aber hörten nichts und waren froh, daß ihnen das Ungewitter nicht näher kam. Die Sterne, jene Uhrziffern des Himmels, mahnten jetzt die Abenteurer, ihre Augen vor den glühenden Holzscheiten zu schließen und sie im Traume vor dem Glanz des großen Karfunkels wieder zu öffnen.

Das junge Ehepaar hatte seine Lagerstätte in der entferntesten Ecke der Hütte genommen und war von dem übrigen Teil der Gesellschaft durch einen Vorhang eigentümlich verflochtener Zweige geschieden, dem ähnlich, der vielleicht in üppigen Blumengewinden von der bräutlichen Kammer Evas gehangen hatte. Das züchtige Weib hatte diese Tapete während des Gespräches der übrigen Gäste geflochten. Sie und ihr Gatte sanken mit zärtlich verschlungenen Händen in Schlaf, und erwachten zugleich wieder, während in ihren Augen ein Lächeln strahlte, das mit ihrem zunehmenden Bewußtsein der Wirklichkeit ihres Lebens und ihrer Liebe immer leuchtender wurde.

Allein sobald die junge Frau sich dessen erinnerte, wo sie waren, schaute sie durch den Blättervorhang und gewahrte, daß der hintere Raum der Hütte leer und verlassen war.

„Auf, lieber Matthäus!“ rief sie in eiligem Ton. „Die fremden Leute sind alle fort! Auf, schnell, schnell, sonst verlieren wir den großen Karfunkel!“

In der Tat, so wenig verdiente dieses junge Paar den hohen Preis, der sie hierherlockte, daß sie die ganze Nacht ruhig und friedlich geschlafen hatten, während die übrigen Abenteurer ihre Glieder in fieberhafter Wachsamkeit umhergewälzt oder vom Erklimmen der Felswände träumten und mit dem ersten Tagesgrauen ausgezogen waren, um ihre Träume zu verwirklichen. Aber Matthäus und Hanna waren nach ihrer sanften Ruhe leicht wie zwei junge Rehe und verweilten nur, um sich im kühlen Wasser des Ammanusuck zu waschen und dann einen Bissen Nahrung zu sich zu nehmen, ehe sie ihre Gesichter der Bergseite zuwendeten. Es gewährte ein zartes Bild ehelicher Liebe, als sie den steilen Pfad mühsam emporklommen und Kraft aus gegenseitigem Beistand sammelten. Nach mehreren kleinen Unfällen, wie eines zerrissenen Kleides, eines verlorenen Schuhes, gelangten sie an den höhergelegenen Kamm des Waldes und hatten von nun an einen abenteuerlicheren Lauf zu verfolgen. Die zahllosen Zweige und das dichte Laub der Bäume hatten bisher alle ihre Gedanken und ihre ganze Aufmerksamkeit gefangengehalten, die jetzt erschreckt vor dieser Region von Wind und Nebel und nackten Felsen zurückbebten, die sich zu unermeßlicher Höhe über ihnen erhoben. Sie schauten rückwärts auf die finstere Wildnis, die sie durchwandert hatten, und sehnten sich danach, lieber in ihren Tiefen wieder begraben zu werden, als sich in diese weite, endlose Wüste zu stürzen.

„Sollen wir weitergehen?“ fragte Matthäus, seinen Arm um Hannas Leib schlingend, um sie sowohl zu schützen, als auch sein eigenes Herz durch ihr näheres Heranziehen zu beruhigen.

Allein die kleine junge Frau hatte, so einfach sie war, eine ganz weibliche Vorliebe für Juwelen und konnte sich, aller drohenden Gefahren ungeachtet, nicht von der Hoffnung losmachen, den glänzendsten Edelstein der Welt zu besitzen.

„Laß uns noch etwas höher klimmen“, flüsterte sie, obgleich zitternd, während sie ihr Gesicht der öden Himmelsdecke zuwendete.

„So komm!“ sagte Matthäus, seinen männlichen Mut sammelnd und sie mit sich fortziehend; denn sie wurde in demselben Augenblicke wieder furchtsam, wo sein Mut wuchs.

Und weiter aufwärts stiegen die Pilgrime des großen Karfunkels, jetzt über die Spitzen und dicht verschlungenen Zweige von Zwergfichten schreitend, welche, obgleich Jahrhunderte alt und moosbewachsen, dennoch nur die Höhe von drei Fuß erreicht hatten.

Sodann kamen sie zu den Massen und Bruchstücken nackter Felsen, welche, gleich Denkmälern, die von Riesen zum Andenken ihrer Häuptlinge errichtet worden, in wilder Unordnung übereinander lagen. In diesem kalten Reich der oberen Lüfte atmete nichts und wuchs nichts; kein anderes Leben war dort vorhanden, als was sich in ihren beiden Herzen eingeschlossen befand; und so hoch waren sie gestiegen, daß selbst die Natur ihnen nicht mehr Gesellschaft zu leisten schien. Sie weilte unter ihnen innerhalb der Grenze der grünen Waldbäume und sandte ihren Kindern einen Abschiedsblick nach, als diese sich dahin verloren, wo ihre eigenen grünen Fußtritte nie gewesen waren. Aber bald sollten sie ihrem Auge entschwinden. Dichte und schwarze Nebel begannen sich unter ihnen zu sammeln, dunkle Schattenflecke auf die weite Landschaft werfend, und alle schwerfällig nach demselben Mittelpunkt zusegelnd, als ob die höchste Bergspitze einen Rat ihrer verwandten Wolken berufen habe. Endlich schienen sich Dünste gleichsam zu einer Masse zu schmieden und boten das Bild eines gepflasterten Weges dar, über welchen die Wanderer hätten gehen können, aber wo sie vergeblich nach einer Straße gesucht haben würden, die sie zur gesegneten Erde zurückführte. Und die Liebenden sehnten sich jetzt mehr nach der grünen Erde zurück, als sie je unter einer Wolkendecke sich nach dem blauen Himmel gesehnt hatten. Es gewährte ihnen sogar einen Trost in ihrer Verlassenheit, wenn die den Berg allmählich hinaufziehenden Dünste seine Spitze verhüllten und auf diese Weise, wenigstens für sie, die ganze Region sichtbaren Raumes vernichteten. Aber sie schlossen sich mit einem zärtlichen und traurigen Blicke dichter aneinander an, aus Furcht, daß der allgemeine Nebel sie trennen und ihrem gegenseitigen Blicke entführen möchte.

Dennoch würden sie vielleicht entschlossen gewesen sein, so weit und so hoch zwischen Himmel und Erde zu steigen, als ihr Fuß auf festen Boden treten konnte, wenn Hannas Kräfte und mit ihnen ihr Mut nicht zu weichen angefangen hätten. Ihr Atem wurde kurz. Sie weigerte sich, ihren Mann mit ihrer Last zu beschweren, aber fiel oft wankend gegen seine Seite und sammelte ihre Kräfte wieder mit immer schwächer werdender Anstrengung. Endlich sank sie auf eine der felsigen Stufen des Berghanges nieder.

„Wir sind verloren, teurer Matthäus“, sagte sie traurig. „Wir werden nimmer unsern Weg auf die Erde zurückfinden. Ach, und wie glücklich hätten wir in unserer Hütte sein können!“

„Liebes Herz, wir werden dort auch jetzt noch glücklich sein“, sagte Matthäus. „Sieh, dort unterbricht der Sonnenschein den unglücklichen Nebel: mit seiner Hilfe werden wir den Weg nach dem Engpaß finden können. Laß uns umkehren und nicht mehr an den großen Karfunkel denken!“

„Das kann die Sonne dort nicht sein“, sagte Hanna mit großer Niedergeschlagenheit. „Es muß jetzt um Mittag sein. Wenn der Sonnenschein hierhergelangen könnte, so müßte er oberhalb unserer Köpfe herabkommen.“

„Aber sieh doch!“ wiederholte Matthäus erstaunt. „Es wird jeden Augenblick immer heller. Wenn es nicht Sonnenschein ist, was kann es dann sein?“

Auch die junge Frau konnte nicht länger in Abrede stellen, daß ein Glanz durch den Nebel breche und seine dämmerige Farbe in ein trübes Rot verwandle, welches immer lebhafter wurde, als wenn glänzende Stäubchen sich in seine Düsterkeit mischten. Jetzt begannen auch die Nebel sich vom Berg langsam wegzuwälzen, während ein Gegenstand nach dem andern ganz mit der Wirkung einer neuen Schöpfung aus dem undurchdringlichsten Dunkel in das Licht trat, ehe noch die Verworrenheit des alten Chaos gänzlich verschwunden war. Sie gewahrten jetzt den Schein von Wasser dicht vor ihren Füßen und befanden sich am Ufer eines tiefen, klaren, hellen und ruhig-schönen Bergsees, welcher seinen Spiegel über ein Bassin ausspannte, das aus dem massiven Felsen gehöhlt worden war. Ein Strahl von Glorie schoß über seine Fläche hin: Das schlichte Paar hatte jenen geheimnisvollen See erreicht, und den langgesuchten Schein des großen Karfunkels gefunden.

Sie schlangen ihre Arme umeinander und zitterten vor ihrem eigenen Glück; alle Sagen dieses sonderbaren Juwels drängten sich plötzlich in ihr Gedächtnis zurück, sie erkannten in sich Auserwählte des Schicksals – und das Bewußtsein davor war schrecklich für sie. Oft, von ihrer Kindheit an, hatten sie das Juwel wie einen fernen Stern scheinen sehen, und jetzt warf dieser Stern seinen durchdringendsten Glanz auf ihre Herzen. Sie kamen sich gegenseitig verändert vor in dem rötlichen Glanz, der auf ihren Wangen glühte und der denselben Feuerschein auf den See, die Felsen, den Himmel und die vor seiner Macht zurückweichenden Nebel warf. Aber mit ihrem nächsten Blick gewahrten sie einen Gegenstand, der ihre Aufmerksamkeit selbst von dem mächtigen Stein abzog. Am Fuße der Klippe, dicht unter dem großen Karfunkel, zeigte sich die Gestalt eines Mannes, dessen Arme in der Beschäftigung des Emporklimmens ausgestreckt und dessen Gesicht nach oben gerichtet war, als wolle er den vollen Strom des Glanzes einsaugen. Aber er bewegte sich nicht, und es schien, als wäre er in Marmor verwandelt.

„Es ist der Sucher", flüsterte Hanna, krampfhaft den Arm ihres Mannes fassend. „Matthäus, er ist tot!"

„Die Freude des Erfolges hat ihn getötet", entgegnete Matthäus, heftig zitternd. „Oder vielleicht war gerade das Licht des großen Karfunkels sein Tod!"

„Des großen Karfunkels", rief eine boshafte Stimme hinter ihnen, „des großen Unsinns! Wenn ihr ihn gefunden habt, bitte, seid so gut, mir ihn auch zu zeigen."

Sie wandten sich um, und da stand der Zyniker, seine ungeheure Brille auf die Nase gesetzt, ringsum nach dem See und den Felsen und den fernen Nebelmassen und dem großen Karfunkel selbst schauend, ohne jedoch, wie es schien, sein Licht zu sehen. Obgleich der Glanz des Steines den Schatten des Ungläubigen vor seine eigenen Füße warf, als er dem kostbaren Juwel den Rücken wandte, so wollte er sich doch nicht davon überzeugen lassen, daß auch nur der schwächste Schein sichtbar sei.

„Wo ist der große Unsinn?" wiederholte er. „Ich fordere euch heraus, ihn mir zu zeigen!"

„Dort", sagte Matthäus, aufgebracht über eine so verstockte Blindheit und den Zyniker nach der erleuchteten Klippe zu herumdrehend. „Nehmt die abscheuliche Brille ab und Ihr werdet ihn sehen müssen!"

Diese dunkle Brille verdunkelte wahrscheinlich des Zynikers Gesicht ebenso wie das rußige Glas, durch das die Leute nach einer Sonnenfinsternis zu schauen pflegen. Er riß sie indes mit entschlossener Prahlerei von der Nase und richtete einen dreisten, vollen Blick auf die rötliche Glut des großen Karfunkels. Aber kaum war er ihr begegnet, als er mit einem tiefen, schaudernden Stöhnen den Kopf sinken ließ und beide Hände auf seine unglücklichen Augen preßte. Von diesem Augenblicke an gab es in Wahrheit für den Zyniker kein Licht des großen Karfunkels mehr, noch sonst ein anderes irdisches oder selbst ein Licht des Himmels. Indem er so lange gewöhnt gewesen war, alle Gegenstände nur durch das Medium zu betrachten, welches ihm jeden Schimmer von Glanz raubte, hatte ein einziger Strahl eines so glänzenden Phänomens, der sein unbewaffnetes Auge traf, ihn auf immer erblinden lassen.

„Matthäus", sagte Hanna, sich an ihn hängend, „laß uns von hier fortgehen."

Matthäus sah, daß sie ohnmächtig war, und er kniete nieder, legte sie in seine Arme und sprengte einige Tropfen des schneidend kalten Wassers aus dem verzauberten See auf ihr Gesicht und ihren Busen. Es belebte sie wieder, aber nicht ihren Mut.

„Ja, Liebste", rief Matthäus, ihre zitternde Gestalt an seine Brust drückend, wir wollen fortgehen und nach unserer bescheidenen Hütte zurückkehren. Der gesegnete Sonnenschein und das stille Mondlicht soll durch unser Fenster leuchten. Wir wollen die behagliche Glut unseres Herdes zur Abendzeit anzünden und in ihrem Scheine glücklich sein. Aber nimmer wollen wir wieder nach mehr Licht streben, als die ganze Welt mit uns teilen kann."

„Nein", sagte die junge Frau, „denn wie könnten wir in dieser schreckbaren Gluthitze des großen Karfunkels bei Tage leben oder bei Nacht schlafen!"

Mit der hohlen Hand tranken sie aus dem See, der ihnen sein noch von keiner menschlichen Lippe entweihtes Wasser darbot, und begannen sodann den Berg hinabzusteigen, indem sie den erblindeten Zyniker unter ihre Leitung nahmen, der kein Wort mehr äußerte und selbst das Stöhnen seines elenden Herzens unterdrückte. Als sie jedoch das bis dahin unbetretene Ufer des Geistersees verließen, warfen sie noch einen Abschiedsblick auf die Klippe und sahen, daß die Dünste sich wieder in dichte Masse ansammelten, durch die das Juwel nur noch trübe hindurchstrahlte.

Was die anderen Pilger des großen Karfunkels betrifft, so erzählt die Sage weiter, daß der würdige Jchabord Pigsnort bald die Suche als eine verzweifelte Spekulation aufgab und als ein weiser Mann beschloß, sich nach seinen Waffenlagern zu Boston am Stadthafen zurückzubegeben. Allein als er durch den Engpaß des Gebirges ging, nahm eine kriegerische Abteilung Indianer unseren unglücklichen Kaufmann gefangen und schleppte ihn nach Montreal, wo er so lange in Haft gehalten wurde, bis er durch die Zahlung eines schweren Lösegeldes die aufgehäufte Masse seiner Fichten-Schillinge auf schmerzliche Weise vermindert hatte. Überdies waren durch seine lange Abwesenheit seine Geschäfte in eine solche Unordnung geraten, daß er während seines übrigen Lebens, statt sich im Silber zu wälzen, selten den Wert eines halben Schillings in Kupfer besaß. Doktor Cacaphodel, der Alchimist, kehrte nach seinem Laboratorium mit einem ungeheuren Stück Granit zurück, das er zu Pulver zermahlte, in Säuren auflöste, im Tiegel zerschmolz und mit dem Lötrohr abbrannte, worauf er das Resultat seiner Experimente in einem der schwersten Foliobände jener Zeit veröffentlichte.

Und zu allen diesen Zwecken wäre das Juwel selbst von keinem größeren Nutzen gewesen, als das Stück Granit. Der Dichter nahm aus einem ähnlichen Irrtum ein großes Stück Eis mit sich, welches er in einer nie von der Sonne beschienenen Bergspalte fand, und schwur, daß es in allen Beziehungen mit seiner Vorstellung vom großen Karfunkel übereintreffe. Die Kritiker sagen, wenn seiner Poesie auch der Glanz des Juwels fehle, sie mindestens alle Kälte des Eises bewahrt habe. Der Lord de Vere kehrte nach seiner Ahnenhalle zurück, wo er sich mit einem mit Wachslichtern versehenen Armleuchter begnügte, und im Laufe der Zeit einen neuen Sarg im Ahnenbegräbnisse füllte. Als die Leichenfackeln in diesem dunklen Ruheort glühten, bedurfte es nicht mehr des großen Karfunkels, um die Eitelkeit allen irdischen Pompes zu zeigen.

Der Zyniker wanderte, nachdem er seine Brille abgelegt hatte, als ein elendes Wesen in der Welt umher und wurde für die absichtliche Blindheit seines früheren Lebens durch ein unaufhörliches, marterndes Verlangen nach Licht bestraft. Die ganze Nacht hindurch pflegte er seine geblendeten Augenhöhlen nach Mond und Sternen aufzuheben; er wandte sein Gesicht östlich beim Sonnenaufgang, wie der eifrigste persische Sonnenanbeter; er machte eine Pilgerfahrt nach Rom, um die prächtige Beleuchtung der St.-Peters-Kirche zu sehen und kam endlich in dem großen Feuer zu London um, in dessen Mitte er sich gestürzt hatte, um einen schwachen Strahl jener Glut aufzufangen, welche damals Erde und Himmel in Flammen setzte.

Matthäus und seine Frau verlebten noch viele friedliche Jahre, und pflegten gern die Sage vom großen Karfunkel zu erzählen. Allein gegen das Ende ihres langen Lebens hatte die Erzählung nicht mehr den vollen Glauben, welcher ihr von denjenigen beigemessen worden war, die sich selbst noch des ehemaligen Glanzes des Juwels erinnerten. Denn es wird versichert, daß von dem Augenblick an, wo zwei Sterbliche so schlicht und weise gewesen waren, das Juwel, welches alle irdischen Dinge verdunkelt haben würde, zu verwerfen, sein Glanz verschwunden sei. Als spätere Pilger die Klippe erreichten, fanden sie nichts als einen dunklen Stein, auf dessen Oberfläche kleine Teilchen Katzensilber schimmerten. Man erzählt sich auch die Sage, daß, als das jugendliche Paar den Ort verließ, das Juwel sich von der Spitze der Klippe ablöste und in den verzauberten See fiel, und daß um Mittagszeit des Suchers Gestalt noch jetzt gesehen werden könne, wie sie sich über den unauslöschlichen Glanz hinabbeuge.

Einige andere glauben, daß der unschätzbare Stein jetzt noch wie früher strahle und behaupten, daß sie seinen Glanz wie das Leuchten des Blitzes im Sommer tief hinein im Tale Saco wahrgenommen haben. Und endlich muß ich selbst zugestehen, daß ich in weiter Ferne von den Kristallbergen ein wunderbares Licht um ihre Gipfel schweben sah, und durch meinen Glauben an die Poesie verleitet wurde, der letzte Pilger nach dem großen Karfunkel zu scin.

Die Totenhochzeit

Zu meiner Großmutters Kindheit gab's in einer New Yorker Kirche, die mir immer schon seltsam vorkam, unter höchst sonderbaren Umständen eine Hochzeit, deren zufällige Zuschauerin die ehrwürdige Dame war. Sie erzählte oft davon.

Die Hochzeit konnte als das Resultat einer sehr frühzeitigen Verlobung gelten, doch hatte sich die Dame seitdem zweimal verheiratet und der Bräutigam hatte vierzig Jahre Junggesellenschaft hinter sich. Mit fünfundsechzig war Herr Ellenwood wohl ein zurückhaltender und scheuer, aber doch nicht ganz verschlossener und abseitiger Mensch; obwohl er ein wenig selbstsüchtig war wie alle Menschen, die über ihren Herzensangelegenheiten brüten, zeigte er, wenn auch nur bei seltenen Gelegenheiten eine Spur generösen Gefühls. Er war ein gelehrter Mann, doch ohne bestimmte Ziele und Gegenstände; weder diente sein Wissen persönlichem Ehrgeiz noch dem öffentlichen Wohle. Von guter Familie und sehr peinlich in seiner Lebensführung, verlangte er doch zuweilen hinsichtlich seiner Person von der Gesellschaft eine beträchtliche Nachgiebigkeit, was ihre Sitten und Bräuche anbelangt. Er besaß so viele charakterliche Eigenheiten, daß man ihn allgemein für etwas überspannt hielt.

Die Witwe bildete einen völligen Gegensatz zu ihrem dritten Bräutigam in allem bis auf das Alter, wie man sich denken kann. Nachdem sie ihre erste Verlobung gelöst hatte, wurde sie mit einem doppelt so alten Mann verheiratet; sie war seine musterhafte Gattin und erbte bei seinem Tode ein beträchtliches Vermögen. Ein Herr aus den Südstaaten, viel jünger als sie, bekam dann ihre Hand und brachte sein Weib nach Charlestone, wo sie nach vielen nicht glücklich verlebten Jahren neuerlich Witwe wurde.

Sie war durch das bisherige Erlebte wohl die klügste, aber unliebenswerteste Gattung Frau geworden, trug Wirrnisse des Herzens mit Gleichmut, verzichtend auf alles, was ihr Glück gewesen sein könnte und das Beste aus dem machend, was ihr geblieben war. Klug in allen Dingen, war die Witwe vielleicht bloß um einer Schwäche willen liebenswert, und die machte sie lächerlich. Kinderlos konnte sie nicht durch Nachkommenschaft schön bleiben in der Person einer Tochter; darum sträubte sie sich, alt und häßlich zu werden; sie kämpfte mit der Zeit und behielt ihre Rosen gegen sie, bis diese ehrwürdige Diebin die Beute aufgab, als die Mühe nicht lohnend.

Die bevorstehende Verheiratung dieser so weltlich gesinnten Frau mit einem so unweltlichen Mann wie Herrn Ellenwood wurde kurz nach Frau Dabneys Rückkehr in ihre Geburtsstadt bekannt. Oberflächliche und tiefere Beobachter schienen darin übereinzustimmen, daß die Dame in diesem Arrangement keine inaktive Rolle gespielt habe; es gab da Geschicklichkeiten, die besser zu ihr paßten als zu dem Mann; zudem war auch da noch dieses Phantom von Sentimentalität und Romantik in dieser Verbindung zweier Jugendgeliebter, welches Phantom zuweilen eine Närrin aus einem Weibe macht, das in den Zwischenfällen des Lebens ihr wahres Gefühl verloren hat. Erstaunen war darüber, wie der Mann bei seinem Mangel an weltlicher Klugheit und ohne Gefühl für das Lächerliche dazu gebracht werden konnte, ein ebenso kluges als lächerliches Unternehmen ins Werk zu setzen, wie es diese Heirat war.

Inzwischen kam der Hochzeitstag. Die Zeremonie sollte nach dem Ritus der Episkopalkirche vorgenommen werden, in offener Kirche also, was eine Menge Zuschauer anzog. Es war damals Brauch, daß Braut und Bräutigam getrennt zur Kirche kamen. Aus irgendeinem Zufall war der Bräutigam weniger pünktlich als die Witwe und ihre Beistände, mit deren Ankunft unsere eigentliche Geschichte beginnt.

Die schwerfälligen Räder einiger altmodischer Kutschen wurden hörbar, und Herren und Damen von der bräutlichen Partei kamen durch das Kirchentor mit dem fröhlichen und plötzlichen Effekt eines durchbrechenden Sonnenstrahls. Die ganze Gesellschaft, bis auf die Hauptfigur, bestand aus Jugend und Fröhlichkeit. Über dem glänzenden Schauspiel bemerkten die wenigsten das Seltsame, das sich beim Eintritt der Hochzeitsgesellschaft begab. In dem Augenblick, da die Braut die Schwelle überschritt, begann die Glocke im Turm über ihr zu schwingen und sang ihr tiefstes Totenläuten. Dies Läuten verging und kam wieder, feierlicher noch, als die Braut durch die Kirche zum Altar vorging.

„Was für ein seltsames Omen!" flüsterte ein junges Mädchen ihrem Geliebten zu.

„Die Glocke hat den guten Geschmack, nach ihrem eigenen Eindruck zu tönen", sagte der junge Mann. „Was hat die Alte da auch mit Hochzeitmachen zu tun? Die Glocke hat für sie nur das Totengeläut."

Die Braut wie die meisten ihrer Begleitung waren bei ihrem Eintreten zu sehr mit sich selbst beschäftigt, als daß sie den sonderbaren Ton der Glocke hörten oder darauf achteten. Die prächtigen Trachten der Zeit, die Röcke in Samt und Seide, goldbetreßte Hüte, diese Schnallen, Spitzen, Stücke, Degen, – all das ließ die Gruppe eher als ein hellfarbiges Bild erscheinen denn sonst etwas. Aber welche Geschmacksverirrung hatte der Künstler damit begangen, die Hauptfigur so verrunzelt und verhutzelt darzustellen und solches noch auffallender damit zu machen, daß er sie kleidete wie das lieblichste Mädchen? Es war, als ob zur moralischen Lehre der andern die schönste unter ihnen plötzlich alt und häßlich geworden wäre.

Da tönte die Glocke lauter ihr Totengeläut, und diesmal vernahmen es alle und standen still, drängten sich eng aneinander, eine junge Dame tat einen kleinen Schrei, und unter den Herren war ein Geflüster. Als ob über ein Blumenbeet ein Windstoß ging, eine verschrumpfte gebräunte Rose zitterte und zwei junge Knospen an ihrem Zweig: das Emblem der Witwe zwischen ihren beiden hübschen Brautjungfern. Aber die Witwe zeigte wunderbaren Mut. Sie erschauerte, als ob der Schlag der Glocke ihr mitten ins Herz gefallen wäre, dann aber faßte sie sich, ließ ihre Begleitung zurück und schritt sicher zum Altar vor. Und die Glocke tönte weiter ihre finstere Weise, als trüge man einen Leichnam zu Grabe.

„Meine jungen Freunde hier haben etwas schlechte Nerven", sagte die Witwe lächelnd zu dem Priester, „aber so viele Hochzeiten sind lustig eingeläutet worden und traurig ausgegangen, daß es wohl auch einmal umgekehrt sein kann." „Madame", antworte der Pastor in großer Verlegenheit, „dieser seltsame Vorfall erinnert mich an die Hochzeitsrede des berühmten Bischofs Taylor, in der er so viele Gedanken von Sterblichkeit und künftigem Leben anbrachte, daß er, um etwas in seinem eigenen reichen Stil zu sprechen, die Brautkammer in Schwarz auszuschlagen und das Hochzeitskleid aus einem Bahrentuch zu schneidern schien. Doch war es Brauch bei verschiedenen Völkern, in ihre Hochzeitszeremonien etwas Traurigkeit zu mengen und den Tod im Auge zu behalten gerade während eine Beziehung geschlossen wurde, welche des Lebens vornehmstes Geschäft ist. Solcherweise mögen wir eine traurige, aber doch auch nützliche Lehre von dieser Totenglocke ziehen."

Aber wenn auch dieser Pastor seiner Moral eine noch kühnere Pointe gegeben haben möchte, er unterließ doch nicht, einen Kirchendiener wegzuschicken, daß der nach dem Grund dieses mysteriösen Läutens forsche und abstelle, was so wenig geeignet für eine Hochzeit erscheine. Es verging eine kleine Weile, deren Schweigen nur vom Flüstern der Hochzeitsgäste und Zuschauer gebrochen wurde, die nach dem ersten Schrekken geneigt waren, eine ganz unnatürliche Scherzhaftigkeit aus der Affäre zu ziehen. Die Jugend hat weniger Mitleid mit alter Narrheit als die Alten für solche der Jugend haben. Man sah den Blick der Witwe für eine Weile zu einem Kirchenfenster wandern, als ob sie darunter den von der Zeit zermürbten Marmor suchte, den sie hier zum Andenken an ihren ersten Gatten hatte setzen lassen; dann sanken ihre Lider über ihre müden Augenhöhlen, und ihre Gedanken wurden unwiderstehlich zu einem andern Grab gezogen. Zwei Männer im Grab, mit ihren Stimmen ganz nah an ihrem Ohr und einem Rufen von weither, forderten sie auf, sich neben sie hinzulegen. Vielleicht dachte sie in einer Augenblicksechtheit ihres Gefühles, wieviel glücklicher ihr Schicksal gewesen sein mochte, wenn nach segensvollen Jahren nun die Glocke zu ihrem Begräbnis läutete und ihrem Sarg die alte Liebe ihres frühesten Geliebten und dann lange ihres Gatten folgte. Aber warum war sie zu ihm zurückgekehrt, jetzt, wo ihre kalten Herzen zurückschauerten davor, einander zu umarmen?

Und noch immer läutete die Totenglocke so klagevoll, daß der Sonnenschein in der Luft zu schwinden schien. Ein Geflüster und Graune ging nun durch die Kirche, ein Leichenwagen von einigen Trauerkutschen gefolgt, kröche durch die Straße und bringe irgendeinen toten Menschen auf den Friedhof, während die Braut einen lebenden am Altar erwarte. Gleich darauf vernahm man den Tritt des Bräutigams und seiner Freunde auf den Kirchenfliesen. Die Witwe blickte sich um und griff nach dem Arm einer ihrer Brautjungfern mit solcher Heftigkeit, daß das junge Mädchen aufschrak.

„Sie haben mich so erschreckt“, sagte das Mädchen, „was ist denn um Himmels willen?“

„Nichts, meine Liebe, nichts“, sagte die Witwe, und dann ganz nah an deren Ohr: „Ich habe eine tolle Vorstellung und kann sie nicht loswerden. Mir ist so, als käme gleich mein Bräutigam herein mit meinen zwei ersten Männern als Beiständen.“

„Sehen Sie nur, sehen Sie“, rief das Mädchen, „was kommt denn da? Der Leichenzug!“

Und während sie das sagte, betrat eine dunkle Prozession die Kirche. Zuerst schritten ein alter Mann und ein altes Weib, wie die Hauptleidtragenden bei einem Begräbnis, von Kopf zu Füßen in Schwarz, der Mann sich auf einen Stock stützend und mit dem andern entkräfteten Arm das verfallende Weib haltend und führend. Hinter ihnen kam ein anderes Paar und wieder eines, so alt und so schwarz gekleidet wie das erste. Im Näherkommen erkannte die Witwe in jedem Gesicht Züge eines früheren Bekannten, längst vergessen, doch nun wiederkehrend aus ihren alten Gräbern, sie davor zu warnen, eine Hochzeit zu bereiten, oder mit der gleich unwillkommenen Absicht, ihre Verrunzeltheit und Hinfälligkeit zu zeigen und sie als ihre Genossin zu fordern an den Zeichen ihres eigenen Alters. Manche lustige Nacht hatte sie in ihrer Jugend mit denen da getanzt. Grauen, das sie schüttelte, und es war ihnen, als ob irgendein längst vergessener Partner nach ihrer Hand greife und alle sich zum Ton der Totenglocke zu einem Totentanz vereinigten.

Während diese Trauergesellschaft zum Altar schritt, ergriff die Zuschauer ein Grauen, und es war ihnen, als ob durch gütige Mächte bislang Verborgenes ans volle Licht träte. Manche wandten ihr Gesicht ab, andere starrten unbeweglich nach dem seltsamen Zug; ein kleines Mädchen lachte hysterisch auf und fiel mit dem Lachen auf den Lippen in Ohnmacht. Als die Prozession den Altar erreicht hatte, trennten sich die schwarzen Paare und bildeten einen Halbkreis, in dessen Mitte ein Wesen sichtbar wurde, das die Prozession mit all ihrem Pomp und unter dem Tönen der Totenglocke mit sich geführt hatte: der Bräutigam in seinem Leichengewand.

Keine andere Tracht als die des Grabes konnte solches jenseitige Aussehen kleiden; nur die Augen brannten wie Grablampen, alles andere war von der ruhigen Starre alter Männer im Sarg. Regungslos stand dieser Leichnam mit den brennenden Augen, aber er sprach nun zur Witwe, und der Klang seiner Stimme mischte sich mit dem Ton der Glocke, die schwer in der Luft klang.

„Komm, meine Braut“, sagten die Lippen, „der Leichenwagen ist bereit. Der Totengräber wartet auf uns am Grab. Wir wollen Hochzeit machen, und dann in unsere Särge zurück.“

Die Witwe wurde geisterhaft wie eines Toten Braut. Ihre jungen Freundinnen standen schauervoll abseits von dem Paar. – Der Pastor unterbrach das Schweigen.

„Herr Ellenwood“, sagte er sanft, aber doch mit einiger Strenge, „Euch ist nicht wohl. Ihr seid verwirrt von den ungewöhnlichen Umständen, in die Ihr gebracht seid. Die Feier muß aufgeschoben werden. Als alter Freund laßt Euch raten, nach Hause zu gehen.“

„Nach Hause, ja", sagte der Bräutigam, „doch nicht ohne meine Braut. Euch scheint dies ein Scherz, Narrheit vielleicht. Ja, hätte ich mein altes Äußere behängt mit Scharlach und Spitzen, hätt' ich meine verwelkten Lippen zu meinem toten Herzen zu lächeln gezwungen, so wäre das wohl Scherz oder Narrheit gewesen. Nun aber, laßt alt und jung erklären, wer von uns beiden ohne Hochzeitskleid hierhergekommen ist, Bräutigam oder Braut!"

Er trat nun ganz nah zur Braut hin, daß man ganz deutlich die armselige Einfachheit seines Leichenhemdes vergleichen konnte mit dem Glitter und Glitzer, in die sich die Braut gekleidet hatte.

„Grausamer! Grausamer!" stöhnte die ins Herz getroffene Braut.

„Grausam?" fragte er, und seine grabhohle Stimme wird bitter. „Der Himmel weiß wer von uns zweien grausam war. Als du jung warst, da raubtest du mir Glück, Hoffnung, Wunsch, nahmst alles Wirkliche aus meinem Leben, machtest aus diesem meinem Leben einen Traum, kaum wirklich genug, um darüber zu trauern. Und blieb da nur ein dumpfes Licht, bei dem ich wandelte und fragte nicht wohin. Und nun nach vierzig Jahren, da ich mein Grab errichtet habe und den Gedanken nicht lassen will, endlich hier zu ruhen, da rufst du mich zum Altar. Auf deinen Wunsch bin ich hier. Aber andere Gatten genossen deine Jugend, deine Schönheit, deine Wärme des Herzens und alles, was ihr Leben erfreuen konnte. Was anderes bleibt für mich, als dein Verfall und dein Ende? Und darum bat ich diese Trauergäste, bestellte die Totenglocke und komme in meinem Totenkleid, dich zu ehelichen wie bei einer Leichenfeier, auf daß wir unsere Hände vereinen vor der Tür zur Grabkammer und zusammen hineingehen."

Es war nicht Raserei, war nicht bloß Trunkenheit aus starker Bewegtheit eines darin nicht gewohnten Herzens, das nun über die Braut kam. Sie ergriff die Hand des Bräutigams.

„Ja, wir wollen heiraten an der Grabestür. Mein Leben ging hin in Wahn und Leere. Aber an seinem Ende ist nun ein Echtes. Es machte mich zu dem, was ich in der Jugend war, es macht mich deiner würdig. Zeit zählt nicht mehr für uns. Wir wollen für die Ewigkeit heiraten."

Einen langen und tiefen Blick senkte der Bräutigam in ihre Augen, während aus den seinen Tränen flossen.

„Geliebte meiner Jugend, ich bin böse gewesen. Die Verzweiflung meines ganzen Lebens war jäh zurückgekommen und hat mich närrisch gemacht. Verzeih mir, und es sei dir verziehen. Ja, es ist Abend nun mit uns, und keiner unserer Morgenträume vom Glück hat sich erfüllt. Aber wir wollen uns vor dem Altar die Hände geben wie Liebesleute, die im Leben durch feindliche Umstände getrennt wurden und sich jetzt wieder treffen, wo sie das Leben verlassen hat. Was ist Zeit für jene, die für die Ewigkeit verehelicht sind, Eheleute der Ewigkeit?"

Viele weinten, als der Priester nun die Hände des Paares vereinigte, und die Totenglocke übertönte die Worte, die er sprach. Nun setzte die Orgel ein, und in ihr Brausen tönte die Glocke wie im Weltkampf. Als die in die Ewigkeit Verheirateten, eine kalte Hand in des andern kalter Hand, die Kirche verließen, brauste die Orgel Triumph, und die Glocke ward nicht mehr gehört.

Peter Goldthwaites Schatz

„Also, Peter, Ihr wollt Euch die Sache nicht einmal überlegen?“ sagte John Brown, seinen Überrock über die behagliche Fülle seines Körpers zuknöpfend und seine Handschuhe anziehend. „Ihr beharrt also bei Eurer Weigerung, mir dieses alte baufällige Haus mit dem dazugehörigen Grund und Boden für diese Summe zu überlassen?“

„Weder für diese noch für die dreifache Summe“, entgegnete der hagere, grauhaarige Peter Goldthwaite in seinem abgetragenen Rock. „Es ist klar, Herr Brown, Ihr müßt für Euer steinernes Gebäude eine andere Lage aussuchen und Euch begnügen, meine Besitzung ihrem gegenwärtigen Eigentümer zu lassen. Im nächsten Sommer beabsichtige ich, ein prächtiges, neues Gebäude auf dem Fundament des alten Hauses zu errichten.“

„Peter“, rief Herr Brown, während er die Tür zur Küche öffnete, „begnügt Euch mit Schlössern in der Luft, wo Kalk und Steine umsonst, und die Bauplätze billiger als auf Erden sind. Ein solches Fundament ist fest genug für Eure Gebäude, während der Grund unter uns gerade das Passende für die meinigen ist; nur so wäre uns beiden geholfen. Was sagt Ihr dazu?“

„Ganz dasselbe, was ich vorher gesagt habe, Herr Brown“, antwortete Peter Goldthwaite; „und was die Luftschlösser betrifft, so mögen die meinigen zwar nicht so prächtig sein wie derartige Gebäude, aber vielleicht ebenso solide wie das sehr respektable Haus für Warenlager, Schneiderläden, Wechsel- und Schreibstuben, das Ihr an seine Stelle zu setzen beabsichtigt.“

„Und die Kosten, Peter?“ antwortete Brown, als er sich halb im Ärger zum Gehen anschickte, „die werden wahrscheinlich durch eine Anweisung auf die Narrenbank bezogen!“

John Brown und Peter Goldthwaite waren vor zwanzig bis dreißig Jahren der kaufmännischen Welt unter der Firma Goldthwaite & Brown bekannt gewesen; allein dieses Kompaniegeschäft hatte sich wegen der Unähnlichkeit zwischen den Charakteren der Teilhaber nach kurzer Zeit aufgelöst. Seit diesem Ereignis hatte John Brown mit ganz denselben Eigenschaften wie tausend andere John Browns und mittels derselben Plackereien wie jene sein Glück gemacht und war einer der reichsten John Browns auf Erden geworden. Peter Goldthwaite hingegen war, nach unzähligen Plänen und Spekulationen, die alles gemünzte und alles Papiergeld in seine Koffer hätten fließen lassen sollen, ein Mann in so bedürftigen Umständen, wie je einer war, der Flicken auf dem Ellenbogen trug. Der Unterschied zwischen ihm und seinem früheren Kompagnon läßt sich kurz dahin fassen: daß John Brown nie auf Glück rechnete, es aber immer hatte, während Peter Goldthwaite das Glück zur Hauptbedingung all seiner Pläne machte und es stets verfehlte. Solange seine Mittel ausreichten, waren seine Spekulationen vorwiegend glänzend gewesen, aber in späteren Jahren bis zu kleinen Geschäften, wie Versuchen in der Lotterie, gesunken. Einst hatte er eine Expedition nach dem Süden unternommen, um Gold zu suchen und zu sammeln, und hatte es richtig dahin gebracht, seine Taschen dabei noch gründlicher zu leeren als je zuvor, während andere ohne Zweifel die ihrigen füllten. In neuerer Zeit hatte er ein ihm angefallenes Legat von ein- bis zweitausend Dollar zum Ankauf von mexikanischen Papieren verwendet und war dadurch der Eigentümer einer ganzen Provinz geworden, die jedoch, soviel Peter ermitteln konnte, da gelegen war, wo er um denselben Preis ein ganzes Reich hätte bekommen können, nämlich im Nebel. Von einer Entdeckungsreise nach diesen wertvollen Besitzungen kehrte Peter so abgemagert und abgetragen zurück, daß, als er Neuengland wieder erreicht, alle Vogelscheuchen in den Kornfeldern ihm zunickten, während er vorüberging. „Sie bewegten sich nur im Winde", brummte Peter. Nein, Peter, sie nickten, denn sie erkannten ihren Bruder!

In der Zeit, wo unsere Erzählung beginnt, würde sein ganzes Einkommen nicht ausgereicht haben, um die Abgaben von dem alten Gebäude zu bezahlen, in welchem er wohnte. Es war eines jener alten, schmutzigen, moosbewachsenen, hölzernen Häuser, die noch hier und da in den Straßen unserer älteren Städte zu finden sind und ihre düsteren zweiten Stockwerke über das Fundament vorwerfen, als zürnten sie über die Neuerungen, die sie umgeben. Dieses alte, erbschaftliche Gebäude wollte der schlaue Peter, so arm er auch war und obgleich es ihm wegen seiner unmittelbaren Lage an der Hauptstraße der Stadt eine schöne Summe eingebracht haben würde, aus gewissen, besonderen Gründen weder unter der Hand noch öffentlich verkaufen. Es schien tatsächlich, als wenn es eine Art Fatum[1] wäre, was ihn mit dem Platz seiner Geburt verbinde, denn so oft er auch schon am Rande gänzlichen Ruins gewesen war, und wo er auch gegenwärtig stand, so hatte er doch noch nicht einen Schritt darüber hinaus getan, der ihn gezwungen haben würde, das Haus seinen Gläubigern zu überlassen. So blieb er hier mit seinem Unglück wohnen und wartete, daß das Glück ihn besuchen wolle.

Hier also, in der Küche, dem einzigen Gemach des Hauses, wo noch ein Feuerfunke die Kälte eines Novemberabends vertrieb, war der arme Peter Goldthwaite gerade von seinem ehemaligen, reichen Kompagnon besucht worden. Am Schluß ihrer Unterredung schaute Peter mit etwas ärgerlichem Blick auf seine Kleidung, die in einzelnen Teilen so alt wie die Tage der Firma von Goldthwaite & Brown zu sein schien. Sein Oberkleid bestand aus einem Rock, bis auf den letzten Faden abgetragen und an beiden Ellenbogen mit neuerem Material geflickt. Unter demselben trug er einen kohlschwarzen Rock, dessen ursprünglich seidenen Knöpfe mehrfach durch andere von verschiedenem Muster und Material ergänzt worden waren; und endlich, obgleich er sich nicht ganz ohne ein Paar graue Beinkleider befand, so waren diese doch sehr schmutzig und hatten durch Peters häufiges Wärmen seiner Vorderseite ihre Farbe teilweise in

[1] lat. Schicksal

Braun verwandelt. Peters Person befand sich in denselben Verhältnissen wie sein trefflicher Anzug. Grauköpfig, hohläugig, blaßwangig und abgemagert, war er das treue Abbild eines Mannes, der sich mit windigen Plänen und leeren Stoffmengen genährt hatte, bis er weder von solch ungesundem Zeug länger existieren noch nahrhaftere Speise verdauen konnte. Abgesehen hiervon hätte jedoch dieser Peter Goldthwaite, ein so witziger Narr er auch war, eine ganz brillante Figur in der Welt spielen können, wenn er seine Einbildungskraft im Bereich der Dichtkunst angestrengt hätte, statt einen Unheilsteufel in kaufmännischen Geschäften aus ihr zu machen. Er war überhaupt kein böser Mensch, sondern harmlos wie ein Kind, und so rechtschaffen und ehrenhaft, und insoweit ein Gentleman, wie es einem Mann in einem so unregelmäßigen Leben und unter so gedrückten Umständen nur immer möglich war.

Während Peter auf den zerbrochenen Ziegeln vor seinem Herd stand und sich in der traurigen, alten Küche umschaute, begannen seine Augen vom Feuer eines Enthusiasmus zu glühen, der ihn nie lange verließ. Er erhob seine Hand, ballte die Faust und schlug damit energisch gegen die schwarze Wand des Herdes.

„Die Zeit ist da!" sagte er. „Mit solchem Schatz im Besitz wäre es Torheit, länger ein armer Mann zu sein. Morgen will ich mit dem Dachstuhl beginnen und nicht eher ruhen, als bis ich das Haus niedergerissen habe!"

Tief in der Kaminecke saß, wie eine Hexe in einer finsteren Höhle, ein kleines altes Weib, das eines jener beiden Paare Strümpfe ausbesserte, womit Peter Goldthwaite seine Zehen gegen das Erfrieren schützte. Die Fußsohlen waren zu zerrissen, um sie noch stopfen zu können, und die gute Frau hatte deshalb Stücke aus einem abgelegten Flanellrock geschnitten, um neue Sohlen einzunähen. Tabitha Porter war eine alte Jungfer, mehr als sechzig Jahre alt, von denen sie fünfundfünfzig in derselben Kaminecke gesessen hatte, seit der Großvater Peters sie aus dem Waisenhaus zu sich genommen hatte. Sie hatte keinen andern Freund als Peter und Peter keinen andern Freund als Tabitha. Solange Peter ein Obdach für sein eigenes Haupt hatte, wußte Tabitha, wo das ihrige ruhen konnte; oder wenn nirgendwo anders eine Heimat zu finden war, so war sie bereit, ihren Herrn bei der Hand zu nehmen und ihn zu ihrer eigenen Heimat, dem Armenhaus zu führen. Sollte es je die Notwendigkeit erfordern, so hatte sie genug Liebe für ihn, um ihn mit ihren eigenen Unterröcken zu kleiden. Aber Tabitha war ein seltsames altes Weib, und obgleich nie von Peters Leichtsinn angesteckt, war sie doch an seine Einfälle und Torheiten so gewöhnt, daß sie sie als wie von selbstverstehend ansah. Als sie seine Drohung hörte, das Haus niederreißen zu wollen, schaute sie ruhig von ihrer Arbeit auf.

„Dann tut Ihr wohl am besten, die Küche bis zuletzt zu lassen, Herr Peter", sagte sie.

„Je eher wir alles nieder haben, desto besser", rief Peter Goldthwaite. „Ich bin zum Tode dessen müde, noch länger in diesem kalten, finsteren, zugigen, rauchigen, knarrenden, elenden alten Hause zu leben. Ich werde mich viel jünger fühlen, wenn wir uns erst in unserem prächtigen, steinernen Gebäude befinden, wie wir es, so Gott will, im nächsten August haben werden. Du sollst ein Zimmer auf der Sonnenseite haben, Tabitha, so eingerichtet und möbliert, wie du es dir immer wünschtest."

„Ich würde mir am liebsten so einen Platz wie diese Küche wünschen", antwortete Tabitha. „Ich werde mich nie eher darin zu Hause fühlen, als bis die Kaminecke so schwarz von Rauch ist wie diese; und das wird nicht in den ersten hundert Jahren sein. Wieviel gedenkt Ihr daran aufzuwenden, Herr Peter?"

„Was hat das mit der Sache zu tun?" rief Peter stolz. „Hat mein Urgroßonkel, Peter Goldthwaite, der vor ungefähr siebzig Jahren starb und dessen Namen ich trage, nicht einen hinreichenden Schatz hinterlassen, um zwanzig solcher Häuser zu bauen?"

„Ich weiß nichts anders, Herr Peter", sagte Tabitha, ihre Nadel einfädelnd.

Tabitha verstand recht wohl, daß Peter damit einen unermeßlichen Schatz kostbarer Münzen meinte, die irgendwo im

Keller oder den Wänden, dem Fußboden oder in einer versteckten Kammer oder sonst in einem abgelegenen Winkel des Hauses verborgen sein sollten. Dieser Reichtum war der Sage nach von einem früheren Peter Goldthwaite gesammelt worden, dessen Charakter eine merkwürdige Ähnlichkeit mit dem Peter unserer Erzählung gehabt zu haben scheint. Gleich ihm war er ein wilder Spekulant gewesen, der Gold nur nach Scheffeln und Waggonladungen aufzuhäufen wünschte, statt es stückweise zu sammeln. Gleich Peter dem Zweiten waren seine Pläne fast regelmäßig fehlgeschlagen und würden ihm ohne den glänzenden Erfolg des letzten kaum einen Rock und ein Paar Beinkleider für seine magere Person übrig gelassen haben. Es herrschten verschiedene Gerüchte über die Natur dieser glücklichen Spekulation. Das eine sagte, daß der alte Peter Gold mittels Alchimie erzeugt habe; ein anderes, daß er es mit Hilfe der schwarzen Kunst aus den Taschen der Leute hervorgezaubert habe; und ein drittes, welches noch unerklärlicher schien, daß der Teufel ihm einen Weg in die alte Schatzkammer der Provinz eröffnet habe. Es wurde indes versichert, daß ein geheimes Hindernis ihn am Genuß seiner Reichtümer verhindert, und daß er einen geheimen Grund gehabt habe, sie vor seinen Erben zu verbergen, oder daß er wenigstens gestorben sei, ohne den Platz ihrer Aufbewahrung entdeckt zu haben. Peter selbst fühlte sich geneigt, die Sage als unbestreitbare Wahrheit anzusehen, und hatte in seinem vielfachen Mißgeschick wenigstens diesen einen Trost, daß er, sollten alle übrigen Quellen versiegt sein, seine Verhältnisse dadurch wieder aufrichten konnte, indem er sein Haus niederriß. Dennoch läßt es sich, sofern er nicht im geheimen ein stilles Mißtrauen gegen diese goldene Sage hatte, kaum erklären, weshalb er das väterliche Dach lange so stehen ließ, da es ihm noch nie in seinem eigenen Eisenkasten an Raum für den voreltelichen Schatz gefehlt hatte. Allein jetzt trat die Krisis ein. Wenn er die Nachsuchung nur noch kurze Zeit länger verschob, so mußte das Haus aus den Händen der rechtmäßigen Erben gehen und mit ihm der Goldhaufen, um dann in seinem Versteck so lange verborgen zu bleiben, bis er durch das Einfallen der alten Mauern den Fremden einer späteren Generation entdeckt werde.

„Ja!“ rief Peter Goldthwaite abermals, „morgen will ich damit anfangen!“

Je länger er über den Gegenstand nachdachte, desto sicherer fühlte sich Peter des glücklichen Erfolges. Sein Geist war von Natur so elastisch, daß er sogar jetzt noch im welken Herbst seines Lebens mit der frühlingsalterlichen Heiterkeit anderer wetteifern konnte. Belebt von diesen glänzenden Aussichten, begann er jetzt wie ein Kobold mit den sonderbarsten Verrenkungen seiner mageren Glieder und den wunderlichsten Grimassen seiner verhungerten Züge in der Küche umherzuspringen. Ja, in dem Überströmen seiner Empfindungen ergriff er beide Hände Tabithas und tanzte mit der alten Dame solange umher, bis die Sonderbarkeit ihrer rheumatischen Bewegungen ihn in ein brüllendes Gelächter versetzten, das aus den öden Zimmern und Kammern so laut widerhallte, als wenn Peter in einer jeden derselben gelacht hätte. Endlich sprang er in die Höhe, so daß er beinahe in dem unter der Decke der Küche sich sammelnden Rauch verschwand, gelangte wohlbehalten wieder auf seine Füße und versuchte dann, seinen gewohnten Ernst wieder aufzunehmen.

„Morgen mit Sonnenaufgang“, wiederholte er, seine Lampe ergreifend, um zu Bett zu gehen, „will ich sehen, ob dieser Schatz in den Mauern der Dachstube versteckt liegt.“

„Und da unser Holz gerade alle ist, Herr Peter“, sagte Tabitha, noch keuchend von ihren gymnastischen Übungen, „so will ich, so schnell wie Ihr das Haus niederreißt, mit den Stücken Feuer anmachen.“

Glänzend waren Peter Goldthwaites Träume in dieser Nacht! Einmal drehte er einen schweren Schlüssel in einer eisernen Tür, die der Pforte eines Grabgewölbes nicht unähnlich war, aber bei ihrem Öffnen ein Gemach sehen ließ, das mit Goldtruhen so angefüllt war, wie ein Kornboden mit Getreidekörnern. Auch Becher, Terrinen, Teller und goldene Schüsseln in getriebener Arbeit befanden sich dort, sowie Ketten und andere Juwelen von unendlichem Wert, aber alle befleckt von der feuchten Luft des Gewölbes; denn alle Schätze, die für die Menschen unwiderruflich verloren waren, gleichviel ob in der Erde vergraben oder in die See versenkt, hatte Peter Goldthwaite in dieser einen Schatzkammer gefunden. Ein anderes Mal war er zu dem alten Haus, arm wie immer, zurückgekehrt, und an der Tür von der hageren Gestalt eines Mannes mit grauen Haaren empfangen worden, den er für sich selbst hätte halten können, wenn seine Kleider nicht von einem altmodischeren Schnitt gewesen wären. Allein das Haus war, ohne sein fruheres äußeres Aussehen zu verlieren, in einen Juwelenpalast verwandelt worden. Der Fußboden, die Wände und Decken waren aus poliertem Silber, die Türen, Fenstereinfassungen, die Geländer und Stufen und Treppen aus reinem Gold; aus Silber waren die Stühle mit goldenen Sitzen; und von Gold auf Silberfüßen stehend die hohen Kommoden und Schränke; Silber die Bettstellen, mit aus Gold gewebten Bettüchern und Betten mit gewirktem Silberstoff. Das Haus war augenscheinlich durch eine einzige Berührung verwandelt worden, denn es trug noch alle Zeichen an sich, deren sich Peter erinnerte, nur jetzt in Gold und Silber, statt in Holz; und selbst die Anfangsbuchstaben seines Namens, die Peter als ein Knabe in den hölzernen Türpfeiler geschnitten hatten, waren ebenso tief in der goldenen Säule zurückgeblieben. Ein glücklicher Mann würde Peter Goldthwaite gewesen sein, wenn nicht zugleich eine gewisse Augentäuschung damit verbunden gewesen wäre, vermöge deren, so oft er rückwärts blickte, das Haus sich von seiner glänzenden Pracht in das schmutzige Düster des gestrigen Tages zu verfinstern schien.

Peter stand frühzeitig auf, ergriff eine Axt, einen Hammer und eine Säge, die er an sein Bett gestellt hatte, und begab sich ohne Säumen nach der Dachstube. Diese war nur erst schwach beleuchtet vom frostigen Schimmer eines Sonnenstrahls, der eben durch die runden Scheiben des Fensters zu dringen begann. Ein Moralist könnte überreichen Stoff für seine unpraktische, kontemplative Weisheit in einer Dachkammer finden. Dort finden sich die Sammlungen abgelegter Mode, veralteter

Spielereien des Tages und alles dessen, was der einen Generation wertvoll gewesen ist, und wenn diese zu Grabe geht, in die Bodenkammer wandert, nicht, um dort sicherer aufbewahrt zu werden, sondern um aus dem Wege zu sein.

Peter fand Stöße von gelben, schimmeligen Rechnungsbüchern in Pergament eingebunden, worin Gläubiger, die lange tot und begraben waren, die Namen von toten und eingescharrten Schuldnern mit einer Tinte geschrieben hatten, die jetzt so verblaßt war, daß ihre moosbewachsenen Grabsteine leserlicher erschienen. Er fand alte, von Motten zerfressene Kleider in Fetzen und Lumpen, sonst würde er sie angezogen haben. Hier war ein nacktes, rostiges Schwert, nicht eins, das Dienste geleistet hatte, sondern ein schmaler, französischer Staatsdegen, der seine Scheide nicht eher verlassen hatte, als bis er sie ganz verlor. Hier waren Stöcke von zwanzig verschiedenen Arten, aber keine mit goldenen Knöpfen, und Schuhschnallen von verschiedenem Muster und Material, aber weder silberne, noch mit Juwelen besetzte. Hier stand ein großer Kasten, der mit hochhackigen, spitz zulaufenden Schuhen angefüllt war; hier ein Schrank, in dem noch halb mit Medizin gefüllte Glasfläschchen standen, die, nachdem die andere Hälfte ihre Wirkung getan hatte, aus dem Sterbezimmer hierhergebracht worden waren. Hier, um kein längeres Inventar von Gegenständen zu geben, die sich auf keiner Auktion verkaufen lassen, befand sich auch das Fragment eines Spiegels, der mit seiner trüben und staubigen Fläche das Abbild aller Gegenstände noch älter erscheinen ließ, als sie es tatsächlich waren. Als Peter, das Vorhandensein eines Spiegels nicht bemerkend, durch Zufall die dunkeln Umrisse seiner eigenen Figur darin gewahrte, bildete er sich beinahe ein, daß der frühere Peter Goldthwaite zurückgekehrt sei, um ihm bei seiner Nachsuche nach dem verborgenen Schatz entweder behilflich oder hinderlich zu sein. Und im selben Augenblick glomm noch ein anderer Gedanke in ihm auf, daß er nämlich derselbe Peter sei, der das Gold verborgen habe und daher wissen müsse, wo es liege. Aber dies hatte er unerklärlicherweise vergessen.

„Nun, Herr Peter!“ rief Tabitha auf der Treppe zur Dachkammer, „habt Ihr das Haus weit genug niedergerissen, um Feuer für Teewasser zu machen?“

„Noch nicht, Tabby“, antwortete Peter, „aber das soll bald geschehen sein – wie du sehen wirst.“

Mit diesen Worten holte er die Axt und hieb so kräftig um sich, daß der Staub umherflog, die Bretter krachten, und in weniger als einem Augenblick hatte das alte Weib eine Schürze voller Schutt und Splitter.

„Wir werden unser Winterholz billig haben“, bemerkte Tabitha.

Nachdem das gute Werk auf diese Weise angefangen hatte, fuhr Peter vom Morgen bis zum Abend fort, alles vor sich niederzuschmettern, Balken abzuhauen, Nägel auszuziehen und Bretter unter furchtbarem Gerassel auf- und abzureißen. Er trug aber zugleich Sorge, die äußere Schale des Hauses unberührt zu lassen, so daß die Nachbarn nicht ahnen konnten, was darin vorging.

Nie, in keiner seiner Grillen, obgleich jede ihn glücklich gemacht hatte, wenigstens solange sie währte, war Peter glücklicher gewesen als jetzt. Vielleicht war in seiner Geistesrichtung etwas vorhanden, was ihm eine innere Entschädigung für alle äußeren Übel gewährte. Wenn er arm, schlecht gekleidet, selbst lumpig und – wie es schien, in Gefahr war, vom drohendsten Ruin vernichtet zu werden, so blieb doch bloß sein Körper in diesen traurigen Verhältnissen, während sein aufstrebender Geist sich im Sonnenschein einer glänzenden Zukunft weidete. Es war seiner Natur eigentümlich, stets jung zu sein, und die Tendenz seiner Lebensweise, ihn so zu erhalten. Graue Haare waren nichts, nein, selbst nicht Falten und Gebrechlichkeit. Er konnte alt aussehen und vielleicht in einer etwas unangenehmen Verwandtschaft mit einer hageren, alten, abgenutzten Figur stehen; allein der wahre, wirkliche Peter war ein junger Mann, der voll großer Hoffnungen gerade in die Welt trat. Beim Anzünden eines jeden neuen Feuers erhob sich seine ausgebrannte Jugend von neuem aus Asche und Kohlen; sie erhob sich jetzt jubelnd. Nachdem er so lange – nicht zu lange, sondern gerade bis zum rechten Alter, als ein gefühlvoller Junggeselle, mit warmen, zärtlichen Träumen gelebt hatte, beschloß er, sobald das verborgene Gold ans Tageslicht gebracht sein werde, auf Freiersfüßen zu gehen und sich die Liebe des schönsten Mädchens der Stadt zu gewinnen. Welches Herz konnte ihm widerstehen? Glücklicher Peter Goldthwaite!

Jeden Abend pflegte er jetzt mit Tabitha häuslich beim Küchenfeuer zu sitzen. Dies war stets hoch aufgehäuft vom Schutt und Abfall der Tagesarbeit, und sandte mit hellem Schein seine breite Flamme auf, so daß das Düster der alten Küche aus den mit Spinnweben gefüllten Ecken und den schwärzlichen Querbalken der Decke, niemand wußte wohin, verjagt wurde, während Peter wie ein froher Mann, heiter lächelte, und Tabitha ein Bild behaglichen Alters zu sein schien. Alles dies natürlich war nur ein Sinnbild des großen Glückes, welches die Zerstörung des Hauses auf seine Bewohner ausgießen sollte.

Während das trockene Fichtenholz prasselte und loderte, saß Peter in einem Zustand angenehmer Aufregung starrend und horchend dabei; wenn dann auf den kurzen Schein und das Toben die dunkelrote Glut, die kräftigere Wärme und der tiefe singende Ton, der für den Rest des Abends anhielt, folgten, so begann er gesprächig zu werden. Eines Abends quälte er Tabitha zum hundertsten Male, ihm etwas von seinem Urgroßonkel zu erzählen.

„Du hast in jener gemütlichen Kaminecke fünfundfünfzig Jahre gesessen, alte Tabby, und mußt manches von ihm gehört haben", sagte Peter. „Hast du mir nicht erzählt, daß damals eine ziemlich alte Frau an derselben Stelle gesessen habe, wo du jetzt sitzt, die bei dem berühmten Peter Goldthwaite Haushälterin gewesen sei?"

„So war es, Herr Peter", antwortete Tabitha; „und sie war beinahe hundert Jahre alt. Sie pflegte zu sagen, daß sie und der alte Peter Goldthwaite manchen traulichen Abend am Küchenfeuer zugebracht hatten, so ungefähr wie Ihr und ich jetzt, Herr Peter."

„Der alte Bursche muß mir in mehr als einem Punkt ähnlich gewesen sein“, sagte Peter wohlgefällig, „sonst würde er nie so reich geworden sein. Aber ich sollte denken, er hätte sein Geld besser anlegen können, als er es getan hat . . . keine Zinsen! . . . nur gute Sicherheit! . . . und auch noch das Haus niederreißen müssen, ehe man daran kommen kann! Warum hat er es so geheim versteckt, Tabby?“

„Weil er es nicht ausgeben konnte“, sagte Tabitha; „denn so oft er die Kiste aufschließen wollte, kam der Böse von hinten und hielt seinen Arm. Es sollte, wie es hieß, aus seiner Börse geflossen sein und er verlangte, daß Peter ihm eine Verschreibung dieses Hauses und der Länderei geben solle, was Peter schwor, nimmer tun zu wollen!“

„Gerade so wie ich John Brown, meinem alten Kompagnon, geschworen habe“, bemerkte Peter. „Aber das ist alles dummes Zeug, Tabby! Ich glaube die Geschichte nicht.“

„Nun, es mag vielleicht nicht ganz wahr sein“, sagte Tabitha, „denn manche Leute sagen, daß Peter das Haus dem Bösen wirklich vermacht habe; und das dies der Grund sei, weshalb es allen, die darin gewohnt haben, immer so viel Unglück gebracht habe.

Und sobald Peter ihm die Verschreibung gab, sei die Kiste aufgeflogen, und Peter habe eine Handvoll Gold herausgenommen. Aber o weh! . . . in seiner Faust sei nichts, als ein Knäuel alter Lumpen gewesen!“

„Halt deinen Mund, alberne, alte Tabby!“ rief Peter voller Wut. „Es waren so gute goldene Guineen, als je welche das Bildnis des Königs von England trugen. Es ist mir, als könnte ich mich des ganzen Hergangs entsinnen, wie ich oder der alte Peter, oder wer es war, meine Hand oder seine Hand hineinsteckte und wieder herauszog, voll mit glänzendem Gold. Alte Lumpen, warum nicht gar!“

Und Peter Goldthwaite ließ sich von einem Altweibermärchen nicht entmutigen. Die ganze Nacht hindurch schlief er unter guten Träumen und erwachte am Morgen mit einem frohen Beben des Herzens, das wenige glücklich genug sind, über die

Jahre ihres Knabenalters hinaus zu empfinden. Tag für Tag arbeitete er hart, ohne einen Augenblick zu verlieren, ausgenommen bei den Mahlzeiten, wenn Tabitha ihm zu einem Stück Schweinefleisch mit Kohl oder anderer Kost rief, wie sie sie gerade hatte aufbringen können oder die Vorsehung sie ihr gesandt hatte.

Da Peter ein wahrhaft frommer Mann war, so unterließ er nie, den Segen zu sprechen, und zwar, wenn die Kost nicht gerade die beste war, desto andächtiger, oder Dank zu sagen, wenn auch das Essen nicht ausreichend gewesen war, wenigstens für den guten Appetit, der mehr wert war, als ein kranker Magen bei einem Festmahl. Dann eilte er zu seiner Arbeit zurück und war in einem Augenblick in einer Wolke von Staub verloren, obgleich er dem Ohr durch das Getöse seiner Arbeit deutlich bemerkbar blieb. Wie beneidenswert ist das Bewußtsein, sich in einer nützlichen Beschäftigung zu befinden! Nichts beunruhigte Peter, nichts als jene Phantome des Geistes, die dunkle Erinnerungen zu sein scheinen und doch zugleich Vorahnungen so ähnlich sind. Er hielt oft mit hoch in der Luft erhobener Axt inne und sagte zu sich selbst:

„Peter Goldthwaite, hast du nie diesen Schlag zuvor getan?" oder: „Peter, was nutzt es, das ganze Haus niederzureißen? Besinne dich ein wenig und du wirst dich erinnern, wo das Gold verborgen ist." Tage, Wochen verflossen indes, ohne daß eine erhebliche Entdeckung gemacht wurde. Nur eine magere, graue Ratte guckte zuweilen hervor auf den mageren, grauen Mann und wunderte sich, welcher Teufel in das alte Haus gefahren sei, das bisher immer so still und ruhig gewesen war. Oder manchmal fühlte Peter auch wohl Mitleid mit einer weiblichen Maus, die fünf bis sechs niedliche, sanfte und zarte Junge gerade in die Welt gesetzt hatte, um sie unter den Trümmern zerschmettert zu sehen. Aber noch kein Schatz zeigte sich!

Peter, entschlossen wie das Schicksal und fleißig wie die Zeit, hatte nunmehr die oberen Regionen beendet und war zum zweiten Stockwerk hinabgestiegen, wo er in einem der Vorderzimmer beschäftigt war. Es war früher das beste Gastzimmer gewesen und die Sage bezeichnete es ehrenvoll als das Zimmer, worin Gouverneur Dudley und viele andere berühmte Gäste geschlafen hatten. Die Möbel waren daraus entfernt worden. An den Wänden hingen Überreste verblichener Tapeten; aber noch größere Stellen der Wand waren ganz hohl und mit Kohlezeichnungen, meistens von menschlichen Köpfen in Profil gedeckt. Es waren dies Proben von Peters jugendlichem Genius, und es wurde ihm deshalb schwerer, diese zu vernichten, als wenn es Malereien von Michelangelo an einer Kirchenwand gewesen wären. Eine Skizze, und zwar die beste, berührte ihn jedoch auf entgegengesetzte Weise. Sie stellte einen zerlumpten Mann vor, der sich teilweise auf einen Spaten stützte und seinen abgemagerten Körper über eine Grube in der Erde hinabbeugte, während er die eine Hand ausgestreckt hielt, wie um nach etwas zu greifen, was er gefunden hatte. Aber dicht hinter ihm stand mit teuflischem Lachen in ihren Zügen eine Figur mit Hörnern, Schweif und Hufen.

„Fort, Satan!" schrie Peter. „Der Mann soll sein Gold haben!"

Sodann seine Axt aufhebend, versetzte er dem gehörnten Herrn einen solchen Hieb an den Kopf, daß nicht nur er, sondern auch der Schatzgräber dadurch total vernichtet wurde und die ganze Szene wie durch Zauberei verschwand. Überdies brach seine Axt durch Kalk und Lattenwerk der Wand und offenbarte in ihr eine Höhlung.

„Gott sei uns gnädig, Herr Peter, zankt Ihr Euch mit dem Bösen?" sagte Tabitha, die nach etwas Feuerholz für ihren Mittagstopf suchte.

Ohne dem alten Weib zu antworten, brach Peter noch einen Teil der Wand nieder und öffnete dadurch einen kleinen Wandschrank, der sich ungefähr brusthoch vom Erdboden neben dem Kamin befand. Er enthielt nichts als eine Lampe aus Messing, die mit Grünspan überzogen war, und ein staubiges Stück Pergament. Während Peter das letztere mit großer Sorgfalt untersuchte, ergriff Tabitha die Lampe und begann sie mit ihrer Schürze zu reiben.

„Das Reiben hilft nichts, Tabitha“, sagte Peter; „es ist nicht Aladins Lampe, obgleich ich sie für ein ebenso glückliches Zeichen halte. Sieh hier, Tabby!“

Tabitha nahm das Pergament und hielt es dicht an ihre Nase, die mit einer Brille von eiserner Einfassung bewaffnet war. Aber kaum hatte sie angefangen, dasselbe zu prüfen, als sie in heftiges Lachen ausbrach und beide Hände gegen ihre Seiten drückte.

„Ihr könnt das alte Weib nicht zur Närrin machen“, rief sie. „Es ist ja Eure eigene Handschrift, Herr Peter, dieselbe, wie ich sie in dem Brief gelesen habe, den Ihr mir von Mexiko schicktet.“

„Hier ist allerdings eine große Ähnlichkeit vorhanden“, sagte Peter, das Pergament von neuem untersuchend; „allein du weißt selbst Tabby, daß dieser Wandschrank zugemauert worden sein muß, ehe du noch in dieses Haus kamst, oder ich in die Welt. Nein, dies ist des alten Peter Goldthwaites Handschrift, und diese Kolonnen mit Pfunden, Schillingen und Pencen sind seine Zahlen und bezeichnen die Beträge des Schatzes; und dies am Ende ist ohne Zweifel eine Bemerkung, die sich auf den Platz bezieht, wo der Schatz verborgen liegt, allein die Tinte ist so verblaßt, daß es unmöglich ist, sie zu lesen. Wie schade.“

„Nun, diese Lampe ist so gut wie neu; das ist wenigstens ein Trost“, sagte Tabitha.

„Eine Lampe!“ dachte Peter. „Das bedeutet Licht für meine Untersuchungen.“

In diesem Augenblick schien Peter mehr geneigt, über die Entdeckung weiter nachzugrübeln, als seine Arbeit fortzusetzen. Nachdem Tabitha hinuntergegangen war, stand er brütend über dem Pergament an einem nach der Straße hinausgehenden Fenster, das von Staub so geschwärzt war, daß die Sonne nur einen undeutlichen Schatten durch dasselbe auf den Fußboden des Zimmers werfen konnte. Peter öffnete es mühsam und sah auf die Hauptstraße der Stadt hinaus, während die Sonne in sein altes Haus hineinschaute. Die frische Luft, obgleich mild und sogar warm, berührte Peter wie ein Guß kalten Wassers.

Es war der erste Tag des Tauwetters im Januar. Der Schnee lag tief auf den Dächern, aber löste sich schnell in Millionen Wassertropfen auf, die mit dem Geräusch eines Sommerregens und im Sonnenschein glänzend niederfielen. Die Straße entlang war der festgetretene Schnee so hart und dauerhaft wie ein Marmorpflaster, und war trotz der frühlingsartigen Temperatur noch nicht feucht geworden. Allein als Peter seinen Kopf hinaussteckte, gewahrte er, daß die Einwohner, wenn nicht die ganze Stadt, durch diesen warmen Tag nach zwei bis drei Wochen Winterwetter bereits aufgetaut worden waren. Es gewährte ihm Freude – eine mit einem Seufzer verwünschte Freude –, den Strom von Damen zu sehen, welche auf den glatten Seitenwegen herabkamen und mit ihren roten Wangen, die durch Hauben, Boas und Pelzkragen noch mehr gehoben wurden, wie Rosen mit einer neuen Art von Blätterhauch aussahen. Die Glocken der Schlitten erklangen fortwährend, indem sie bald die Ankunft eines Schlittens von Vermont, mit gefrorenen Ferkeln oder Hammeln oder Wild beladen, ankündigten, bald die eines regelmäßigen Marktvorläufers mit Hühnern, Gänsen, Puten und der ganzen Kolonie eines Farmhofes; und bald die eines Landmannes mit seiner Frau, die nach der Stadt gefahren waren, teils um einige Einkäufe in den Läden zu machen und teils um etwas Butter und Eier abzusetzen. Dieses Paar fuhr in einem altmodischen viereckigen Schlitten, der ihnen zwanzig Winter gedient und zwanzig Sommer hindurch in der Sonne neben ihrer Haustür gestanden hatte. Jetzt fuhren ein Herr und eine Dame in einem eleganten Schlitten, der einer Muschel ähnlich geformt war, über den Schnee leicht dahin; und nun erschien ein Staatsschlitten, dessen Tuchvorhänge zurückgeschlagen waren, um die Sonne hineinzulassen, und flog pfeilschnell die Straße hinunter, allen Fuhrwerken, die sich ihm in den Weg stellten, leicht ausweichend.

Nie hatte Peter eine lebhaftere Szene gesehen. Der helle Sonnenschein, die glänzenden Wassertropfen, der strahlende Schnee, das heitere Volk, die Abwechslung der fliegenden Schlitten und der Schall der fröhlichen Glocken, die das Herz nach ihrer Musik tanzen ließen. Nichts Trübes und Unfreundliches war zu sehen, als das spitze Altertumsstück, Peter Goldthwaites Haus, das von außen wohl traurig aussehen konnte, da eine so fürchterliche Verwüstung in seinen Eingeweiden vorging.

„Peter, wie geht es, Freund Peter?" rief eine Stimme über die Straße, während Peter seinen Kopf zurückbog. „Schaut heraus, Peter!"

Peter blickte hinaus und gewahrte seinen alten Kompagnon, John Brown, der auf dem gegenüberliegenden Seitenweg stattlich gekleidet, in einem mit Pelz gefütterten Überrock, der aufgeschlagen war und einen feinen anderen Rock darunter sehen ließ. Seine Stimme hatte die Aufmerksamkeit der ganzen Stadt auf Peter Goldthwaites Fenster und die in demselben sichtbare Vogelscheuche gerichtet. „Sagt mir, Peter", rief Brown von neuem, „was zum Teufel treibt Ihr denn, daß ich jedesmal ein so furchtbares Lärmen und Poltern höre, wenn ich an Eurem Haus vorbeigehe? Ihr bessert wohl das alte Haus aus, macht ein neues daraus . . . he?"

„Ich fürchte, es ist zu spät dazu, Herr Brown", erwiderte Peter. „Wenn ich es neu herstelle, so muß es inwendig und auswendig neu werden, vom Fundament an."

„Wäre es nicht besser, Ihr überließet mir das Geschäft?" fragte Brown mit besonderer Bedeutung.

„Noch nicht!" antwortete Peter, das Fenster hastig schließend; denn seitdem er in seiner Nachsuchung nach dem Schatz begriffen war, mochte er es durchaus nicht leiden, von Leuten angesehen und beobachtet zu werden.

Während er sich vom Fenster zurückzog, seiner äußeren Armut sich schämend, aber stolz auf den innerhalb befindlichen geheimen Reichtum, schimmerte ein hochmütiges Lächeln auf seinem Gesicht, das sich gerade so ausnahm, wie die trüben Sonnenstrahlen in dem schmutzigen Zimmer. Er versuchte eine Miene anzunehmen, wie sein Vorfahre sie wahrscheinlich gezeigt hatte, als er des Ruhmes genoß, ein festes Haus als heimatliche Stätte für viele Generationen seiner Nachkommenschaft gebaut zu haben. Allein das Zimmer erschien seinen vom Schnee geblendeten Augen entsetzlich finster und in einem düsteren Gegensatz mit der frohen und lebendigen Szene, auf die er soeben geschaut hatte. Der kurze Blick, den er auf die Straße tat, hatte ihm eine eindringliche Vorstellung von der Art und Weise gegeben, in der die Welt ihre Heiterkeit nährt und ihr Gedeihen fördert, nämlich durch gesellige Vergnügungen und einem lebendigen Geschäftsverkehr, während er in seiner Abgeschiedenheit ein Ziel verfolgte, das möglicherweise ein Trugbild sein konnte und auf einem Wege, den die meisten für Wahnsinn erklären würden.

Es ist ein großer Vorteil einer sozialen Lebensweise, daß ein jeder seinen eigenen Geist nach dem anderer reguliert und sein Betragen nach dem seiner Nachbarn bildet, so daß er sich selten in Exzentrizität verliert. Peter Goldthwaite hatte diesen Einfluß in dem Augenblick empfunden, als er zum Fenster hinaussah. Einige Zeit war er zweifelhaft, ob überhaupt ein verborgener Goldkasten vorhanden sei, und wenn nicht, ob es wirklich so sehr weise gehandelt sei, das ganze Haus niederzureißen, nur um sich von seiner Nichtexistenz zu überzeugen.

Allein diese Zweifel waren nur vorübergehend. Peter, der Zerstörer, fuhr mit seinem Werk fort, das das Schicksal ihm übertragen hatte, und hielt nicht eher wieder an, als bis es vollendet war. Im Laufe seiner Nachforschungen stieß er auf viele Gegenstände, die gewöhnlich unter den Ruinen eines alten Hauses gefunden werden, aber wichtig schien ihm ein rostiger Schlüssel zu sein, den er in einer Mauerspalte fand, mit einem hölzernen Angehänge, das die Anfangsbuchstaben P. G. trug. Eine andere seltsame Entdeckung war eine Flasche Wein, die in einem alten Ofen gefunden wurde. Es herrschte die Sage in der Familie, daß Peters Großvater, der ein lustiger Offizier im französischen Krieg gewesen war, manches Dutzend kostbarer Flaschen für dann noch ungeborene Trinkbrüder beiseite gesetzt und versteckt habe. Peter bedurfte keiner Herzstärkung durch geistige Getränke, um seine Hoffnungen aufrechtzuerhalten und bewahrte deshalb den Wein auf, um seinen Erfolg damit zu feiern. So mancher Penny wurde gefunden, der durch die Ritzen des Fußbodens gefallen war, und einige spanische Münzen und ein halbdurchbrochenes Einpencestück, das wahrscheinlich als Liebeszeichen gedient hatte. Auch eine silberne Krönungsmedaille Georg des Dritten wurde gefunden; aber des alten Peter Goldthwaites Goldkasse floh von einer Ecke in die andere oder entging dem Griff des zweiten Peter auf andere Weise, bis dieser endlich, wenn er noch länger suchen wollte, in die Erde graben mußte.

Wir wollen ihm in seinem triumphreichen Fortschritt nicht Schritt für Schritt folgen; genüge es zu sagen, daß Peter wie eine Dampfmaschine arbeitete und in einem Winter das Werk vollendete, was alle früheren Bewohner des Hauses mit Hilfe der Zeit und der Elemente in einem Jahrhundert nur zur Hälfte vollbracht hatten. Mit Ausnahme der Küche war jedes Zimmer und jede Kammer ausgeweidet. Das Haus war nichts mehr als eine Schale, der Schrein eines Hauses – so unwirklich wie die gemalten Gebäudekulissen eines Theaters. Es war gerade wie die Rinde eines großen Käses, worin eine Maus so lange gehaust und genagt hatte, bis es kein Käse mehr war. Und Peter war die Maus.

Was Peter niedergerissen hatte, war von Tabitha verbrannt worden, denn sie schloß sehr weise, daß sie ohne Haus auch kein Holz gebrauchten, um es zu wärmen, und Sparsamkeit Unsinn sei. Auf diese Weise war das ganze Haus, wie man sagen konnte, in Rauch aufgegangen und durch den großen, schwarzen Rauchfang der Küche geflogen. Es war ein merkwürdiges Seitenstück zu der Tat eines Mannes, der in seine eigene Kehle hinabgesprungen war.

In der Nacht zwischen dem letzten Winter- und dem ersten Frühlingstag war bereits jede Spalte und Mauerritze des Hauses durchsucht worden, ausgenommen im Küchenbereich. Dieser Schicksalsabend war ein sehr unfreundlicher. Seit mehreren Stunden schneite es heftig, und ein starker Wind stürmte gegen das Haus, als wenn der Fürst der Lüfte in eigener Person den Schluß zu Peters bisheriger Arbeit liefern wollte. Da die äußeren Mauern durch den Wegfall der inneren Stützen so sehr geschwächt worden waren, so würde es kein Wunder gewesen sein, wenn bei einer noch etwas heftigeren Gewalt des Sturmes die morschen Mauern mit ihren spitzen Giebeln über dem Kopf des Eigentümers zusammengestürzt wären. Er kümmerte sich jedoch nicht um die Gefahr, sondern war so wild und ruhelos, wie die stürmische Nacht selbst, oder wie die lodernde Flamme, die bei jedem Stoß des Sturmwindes in den Schornstein emporschoß.

„Den Wein, Tabitha!“ rief er. „Meines Großvaters kräftigen, alten Wein! Wir wollen ihn jetzt trinken!“

Tabitha stand von ihrer von Rauch geschwärzten Bank in der Ecke des Kamins auf und stellte die Flasche vor Peter hin, dicht neben die alte Messinglampe, die gleichfalls ein Preis seiner Nachforschungen gewesen war. Peter hielt sie vor seine Augen, und indem er durch die durchsichtige Flüssigkeit schaute, erschien ihm die ganze Küche wie von einer goldenen Glorie illuminiert, die selbst Tabitha umschloß, ihr Silberhaar vergoldete und ihre ärmlichen Kleidungsstücke in Gewänder von königlichem Glanz verwandelte. Es erinnerte ihn an seine goldenen Träume.

„Herr Peter“, bemerkte Tabitha, „muß der Wein getrunken werden, ehe das Geld gefunden ist?“

„Das Geld ist gefunden!“ rief Peter mit einer Art Wildheit. „Die Kiste ist in meinen Händen. Ich will nicht eher ruhen, als bis ich diesen Schlüssel in seinem verrosteten Schloß umgedreht habe. Aber vor allen Dingen, laß uns trinken.“

Da kein Korkenzieher im Hause vorhanden war, so schlug er den Hals der Flasche mit Peter Goldthwaites rostigem Schlüssel ab. Dann füllte er zwei kleine Teetassen, die Tabitha zu diesem Zweck vom Küchenschrank geholt hatte. So hell und klar war dieser alte Wein, daß er selbst in den Tassen durchsichtig war und die scharlachenen Blumenknospen auf dem Boden der Tasse noch deutlicher erscheinen ließ, als wenn überhaupt kein Wein darin gewesen wäre. Sein kräftiger schöner Geruch verbreitete sich durch die ganze Küche.

„Trink, Tabitha!“ rief Peter. „Segen auf den braven, alten Burschen, der für uns diesen kostbaren Wein zurückgesetzt hat! Und nun auf das Andenken Peter Goldthwaites!“

„Und guten Grund haben wir, seiner zu gedenken“, bemerkte Tabitha, während sie trank.

Wie viele Jahre lang und durch wie manche Glücks- und Schicksalswechsel hatte diese Flasche ihre begeisternde Kraft aufbewahrt, um endlich von diesen beiden Gefährten getrunken zu werden. Solange, bis sie leergetrunken ist, müssen wir uns anderswo hinwenden.

Es trug sich zu, daß John Brown sich in dieser stürmischen Nacht in seinem auf Stahlfedern gepolsterten Armstuhl und an der Glut seines Kohlenfeuers, das sein schön eingerichtetes Wohnzimmer beleuchtete, nicht nach Wunsch befand. Er war von Natur ein gutherziger Mann, gütig und mitleidig, sobald das Unglück anderer sein Herz durch die gepolsterte Weste seines eigenen Glückes erreichen konnte. Diesen Abend hatte er viel an seinen alten Kompagnon, Peter Goldthwaite, gedacht, an seine sonderbaren Pläne, sein fortwährendes Mißgeschick, die Armut seiner Wohnung und Peters dürre, hagere Erscheinung, als er mit ihm am Fenster gesprochen.

„Armer Mann!“ dachte John Brown. „Armer, verrückter Peter Goldthwaite! Um unserer alten Bekanntschaft willen hätte ich doch dafür sorgen sollen, daß er in diesem harten Winter keine Not leide.“

Diese Empfindungen wurden so mächtig in ihm, daß er trotz des rauhen Wetters beschloß, Peter Goldthwaite augenblicklich zu besuchen. Die Gewalt, mit der er sich dazu getrieben fühlte, war wirklich sonderbar. Jedes Geheul des Sturmwindes schien ihm eine Mahnung zu sein oder würde ihm so geschienen haben, wenn Brown gewohnt gewesen wäre, das Echo seiner Phantasie im Winde zu hören. Höchst erstaunt, über ein so eifriges Wohlwollen, hüllte er sich in seinen Mantel, wickelte um Hals und Ohren Tücher und Schals und bot so geschützt dem Sturmwind Trotz. Allein die Gewalt der Lüfte war die stärkere im Kampf. Brown passierte gerade die Ecke von Peter Goldthwaites Haus, als der Orkan ihn aus dem Gleichgewicht brachte, mit dem Gesicht zuerst in einen tiefen Schneehaufen warf und sodann seinen hervorstehendsten Teil unter neuen Schneewehen zu begraben suchte. Es schien wenig Hoffnung für seine frühere Wiederauferstehung als mit dem nächsten Tauwetter vorhanden zu sein. Gleichzeitig war ihm sein Hut entführt worden und wirbelte hoch in irgendeiner unbekannten Region, von wo bis jetzt noch keine Nachrichten wieder herabgelangt sind.

Nichtsdestoweniger gelang es Brown, sich einen Weg durch das Schneegestöber zu bahnen, und er arbeitete sich, mit bloßem Kopf gegen den Sturm ankämpfend, bis an Peters Tür. Dort herrschte ein solches Knarren, Krachen und Rasseln des morschen, im Sturme wankenden Gebäudes, daß den Bewohnern selbst das lauteste Klopfen nicht hörbar gewesen sein würde. Er trat deshalb ohne Umstände ein und suchte sich den Weg nach der Küche.

Sein Eindringen selbst bis dahin blieb unbemerkt. Peter und Tabitha standen mit dem Rücken gegen die Tür, über eine große Kiste gebückt, die sie, wie es schien, soeben aus einer Höhlung in der Wand, oder einem geheimen Wandschrank auf der linken Seite des Kamins hervorgezogen hatten. Beim Licht der Lampe, die das alte Weib in der Hand hielt, sah Brown, daß die Kiste mit eisernen Riegeln und Klammern versehen und durch einen eisernen Beschlag befestigt war, so daß sie als ein passendes Behältnis erschien, um den Reichtum eines Jahrhunderts für das Bedürfnis eines späteren darin aufzubewahren. Peter Goldthwaite war eben im Begriffe, einen Schlüssel in das Schloß zu stecken.

„Oh, Tabitha!“ rief er mit bebendem Entzücken, „wie soll ich den Glanz ertragen? Das Gold, das glänzende, glänzende Gold! Mir ist’s, als könnte ich mich meines letzten Blickes erinnern, den ich darauf warf, kurz ehe der eisenbeschlagene Deckel niederfiel. Und seit dieser ewig langen Zeit, seit siebzig Jahren, hat es nur im Dunkeln gestrahlt und seinen Glanz für diesen glorreichen Moment aufbewahrt! Es wird uns blenden, wie die Mittagssonne!“

„Dann beschattet Eure Augen, Herr Peter!“ sagte Tabitha, etwas ungeduldiger als gewöhnlich. „Aber um Himmels willen, dreht den Schlüssel um!“

Und mit gewaltiger Anstrengung beider Hände zwängte er den rostigen Schlüssel durch die Hemmnisse des rostigen Schlosses. Herr Brown hatte sich inzwischen genähert und steckte gerade in dem Augenblick, wo Peter den Deckel aufhob, sein Gesicht neugierig zwischen die Köpfe der beiden anderen. Kein plötzlicher Glanz erleuchtete die Küche.

„Was ist drin?“ rief Tabitha, ihre Brille zurechtrückend und die Lampe über die offene Kiste haltend. „Peter Goldthwaites alter Lumpenschatz.“

„Ganz richtig, Tabby“, sagte Brown, eine Handvoll von dem Schatze aufhebend.

Oh, welchen Geist eines toten und begrabenen Reichtums hatte Peter Goldthwaite heraufbeschworen, um sein bißchen Verstand ganz daran zu verlieren! Hier lag der Schein einer ungeheuren Summe, groß genug, um die ganze Stadt zu kaufen und neu zu bauen, für die aber, so unermeßlich sie auch war, kein vernünftiger Mensch einen guten Sixpence geben würde. Worin bestanden denn nun, ernstlich gesprochen, die trügerischen Schätze der Kiste? Es waren alte Provinzialkreditscheine und Tresorscheine und Grundbanknoten und andere dergleichen wertlose Lumpen in verschiedenen Daten von ihrer ersten Ausstellung, vor ungefähr hundertundfünfzig Jahren bis zur Zeit der Revolution. Noten von tausend Pfund waren mit Papierpencen vermischt und nicht mehr wert als diese.

„Und dies ist also des alten Peter Goldthwaites Schatz?“ fragte John Brown. „Euer Namensvetter, Peter, war Euch nicht ähnlich. Als die Provinzialpapiere um fünfzig bis siebzig Prozent gefallen waren, kaufte er sie auf, in Erwartung, daß sie wieder steigen würden. Ich habe meinen Großvater sagen hören, daß der alte Peter Goldthwaite seinem Vater eben dieses Haus nebst Länderei verpfändete, um Geld zu diesem törichten Unternehmen zu bekommen. Allein das Papiergeld fiel immer mehr und mehr, bis es endlich niemand mehr geschenkt nehmen wollte, und da war Peter Goldthwaite – der erste wie der zweite – mit Tausenden in seinem Geldkasten und kaum einem Rock auf dem Leibe. Aber dies ist gerade die passende Art von Kapital von Luftschlössern."

„Das Haus bricht über uns zusammen", schrie Tabitha, als der Wind mit erhöhter Heftigkeit dagegen stürmte.

„Laß es brechen!" sagte Peter sich mit untergeschlagenen Armen auf die Kiste setzend.

„Nein, nein, mein alter Freund Peter", sagte John Brown. „Ich habe Platz genug in meinem Haus für Euch und Tabby, und ein sicheres Gewölbe für den Schatzkasten. Morgen wollen wir sehen, ob wir in unserem Handel über das alte Haus einig werden können. Grundbesitz hat seinen Wert, und ich könnte Euch einen guten Preis dafür bieten."

„Und ich", erwiederte Peter Goldthwaite mit neu erwachenden Lebensgeistern, „habe einen Plan, das Geld recht vorteilhaft anzulegen."

„Was das betrifft", murmelte John Brown für sich, „so müssen wir uns wohl an das nächste Gericht wegen eines Vormundes wenden, und wenn Peter durchaus fortspekulieren will, so mag er es nach Gefallen mit des alten Peter Goldthwaites Schatz tun."

Das hölzerne Bildnis

An einem sommerhellen Morgen in den guten alten Zeiten der Stadt Boston stand ein junger Holzbildhauer, wohlbekannt unter dem Namen Drowne, nachdenklich vor einem großen Eichenklotz, aus dem er die Galionsfigur eines Schiffes zu machen gedachte. Während er überlegte, welche Gestalt er wohl am besten diesem vorzüglichen Stück Holz geben sollte, betrat ein gewisser Kapitän Hunnewell seine Werkstatt, Eigentümer und Führer der Brigg CYNOSURE, die gerade von ihrer ersten Reise nach Fayal zurückgekehrt war.

„Ah! Der ist gut, Drowne – der ist gut!" rief der Kapitän fröhlich und tippte mit seinem Rohrstock auf den Block. „Das Stück Eichenholz da bestelle ich für die Galionsfigur der CYNOSURE. Sie hat sich als das prächtigste Fahrzeug erwiesen, das je im Wasser schwamm, und ich möchte ihren Bug mit dem schönsten Bildnis schmücken, das menschliche Geschicklichkeit aus Holz zu schneiden vermag. Und Ihr seid der Rechte, Drowne, das auszuführen." „Ihr traut mir mehr zu, als ich verdiene, Kapitän Hunnewell", sagte der Schnitzer bescheiden, aber doch so wie einer, der weiß, daß er etwas Besonderes in seiner Kunst leistet. „Aber der guten Brigg zuliebe bin ich bereit, mein Möglichstes zu tun. Und welches von diesen Mustern zieht Ihr vor? Hier" – und er deutete auf eine grellfarbene Halbfigur in weißer Perücke und scharlachrotem Rock –, „hier ist ein ausgezeichnetes Modell, unser gnädiger König. Das ist der tapfere Admiral Kruon. Oder, wenn Ihr eine weibliche Figur vorzieht, was meint Ihr zur Britannia mit dem Dreizack?" „Alle sehr schön, Drowne, alle sehr schön!" antwortete der Seemann. „Aber da niemals so etwas wie diese Brigg auf dem Ozean schwamm, bin ich entschlossen, ihr eine Galionsfigur zu geben, wie der alte Neptun sie in seinem Leben noch nicht gesehen hat. Und dazu kommt noch: es steckt ein Geheimnis hinter der Sache, und Ihr müßt Euer Wort geben, es nicht zu verraten."

„Gewiß nicht", sagte Drowne, allein er wunderte sich doch, was für ein Geheimnis bei einer so offenen Angelegenheit wie der Galionsfigur eines Schiffes sein konnte, die doch notwendigerweise allen Blicken freigegeben war. „Ihr könnt Euch darauf verlassen, daß ich so verschwiegen sein werde, wie die Natur der Sache es erlaubt."

Dann faßte Kapitän Hunnewell Drowne beim Rockknopf und teilte ihm seine Wünsche so leise mit, daß es unhöflich wäre, zu wiederholen, was augenscheinlich nur für den Bildschnitzer bestimmt war. Wir wollen daher die Gelegenheit ergreifen, dem Leser ein paar wünschenswerte Einzelheiten über Drowne selber mitzuteilen. Er war der erste Amerikaner, von dem man weiß, daß er sich – auf sehr bescheidener Stufe allerdings – in der Kunst versuchte, in der wir jetzt schon so viele berühmte oder aufstrebende Namen zu verzeichnen haben. Von früher Kindheit an hatte er eine Fertigkeit – es wäre zu hochtrabend, es Talent zu nennen –, eine Fertigkeit gezeigt, menschliche Gestalten nachzuahmen, in jedem Material, das gerade am besten zur Hand war. Der Schnee im Winter Neuenglands hatte ihm oft einen Marmor geliefert, der mindestens ebenso blendend weiß war wie der Parische oder der von Carrara; und wenn auch weniger dauerhaft, so doch dem Anspruch auf Dauer entsprechend, den die gefrorenen Gestalten des Knaben stellen konnten.

Doch sie fanden die Bewunderung reiferer Beurteiler als seiner Schulkameraden und waren wirklich auffallend geschickt, wenn ihnen auch die warme Ursprünglichkeit fehlte, die den Schnee unter seiner Hand zum Schmelzen gebracht hätte. Als er älter wurde, suchte sich der junge Mensch Tannen- und Eichenholz als passendes Material für die Entfaltung seiner Kunst aus, die nun anfing, ihm gediegenes Silber einzubringen, so wie früher leeres Lob der rechte Lohn gewesen war für die Erzeugnisse aus vergänglichem Schnee. Er wurde bald bekannt durch kunstvoll geschnitzte Pumpenköpfe, hölzerne Urnen auf

Torpfosten und durch wunderliche, meist groteske Schmuckstücke für Kamine. Kein Apotheker glaubte mehr zu Kundschaft kommen zu können, ohne einen bronzierten Mörser oder gar den Kopf des Galen oder Hippokrates auszustellen, die aus der geschickten Hand Drownes hervorgegangen waren. Aber die größten Möglichkeiten für sein Geschäft lagen in der Herstellung von Galionsfiguren für Fahrzeuge. Ob es der König selber war oder ein berühmter britischer Admiral oder General, oder der Statthalter der Provinz oder vielleicht die Lieblingstochter des Schiffsbesitzers – das Bild stand über dem Bug in leuchtenden Farben, prächtig vergoldet, und brachte mit seinem starren Blick jedermann außer Fassung, als sei ihm das Bewußtsein der eigenen Überlegenheit vom Schöpfer mitgegeben. Diese Proben der heimischen Skulptur hatten das Meer nach allen Richtungen durchquert und waren rühmlich aufgefallen im Schiffsgedränge in der Themse und wo sonst die beherzten Seeleute Neuenglands auf Abenteuer gezogen waren. Man muß zugeben, daß eine Familienähnlichkeit unter den wackeren Kindern der Geschicklichkeit Drownes herrschte – daß das huldvolle Gesicht des Königs dem seiner Untertanen ähnlich sah, und daß Fräulein Peggy Hobart, die Kaufmannstochter, eine auffallende Ähnlichkeit mit Britannia, der Siegesgöttin, oder andern allegorischen Damen zeigte; und schließlich, daß sie alle etwas hölzern aussahen, was eine enge Verwandtschaft mit den ungeformten Holzblöcken in des Bildschnitzers Werkstatt bewies. Aber immerhin verrieten sie eine nicht unbedeutende Handfertigkeit; auch fehlte ihnen zum wahren Kunstwerk nur ein Merkmal, die geistige und seelische Tiefe, die dem Leblosen Leben einhaucht, dem Starren Wärme gibt und die, wenn sie dagewesen wäre, Drownes hölzerne Bilder mit Geist beseelt hätte.

Der Kapitän der CYNOSURE war mit seinen Anweisungen zu Ende. „Und, Drowne“, sagte er dringlich, „Ihr müßt alles andere beiseite schieben und sofort damit anfangen. Was den Preis betrifft – macht die Sache nur ganz erstklassig und bestimmt dann selbst über diesen Punkt.“ „Gut, Kapitän“, antwortete der Schnitzer, der ernst aussah und etwas verblüfft, dem aber doch ein leises Lächeln im Gesicht stand, „verlaßt Euch darauf, ich werde mein Äußerstes tun, Euch zufriedenzustellen.“

Von diesem Augenblick an bemerkten die Leute von Geschmack auf der Werft und dem Dock, die durch häufige Besuche in Drownes Werkstatt und durch ihre Bewunderung seiner Holzfiguren ihre Kunstliebe zu beweisen pflegten, etwas Geheimnisvolles im Benehmen des Bildschnitzers. Oft war er am Tage nicht da. Manchmal arbeitete er bis in späte Abendstunden hinein, wie man am Lichtschein aus seinen Werkstättenfenstern sehen konnte, obwohl dann weder Klopfen noch Rufen irgendeinem Besucher Einlaß verschaffen oder überhaupt eine Antwort herauslocken konnte. Wenn aber in diesen Stunden die Werkstätte geöffnet wurde, ließ sich nichts Auffallendes darin beobachten. Man sah nur, daß ein schönes Stück Holz, von dem man wußte, daß Drowne es für einen besonders würdigen Zweck aufbewahrt hatte, allmählich Form gewann. Welche Gestalt es endgültig annehmen sollte, das blieb ein Rätsel für alle Freunde, und über diesen Punkt hüllte sich der Bildhauer hartnäckig in Schweigen. Aber Tag für Tag bildete sich die rohe Form deutlicher heraus, obwohl man Drowne nur selten bei der Arbeit daran beobachtete, bis es allen Besichtigern klar war, daß da eine weibliche Gestalt ein Geheimleben gewann.

Bei jedem Besuch sahen sie einen größeren Haufen von Holzspänen und eine größere Annäherung an irgend etwas sehr Schönes. Es schien, als habe die Nymphe des Eichbaums sich vor der phantasielosen Welt in das Herz des heimatlichen Baumes geflüchtet, und als brauche man nur die seltsame Gestaltlosigkeit, die sie umschloß, zu entfernen, um die Anmut und Lieblichkeit der Göttin zu enthüllen. So unvollkommen auch der ganze Vorwurf, die Haltung, das Gewand und besonders das Gesicht des Bildes noch waren, so ging schon eine solche Wirkung davon aus, daß das Auge von der hölzernen Geschicklichkeit der früheren Werke Drownes abgezogen und auf das quälende Geheimnis dieser neuen Arbeit hingelenkt wurde.

Copley, der berühmte Maler, der damals ein junger Mensch war und in Boston wohnte, besuchte Drowne eines Tages. Er hatte so viel, wenn auch mittelmäßiges Talent in dem Bildschnitzer erkannt, daß ihn das, ohne weiteres berufliches Interesse dazu veranlaßte, seine Bekanntschaft zu pflegen. Als er die Werkstatt betrat, warf der Künstler einen Blick auf das unbewegliche Gesicht des Königs, der Feldherrn, der Damen und der allegorischen Figuren, die alle umherstanden. Dem besten von ihnen hätte man das zweifelhafte Lob spenden können, daß es aussähe, als habe sich hier ein Lebender in Holz verwandelt, wobei nicht nur der physische, sondern auch der geistige und seelische Teil die törichte Wandlung mitgemacht habe. Aber nicht in einem Fall sah es so aus, als sei das Holz vom himmlischen Odem der Menschlichkeit durchtränkt. Wie groß ist da der Abstand, und wie weit hätte der kleinste Bruchteil solchen Verdienstes die höchste Vollendung in der anderen Richtung überragt!

„Freund Drowne", sagte Copley und lächelte bei sich, spielte aber auf die handwerksmäßige und hölzerne Geschicklichkeit an, die alle Bilder gleichmäßig auszeichnete, „Ihr seid wirklich ein denkender Mensch! Ich habe selten einen Mann Eures Berufes getroffen, der das fertiggebracht hätte. Es fehlt nur wenig, und diese Figur General Wolfes zum Beispiel wäre ein atmendes und denkendes Lebewesen." „Ihr wollt mich glauben machen, daß Ihr mir ein hohes Lob spendet, Mister Copley", antwortete Drowne und wandte sich mit offensichtlicher Geringschätzung von der Figur Wolfes ab. „Aber es ist eine Erleuchtung über mich gekommen. Ich weiß, so gut wie Ihr es wißt, daß das eine, was noch fehlt, wie Ihr sagt, das einzig wirklich Wertvolle ist, und ohne das sind alle meine Arbeiten nur wertlose Fehlgeburten. Zwischen ihnen und den Werken eines begnadeten Künstlers besteht der gleiche Unterschied wie zwischen einem schlechten Aushängeschild und einem Eurer besten Bilder." „Wie seltsam!" rief Copley und sah ihm ins Gesicht, das er jetzt, wie es dem Maler vorkam, von auffallender Geistestiefe sprach, wo er sich doch bisher nicht sehr von seiner hölzernen

Bildfamilie ausgezeichnet hatte. „Was ist über Euch gekommen? Wie ist es nur gleich, daß Ihr bei solcher Einsicht, wie Ihr sie eben ausspracht, nur Werke wie diese hervorbringt?"

Der Bildschnitzer lächelte, antwortete aber nicht. Copley wandte sich wieder den Bildnissen zu. Er meinte, daß das Bewußtsein der Unzulänglichkeit, das bei einem rein mechanischen Arbeiter so selten zu finden ist, sicher ein Talent verbürgen müsse, dessen Anzeichen man übersehen hatte. Aber nein; keine Spur davon war zu entdecken. Er war beim Weggehen, als sein Blick zufällig auf eine halbausgearbeitete Figur fiel, die in einer Ecke der Werkstatt inmitten verstreuter Eichenspäne lag. Sie fesselte ihn sofort. „Was ist das hier? Wessen Arbeit ist dies?" rief er plötzlich, nachdem er sie einen Augenblick lang in sprachloser Verwunderung bestaunt hatte. „Hier ist das Göttliche, das Lebenspendende! Welche begnadete Hand läßt dieses Holz zum Leben auferstehen? Wessen Werk ist das?" „Keines Menschen Werk", erwiderte Drowne, „die Gestalt liegt in diesem Eichenklotz verborgen, und meine Aufgabe ist es, sie herauszufinden." „Drowne", sagte der wahre Künstler und faßte begeistert des Bildschnitzers Hand, „Ihr seid ein Genie!"

Als Copley fortging und sich zufällig an der Schwelle umwandte, sah er, wie Drowne sich über die halbfertige Gestalt beugte und die Arme breitete, als wolle er sie umarmen und ans Herz ziehen; sein Gesicht drückte dabei Leidenschaft genug aus, daß es dem leblosen Eichenholz Wärme und Gefühl hätte einhauchen können, wenn solch ein Wunder möglich gewesen wäre. Zu seltsam! sagte der Künstler zu sich selber, wer hätte einen modernen Pygmalion in der Gestalt eines amerikanischen Handwerkers erwartet!

Bis jetzt war das Bild noch undeutlich in seinen äußeren Umrissen, so daß man wie in den Wolkenbildungen um die untergehende Sonne mehr fühlte oder sich vorstellen konnte, was daraus werden sollte, als daß man es wirklich sah. Tag für Tag jedoch wurde die Arbeit klarer, und die verschwommenen und regellosen Umrißlinien fügten sich zu deutlicher Anmut und Schönheit. Der wesentliche Plan war jetzt für jeden ersichtlich.

Es war eine weibliche Gestalt in einem scheinbar ausländischen Gewand. Das Kleid war über der Brust verschnürt und vorne offen, so daß es einen Rock oder ein Unterkleid sehen ließ, dessen unregelmäßige Falten bewundernswert in dem hölzernen Material wiedergegeben waren. Sie trug einen eigenartig anmutigen Hut, überreich mit Blumen geziert, wie sie nie auf dem rauhen Boden Neuenglands wuchsen, die aber in all ihrer Phantastischen Fülle so naturgetreu aussahen, daß es unmöglich schien, daß selbst die fruchtbarste Einbildungskraft sie so hätte schaffen können ohne wirkliche Vorbilder. Verschiedene Kleinigkeiten an der Kleidung hätte man alle für unter der Würde des Bildhauers halten können: einen Fächer, ein Paar Ohrringe, eine Kette am Hals, eine Uhr an der Brust und einen Ring am Finger. Sie waren aber mit soviel Geschmack angebracht, wie eine hübsche Frau nur in ihrer Kleidung beweisen kann, und konnten daher nur einen Beschauer zur Kritik reizen, der in toten Kunstregeln gefangen war.

Das Gesicht war noch unvollendet. Aber allmählich, wie durch zauberhafte Berührung, strahlte Geist und Gefühl aus den Zügen, ganz als ströme Licht aus dem Innern des harten Eichenholzes heraus. Das Gesicht wurde lebendig. Es war schön, wenn auch nicht ganz regelmäßig, und etwas hochmütig. Aber es lag ein gewisser Reiz um Mund und Augen, von dem man am wenigsten von allem geglaubt hätte, daß man ihn auf einem hölzernen Gesicht zum Ausdruck bringen könnte. Und nun war dies wunderbare Werk fertig, soweit die Bildhauerei dabei in Betracht kam.

„Drowne“, sagte Copley, der kaum einen Tag seine Besuche in der Werkstatt unterlassen hatte, „wenn dieses Werk in Marmor ausgeführt wäre, würde es Euch mit einem Schlag berühmt machen; ja, ich möchte fast behaupten, es würde eine neue Epoche in der Kunst herbeiführen. Es ist so vollkommen wie eine antike Statue, und doch so wirklich wie jede leibliche Frau, die man am Kamin oder auf der Straße treffen kann. Aber ich hoffe, Ihr wollt diese Schöpfung nicht durch Malerei entweihen, wie dort die grellen Könige und Admirale?“

„Nicht bemalen?“, rief Kapitän Hunnewell, der dabei stand, „Die Galionsfigur der CYNOSURE nicht bemalen? Und was für eine Rolle sollte ich in einem fremden Hafen spielen, mit so einem unbemalten Stück Eichenholz über dem Bug wie das da? Sie muß und soll lebensgetreu bemalt werden, von der obersten Blume auf ihrem Hut bis zu den Silberspangen auf den Schuhen.“

„Herr Copley“, sagte Drowne ruhig, „ich verstehe nichts von Marmorbildern und den Kunstregeln der Skulptur. Aber von diesem hölzernen Bildnis – diesem Werk meiner Hände – diesem Geschöpf meines Herzens“, – und hier zitterte und versagte seine Stimme ganz sonderbar – „davon, von ihr, verstehe ich doch wohl etwas. Ein Born innerer Weisheit sprudelte in mir, als ich mit aller Kraft, mit ganzer Seele und innigem Glauben an der Eiche arbeitete. Andere mögen mit dem Marmor anfangen, was ihnen beliebt, und sich nach soviel Regeln richten, wie sie wollen. Wenn ich die gewünschte Wirkung in gemaltem Holz erreichen kann, so gelten diese Regeln nicht für mich, und ich habe das Recht, sie zu mißachten.“ Ganz die Gesinnung des Genies! dachte Copley bei sich. Wie könnte sich sonst dieser Bildschnitzer berufen fühlen, alle Regeln zu durchkreuzen und mich zu beschämen, wenn ich sie erwähne!

Er blickte Drowne ernsthaft an und bemerkte wieder jenen Ausdruck der Menschenliebe, die, auf übersinnliche Weise, wie der Künstler unwillkürlich fest glaubte, das Geheimnis des Lebens einschloß, das diesem Holzblock eingehaucht war.

Dann ging der Bildschnitzer dazu über, mit derselben Heimlichkeit, die alles kennzeichnete, was er an diesem geheimnisvollen Bild vornahm, die Kleider in den entsprechenden Farben und das Gesicht in natürlichem Rot und Weiß zu bemalen. Als alles fertig war, öffnete er seine Werkstatt und ließ die Leute aus der Stadt sehen, was er gemacht hatte. Die meisten Leute glaubten im ersten Augenblick, sie müßten den Hut abnehmen und der reichgekleideten, schönen jungen Dame die gebührende Ehre erweisen, die da in einer Ecke des Zimmers zu stehen schien mit Eichensplittern und Spänen ringsum. Dann kam ein Angstgefühl. Da sie kein wirklicher Mensch war und doch so menschlich aussah, mußte sie ein übernatürliches Wesen sein. Es lag tatsächlich etwas so Undefinierbares in Haltung und Ausdruck, daß die Frage ganz berechtigt schien, wer diese Tochter der Eiche sei und aus welcher Sphäre sie komme. Die seltsamen, üppigen Blumen aus dem Garten Eden auf ihrem Haupt, die Hautfarbe, die soviel tiefer und strahlender schien als die der Schönheiten unseres Landes, das scheinbar fremdländische phantastische Gewand, das doch nicht zu auffallend war, als daß man es nicht auf der Straße hätte tragen können, die kunstvoll gearbeitete Stickerei des Kleidersaumes, die breite Goldkette um den Hals, der sonderbare Ring am Finger, der Fächer in feiner Durchbrucharbeit mit einer Bemalung, die ihn Perlmutt und Elfenbein gleichsehen ließ – wo konnte Drowne auf seinem nüchternen Lebensweg der Erscheinung begegnet sein, die hier so unvergleichlich verkörpert war! Und dann das Gesicht! In den dunklen Augen und um den sinnlichen Mund spielte ein Ausdruck von Stolz und Koketterie und ein Schimmer von Belustigung, der Copley die Idee aufdrängte, daß das Bild sich heimlich lustig mache über seine und der andern Beschauer verblüffte Bewunderung.

„Und Ihr wollt zugeben", sagte er zu dem Schnitzer, „daß dieses Meisterstück die Galionsfigur eines Schiffes wird? Gebt doch dem guten Kapitän die Britannia dort – sie wird seinen Zwecken viel besser entsprechen –, und sendet diese Elfenkönigin nach England, wo sie Euch, wenn mich nicht alles täuscht, mindestens tausend Pfund einbringen kann." „Ich habe sie nicht für Geld gearbeitet", sagte Drowne.

Was ist das für ein Mensch? dachte Copley. Ein Yankee, der die Möglichkeit, sein Glück zu machen, von sich weist! Er ist verrückt geworden; und daher ist auch diese geniale Erleuchtung gekommen. Es gab noch mehr Beweise für Drownes Irrsinn, wenn man dem Gerücht glauben durfte, daß man gesehen hatte, wie er vor der hölzernen Dame niederkniete und in leidenschaftlicher Verliebtheit das Gesicht betrachtete, das seine eigenen Hände geschaffen hatten. Die Abergläubigen deuteten an, daß man sich nicht wundern dürfe, wenn ein böser Geist in die schöne Gestalt führe und den Bildschnitzer durch ihre Verführungskünste verderbe. Der Ruf des Bildes drang weit umher. Die Bürger kamen so zahlreich, daß nach wenigen Tagen der Ausstellung kaum noch ein Kind oder alter Mann da war, der nicht bis ins kleinste darüber Bescheid wußte. Wäre die Geschichte von Drownes hölzernem Bildnis hier zu Ende, dann hätte seine Berühmtheit noch lange Jahre angedauert durch die Erinnerung derer, die es in der Kindheit angeschaut hatten und die im späteren Leben nie wieder etwas so Schönes sahen. Aber die Stadt wurde jetzt durch ein Ereignis in Aufregung versetzt, das zur Bildung einer der eigenartigsten Legenden beitrug, die noch heute in den berühmten Kaminecken der Hauptstadt Neuenglands erzählt wird, wo alte Männer und Frauen von der Vergangenheit träumen und über die Träumer der Gegenwart und Zukunft das Haupt schütteln. Eines schönen Morgens, gerade vor der zweiten Abreise der CYNOSURE nach Fayal, sah man den Kapitän des schmucken Schiffes aus seiner Wohnung in der Hannoverstreet herauskommen. Er war vornehm gekleidet in blauen Tuchrock mit goldener Tresse an den Säumen und Knopflöchern, scharlachroter, gestickter Weste, Dreimaster mit breiter Goldschnur und an der Seite ein Hirschfänger mit silbernem Griff. Aber der gute Kapitän hätte in den Gewändern eines Fürsten oder in den Lumpen eines Bettlers auftreten können und wäre doch in keinem Falle beachtet worden, da er völlig verdunkelt wurde von seiner Begleiterin, die sich auf seinen Arm stützte. Die Leute auf der Straße fuhren herum, rieben sich die Augen und sprangen entweder beiseite oder standen vor Erstaunen still wie in Holz oder Marmor verwandelt. „Seht Ihr? – Seht Ihr es?“ rief einer, zitternd vor Eifer. „Es ist sie selber!“ „Sie selber?“ antwortete ein anderer, der erst am Abend vorher in die Stadt gekommen war. „Wen meint Ihr? Ich sehe nur einen Kapitän, der sich landfein gemacht hat, und eine junge Dame in fremdländischer Kleidung mit einem schönen Blumenstrauß auf dem Hut. Bei Gott, sie ist eine so strahlend hübsche Dame, wie meine Augen schon lange nicht gesehen haben!" „Ja, sie! – ganz genau sie!" wiederholte der andere; „Drownes hölzernes Bildnis ist lebendig geworden!" Das war wirklich ein Wunder! Aber im Licht des Sonnenscheins oder verdunkelt vom wechselnden Schatten der Häuser ging das Bildnis die Straße entlang, und seine Kleider flatterten leicht im Morgenwind. Es war peinlich genau die Gestalt, das Kleid und das Gesicht, vor dem sich erst so kürzlich die Leute aus der Stadt bewundernd gedrängt hatten. Nicht eine der üppigen Blumen auf ihrem Kopf, nicht ein einziges Blatt war da, das nicht sein Gegenstück gehabt hätte in Drownes hölzerner Geschicklichkeit. Aber jetzt war ihre zarte Anmut beweglich und neigte sich bei jedem Schritt der Trägerin. Die breite Goldkette am Halse stimmte genau mit der des Bildnisses überein und erglänzte, wenn die Brust, die sie schmückte, sich hob oder senkte. Ein echter Diamant schimmerte an ihrem Finger. In der rechten Hand trug sie einen Perlmutt- und Ebenholzfächer, den sie mit bezaubernder Koketterie schwenkte, die sich auch in all ihren anderen Bewegungen ausdrückte sowie im Stil ihrer Schönheit und der Kleidung, die ihr so gut angepaßt war. Das Gesicht in seinen strahlenden Farben trug den gleichen Reiz heiteren Unfugs, der auch auf dem Anstrich des Bildes lag; hier aber war er wechselvoll und stets verschieden und doch im Grunde immer gleich, wie der Sonnenglanz auf einem sprudelnden Brunnen. Über der ganzen Erscheinung lag etwas so Feenhaftes und doch wieder Wirkliches, und sie gab Drownes Bildnis so vollkommen wieder, daß die Leute nicht wußten, ob sich das zauberhafte Holz in einen Geist verflüchtigt oder zu einer wirklichen Frau geschmiegt und belebt hatte. „Eins ist gewiß", murmelte ein echter alter Puritaner, „Drowne hat sich dem Teufel verschrieben, und zweifellos spielt dieser lustige Kapitän Hunnewell eine Rolle bei dem Handel." „Und ich", sagte ein junger Mann, der ihnen zuhörte, „wäre fast bereit, das dritte Opfer zu sein, wenn ich dafür diese lieblichen Lippen küssen dürfte." – „Ich auch", sagte der Maler Copley, wenn ich dafür ihr Bildnis malen könnte." Das Biid, oder die Erscheinung, was es nun sein mochte, ging weiter unter dem Schutz des wakkeren Kapitäns, aus der Hannoverstraße durch einige der Querstraßen, die dieses Stadtviertel so verworren machen, in die Annengasse, dann über den Anlegeplatz zur Werkstatt Drownes, die dicht am Wasser stand. Die Menge folgte noch immer und wurde größer unterwegs. Niemals war in neuer Zeit bei so hellem Tageslicht und vor so viel Zeugen ein Wunder geschehen. Als ob sie sich bewußt sei, der Gegenstand des Geflüsters und der Aufregung hinter ihr zu sein, schien die luftige Gestalt leicht gequält und verwirrt, aber doch nur so, wie es sich mit der Lebhaftigkeit und leisen Freude am Unfug vertrug, die ihr im Gesicht geschrieben standen. Man sah, wie sie so heftig den Fächer schwenkte, daß sein zarter Bau nicht standhielt, und er zerbrach in ihrer Hand. Als sie vor Drownes Tür angekommen waren, die der Kapitän aufstieß, blieb die wundersame Erscheinung einen Augenblick auf der Schwelle stehen, nahm genau die Stellung des Bildes an und warf den gleichen ein wenig koketten Blick über die Menge, den sie alle an der Dame aus Eichenholz kannten. Dann verschwand sie mit ihrem Begleiter.

„Ah", murmelte die Menge, und alles atmete tief, wie aus einer großen Lunge. „Die Welt sieht dunkler aus jetzt, wo sie verschwunden ist", sagten ein paar junge Leute. Aber die alten, deren Erinnerungen noch bis in Hexenzeiten zurückreichten, schüttelten die Köpfe und deuteten an, daß unsere Vorfahren es sicher für eine fromme Tat gehalten hätten, die Tochter der Eiche zu verbrennen. „Wenn sie etwas anderes ist als leerer Schein", rief Copley, „muß ich ihr noch einmal ins Gesicht sehen!" Daraufhin trat er in die Werkstatt. Und da stand das Bildnis in der gewohnten Ecke und schaute ihn, wie es schien, mit genau dem gleichen Ausdruck heiteren Mutwillens an, der auch der Abschiedsblick der Erscheinung gewesen war, als sie, vor einem Augenblick erst, sich der Menge zugewandt hatte. Der Bildschnitzer stand vor seinem Werk und besserte den schönen Fächer aus, der durch irgendeinen Zufall zerbrochen war. Aber es war keine Bewegung mehr in dem naturgetreuen Bild – auch keine wirkliche Frau in der Werkstatt, nicht einmal ein zauberischer Sonnenschatten, der die Augen der Menschen geblendet haben konnte, als er über die Straße huschte. Auch Kapitän Hunnewell war verschwunden. Aber seine rauhe Seemannsstimme hörte man hinter einer Tür, die nach dem Wasser zu führte. „Setzt Euch auf den Achtersitz, Gnädigste“, sagte der Kapitän ritterlich. „Hallo, rührt euch, ihr Schlingel, und bringt uns an Bord bis ich drei zähle!“ Dann hörte man Ruderschläge. „Drowne“, sagte Copley mit verständnisvollem Gesicht, „Ihr habt wirklich Glück gehabt. Welcher Maler oder Bildhauer hatte je solch ein Modell! Kein Wunder, daß sie das Genie in Euch weckte und den Künstler schuf, der dann ihr Bildnis schaffen konnte.“ Drowne sah ihn mit Augen an, in denen noch Tränen glänzten, aber das Licht der Phantasie und künstlerischen Empfindens, das noch so kurz vorher darin geleuchtet hatte, war erloschen. Er war wieder der mechanische Bildschnitzer, als den man ihn sein Leben lang gekannt hatte. „Ich weiß nicht recht, was Ihr meint, Herr Copley“, sagte er und fuhr sich über die Stirn. „Dieses Bildwerk! habe ich das wirklich gemacht? Ja – dann habe ich es wie im Traum gemacht. Und jetzt, wo ich ganz wach bin, muß ich mich daran machen, den Admiral Vernon dort fertigzustellen.“

Und sofort beschäftigte er sich mit dem ausdruckslosen Gesicht eines seiner hölzernen Erzeugnisse und vollendete es ganz in seiner alten mechanischen Art; und man hat nie gehört, daß er später je wieder davon abgewichen sei. Viele Jahre lang ging er fleißig seinem Gewerbe nach, erwarb sich ein hinlängliches Auskommen, und im Alter gelangte er zu einer hohen Stellung in der Kirche, denn er wird in Berichten und Überlieferungen als „Diakonus Drowne, der Bildschnitzer“ erwähnt. Eines seiner Erzeugnisse, ein ganz vergoldeter Indianerhäuptling, stand während der glücklicheren Zeit eines Jahrhunderts auf der Kuppel des Provinzhauses und blendete wie ein Sonnenengel die Augen aller, die hineinsahen. Ein anderes Werk des guten Diakons – ein verkleinertes Abbild unseres Freundes Kapitän Hunnewell mit Teleskop und Quadrant – kann man heute noch an der Ecke von Broad- und Statesstreet sehen, in der nützlichen Verwendung als Wahrzeichen eines Schiffsgerätemachers.

Die Geringwertigkeit der seltsamen alten Figuren im Vergleich zu der Vorzüglichkeit der Dame aus Eichenholz läßt sich nicht anders erklären als durch die Annahme, daß in jedem Menschengeist Phantasie, Empfindsamkeit, Schöpferkraft und Talent schlummert, die je nach den Umständen in dieser Welt zur Entwicklung gelangen oder hinter Stumpfheit versteckt auf einen anderen Seinszustand warten. Unserem Freund Drowne war eine kurze Zeit der Erregung beschieden, die von der Liebe entfacht war. Sie machte bei dieser einen Gelegenheit ein Genie aus ihm, aber als die Enttäuschung kam, blieb er wieder der handwerksmäßige Holzschneider, der nicht einmal das Werk erfassen konnte, das seine eigenen Hände geschaffen hatten. Und doch – wer kann bezweifeln, daß der höchste Stand, den ein Menschengeist erreichen kann, in seiner kühnsten Sehnsucht der wahrste und natürlichste ist? Und daß Drowne ein harmonischerer Mensch war, als er die wunderbare Gestalt der geheimnisvollen Dame schuf . . .?

Es ging in jener Zeit ein Gerücht um in Boston, daß eine vornehme junge Dame aus Portugal bei einer politischen oder häuslichen Aufregung aus ihrer Heimat in Fayal geflohen war und sich unter den Schutz des Kapitäns Hunnewell gestellt hatte, auf dessen Schiff und in dessen Haus sie Aufnahme fand, bis die Lage sich geändert hatte. Diese schöne Fremde muß das Urbild von Drownes hölzernem Bildnis gewesen sein.

Frau Ochsfrosch

Es macht mich ganz melancholisch, wenn ich mit ansehen muß, wie töricht manche sonst ganz verständigen Leute sind, wenn es sich darum handelt, eine Frau zu suchen. Sie verwirren ihr Urteil durch die ganz unangebrachte Einstellung auf kleine Reize der persönlichen Erscheinung, der Kleidung, der Neigungen und anderer Nichtigkeiten, die keinen etwas angehen, als die Dame selbst. Der unglückselige Mann, der entschlossen ist, nur die Vollkommenheit selbst zu heiraten, behält sein Herz und seine Hand so lange, bis sie beide so alt und welk sind, daß keine annehmbare Frau mehr danach fragt. Und das ist doch der Gipfel der Dummheit. Die gütige Vorsehung hat so weise ein Geschlecht dem andern angepaßt und die Menge der Einzelwesen aneinander, daß, abgesehen von einigen unverkennbaren Ausnahmen, jeder Mann und jede Frau ein bescheidenes Glück in der Ehe finden kann. Die beste Regel ist, sich zu vergewissern, ob die Grundlagen gut sind, und fest davon überzeugt zu sein, daß alle kleinen Gefahren, wenn solche da sind, verschwinden werden, wenn man sich nicht darum kümmert. Man muß sich nur ganz klar sein über die wirkliche Basis ehelichen Glückes, und man kann sich kaum vorstellen, welche Wunder die Gattenliebe vollbringen kann, wenn es darum geht, kleine Verschiedenheiten auszugleichen.

Was mich selbst anbetrifft, so gebe ich offen zu, daß ich in meiner Junggesellenzeit ein überängstlicher Einfaltspinsel gewesen war, wie ich es jetzt dem Leser rate, nicht zu sein. Meine früheren Lebensumstände hatten mich übertrieben verfeinert und fast weiblich empfindsam gemacht. Ich war ein perfekter Verkäufer in einem Schnittwarengeschäft. Auf die Launen vornehmer Damen einzugehen, seidene Strümpfe für zarte Beine auszusuchen, mit Seide, Bändern, Batist, Borten, Florstoffen und Sticknadeln umzugehen, das alles ließ mich zu einem sehr mädchenhaften jungen Mann heranwachsen. Es ist wohl nicht zuviel behauptet, daß die Damen selber kaum so damenhaft waren wie Thomas Ochsfrosch. So peinlich stark fiel mir jede weibliche Unvollkommenheit auf, und so vielerlei Vollkommenheiten verlangte ich von der Frau, die ich lieben konnte, daß ich stark Gefahr lief, überhaupt keine Frau zu bekommen, oder mich mit meinem eigenen Spiegelbild zu verheiraten. Außer der bereits erwähnten Grundlage verlangte ich erste Jugendblüte, Perlenzähne, schimmernde Locken und noch eine ganze Reihe lieblicher Einzelheiten, dazu äußerste Zartheit der Neigungen und Gefühle, ein seidenweiches Gemüt und vor allem ein jungfräuliches Herz. In einem Wort: wäre ein junger Engel geradewegs aus dem Paradies gekommen und hätte mir in irdischer Verkleidung seine Hand angeboten, es ist durchaus noch nicht gewiß, ob ich sie angenommen hätte. Es bestand alle Aussicht, daß ich ein armseliger alter Junggeselle werden mußte, als ich durch den glücklichsten Zufall der Welt in eine andere Provinz reisen mußte, wo ich bezaubert wurde und wieder bezauberte, wo ich warb und gewann und heiratete – die, die heute Frau Ochsfrosch ist, alles innerhalb von vierzehn Tagen. Durch die Plötzlichkeit maß ich nicht nur meiner Braut Vorzüge bei, die bis heute noch nicht ans Tageslicht gekommen sind, ich übersah sogar einige kleine Fehler, die ich jedoch bereits lange vor dem Ende der Flitterwochen zu bemerken begann. Aber da über die bereits erwähnte Grundlage kein Zweifel bestand, lernte ich bald, wie man sehen wird, das Zuwenig und Zuviel an Frau Ochsfrosch ganz richtig einzuschätzen.

Noch am Morgen unserer Trauung nahmen wir zwei Plätze in der Postkutsche und traten die Reise nach meiner Berufsstätte an. Es waren keine Mitreisenden da, und wir waren so allein und konnten unserer Begeisterung so sehr freien Lauf lassen, als hätte ich eine Lohnkutsche für die Hochzeitsreise gemietet. Meine junge Frau sah reizend aus in ihrer grünseidenen Kapuze und einem Reisekleid mit Pelzbesatz; und wenn sich die roten Lippen zum Lächeln öffneten, schien jeder Zahn wie eine unschätzbare Perle. So groß war meine leidenschaftliche Glut, schöne Leserin, daß ich – wir waren aus dem Dorf hinausgepoltert und so allein wie Adam und Eva im Paradies – daß ich mich keiner geringeren Sünde als eines Kusses für schuldig erkläre! Und meiner Frau sanfter Blick machte mir kaum einen Vorwurf ob dieser Entweihung. Durch diese Nachsicht kühn geworden, schob ich die Kapuze von ihrer klaren Stirn zurück und ließ meine Finger, die so weiß und zart waren wie ihre eigenen, durch die dunklen, glänzenden Locken gleiten, in denen meine wachen Träume von schönem Haar verwirklicht waren.

„Liebster“, sagte Frau Ochsfrosch zärtlich, „du bringst mir die Locken in Unordnung.“

„Oh nein, süße Laura“, erwiderte ich und spielte weiter mit den schimmernden Haaren, „selbst deine schöne Hand könnte nicht zarter mit einer Locke umgehen als die meine. Ich will mir das Vergnügen machen, jeden Abend zugleich mit dem meinen auch dein Haar aufzuwickeln.“

„Ochsfrosch“, wiederholte sie, „du sollst meine Locken nicht in Unordnung bringen.“

Dies war in einem entschiedeneren Ton gesprochen, als ich ihn bisher von der sanftesten aller sanften Frauen gehört hatte. Zugleich fing sie meine Hand mit der ihren, zog sie aber nur von der verbotenen Locke weg und ließ sie dann sofort wieder los. Nun bin ich ein nervöser kleiner Mann und muß immer etwas in den Fingern haben. Daher sah ich mich nach einem anderen Spielzeug um, als mir die Locken meiner Frau entzogen waren. Auf dem Vordersitz des Wagens stand ein kleiner Korb, wie ihn reisende Damen, die zu vornehm sind, um an der Wirtstafel zu erscheinen, meist mit einem Vorrat von Pfefferkuchen, Zwieback und Käse, kaltem Schinken und anderen kleinen Erfrischungen mit sich nehmen, nur um sich bis zum Ende der Reise aufrechtzuerhalten. Solch zarte Kost hält sie aber manchmal eine ganze Woche lang bei guter Gesundheit. Ich erfaßte diesen kleinen Korb und steckte die Hand unter das Zeitungspapier, mit dem er sorgfältig zugedeckt war.

„Was ist das, Liebste?“ rief ich, denn der dunkle Hals einer Flasche reckte sich aus dem Korb.

„Eine Flasche Kalydor“, sagte meine Frau, nahm mir ruhig den Korb aus der Hand und stellte ihn auf den Vordersitz zurück.

Ich konnte ja keinen Zweifel in die Worte meiner Frau setzen. Aber ich hatte nie gewußt, daß echter Kalydor, wie ich ihn selber für meine Hautpflege verwandte, so sehr nach Cherry Brandy roch. Ich wollte gerade meiner Befürchtung Ausdruck verleihen, daß das Schönheitswasser ihrer Haut schaden möchte, als ein Zwischenfall passierte, der einen Schaden bringen konnte, der tiefer ging als die Haut. Unser Rosselenker war achtlos durch einen Sandhaufen gefahren und hatte die Kutsche umgekippt, so daß die Räder in der Luft standen und unsere Füße da waren, wo unsere Köpfe hätten sein sollen. Was aus meinem Verstand wurde, kann ich mir nicht vorstellen. Er hatte von jeher eine boshafte Neigung mich im Stich zu lassen, wenn ich ihn gerade am nötigsten brauchte. Und so kam es, daß ich in der Verwirrung des Sturzes ganz vergaß, daß es eine Frau Ochsfrosch auf der Welt gab. Wie die Frauen vieler anderer Männer, diente auch diese gute Dame ihrem Gatten als Sprungbrett. Ich war aus der Kutsche herausgeklettert und schob mir instinktiv die Krawatte zurecht, als irgend jemand unsanft an mir vorbeistrich, und dann hörte ich eine kräftige Ohrfeige, die dem Kutscher verabfolgt wurde.

„Da, du Schuft!“ schrie eine seltsame heisere Stimme. „Du hast mich ruiniert, du roher Kerl! Ich werde nie wieder die Frau sein, die ich war!“

Und dann kam ein zweiter Schlag, der auf des Kutschers Ohr zielte, es aber verfehlte und die Nase traf, wo er einen furchtbaren Bluterguß zur Folge hatte. Wer oder was für eine schreckliche Erscheinung dem armen Kerl diese Bestrafung verabreichte, blieb ein undurchdringliches Geheimnis für mich. Die Schläge wurden von einer grausig anzuschauenden Gestalt erteilt. Der Kopf war fast kahl, die Wangen eingesunken; es war offenbar ein weibliches Wesen, wenn man es auch kaum zum zarten Geschlecht rechnen konnte. Da keine Zähne die Stimme klangvoll machten, war sie undeutlich grimmig, nicht leidenschaftlich, aber unerbittlich, und sie machte mich zittern wie Kalbsfußsülze. Wer konnte die Erscheinung sein? Der entsetzlichste Umstand bei der ganzen Sache bleibt aber noch zu erzählen: Dieses Ungeheuer, oder was es sonst war, hatte das gleiche Reisekleid an wie Frau Ochsfrosch und auch eine grünseidene Kapuze, die ihr an den Bändern auf dem Rücken baumelte. Im Aufruhr und Tumult meines Geistes konnte ich mir nichts anderes vorstellen, als daß bei unserem Sturz der Teufel meine Frau in nichts verwandelt habe und dann in ihre Röcke gesprungen sei. Diese Vermutung schien um so wahrscheinlicher, als ich nirgendwo Frau Ochsfrosch lebendig erblickte, oder, wenn ich mich auch noch so genau umsah, irgendeine Spur der Leiche des geliebten Weibes entdecken konnte. Es wäre doch ein Trost gewesen, ihr ein Begräbnis zu geben!

„Bitte, mein Herr, rühren Sie sich! Hilf dem Gauner, die Kutsche aufrichten", sagte das Gespenst zu mir. Dann schrie es drei Landleute, die etwas entfernt standen, fürchterlich an: „Hierher, schämt ihr euch nicht, beiseite zu bleiben, wenn eine arme Frau in Not ist?"

Anstatt sich fluchtartig in Sicherheit zu bringen, kamen die Landleute eiligst herbeigerannt und legten Hand an die umgestürzte Kutsche. Auch ich, obwohl ich nur klein war, machte mich wie ein Riese an die Arbeit. Der Kutscher, dem das Blut noch immer aus der Nase lief, schuftete auch sehr herzhaft; er fürchtete zweifellos, daß ihm der nächste Schlag den Schädel eindrücken würde. Und doch, verprügelt wie der arme Kerl war, schien er doch mich mit mitleidigem Blick anzusehen, als sei ich noch bedauernswerter als er. Aber ich nährte die Hoffnung, daß alles nur ein Traum sei, und als wir den Wagen aufrichteten, ergriff ich die Gelegenheit, zwei Finger unter das Rad zu klemmen, weil ich hoffte, durch den Schmerz aufgeweckt zu werden.

„So, da wären wir, alles wieder in Ordnung!" rief eine liebliche Stimme hinter uns. „Ich danke für Ihren Beistand, meine

Herren. Mein armer Ochsfrosch, wie bist du erhitzt! Laß mich deine Stirn abwischen. Nehmt den kleinen Unfall nicht zu sehr zu Herzen, guter Postillon. Wir müssen froh sein, daß keiner von uns den Hals gebrochen hat."

„Einen von den drei Hälsen hätten wir schon entbehren können", murmelte der Kutscher, rieb sich das Ohr und zupfte sich an der Nase, um sich zu vergewissern, ob er Prügel bekommen hatte oder nicht. „Weiß Gott, die Frau ist eine Hexe."

Ich fürchte, der Leser wird es nicht glauben, aber es ist Tatsache: da stand Frau Ochsfrosch – die schimmernden Locken ringelten sich über der Stirn, und zwei Reihen orientalischer Perlen blitzten zwischen den geöffneten Lippen hervor, auf denen ein engelgleiches Lächeln lag. Sie hatte ihr Reisekleid und ihre Kapuze dem greulichen Ungeheuer wieder abgenommen und war in jeder Beziehung wieder die liebliche Frau, die im Augenblick des Sturzes an meiner Seite gesessen hatte. Wie sie hatte verschwinden können, und wer ihren Platz eingenommen hatte, woher sie jetzt zurückkam – das waren zu verwickelte Probleme für mich. Da stand meine Frau. Das war die einzige Gewißheit unter der Menge von Geheimnissen. Es blieb nichts mehr zu tun, als ihr beim Einsteigen zu helfen und die Reise durch diesen Tag und die Reise durchs Leben so gemütlich wie nur möglich fortzusetzen. Als der Kutscher den Schlag hinter uns schloß, hörte ich, wie er den drei Landleuten zuflüsterte: „Was denkt ihr, wie einem zu Sinn ist, der mit einer Tigerin in einen Käfig gesperrt ist?"

Natürlich konnte sich die Frage nicht auf meine Lage beziehen. Und doch, so unvernünftig das auch scheinen mag, ich muß gestehen, daß meine Gefühle nicht mehr ganz so begeistert waren wie im allerersten Augenblick der Ehe. Gewiß, sie war eine reizende Frau und ein Engel. Aber wenn das Ungeheuer wieder zurückkäme und mitten in der Begeisterung ehelicher Glückseligkeit die Stelle des Engels einnähme – was dann? Ich erinnerte mich an die Fee im Märchen, die die Hälfte der Zeit eine schöne Frau, die andere Hälfte ein scheußliches Ungeheuer war. Hatte ich ausgerechnet diese Frau zur Eheliebsten erwählt? Während solche Einfälle und Hirngespinste durch meinen Kopf schossen, schaute ich Frau Ochsfrosch von der Seite an und erwartete fast, die Wandlung vor meinen Augen sich vollziehen zu sehen.

Um mich zu zerstreuen, nahm ich die Zeitung, die den kleinen Erfrischungskorb bedeckt hatte und nun auf dem Boden der Kutsche lag. Sie trug tiefrote Flecke und roch mächtig nach Schnaps – von dem Inhalt der zerbrochenen Flasche mit Schönheitswasser. Die Zeitung war zwei bis drei Jahre alt, aber sie enthielt einen mehrere Spalten langen Artikel, der mich bald außerordentlich fesselte. Es war der Bericht einer Gerichtsverhandlung wegen Bruches des Eheversprechens. Die Zeugenaussagen waren ungekürzt wiedergegeben und Auszüge feuriger Stellen aus den beiderseitigen Liebesbriefen. Die verlassene Dame war selber vor Gericht erschienen und hatte nachdrücklich Zeugnis abgelegt von der Untreue des Geliebten und der Stärke ihrer verratenen Gefühle. Der Verteidiger hatte einen ungenügend durchgeführten Versuch gemacht, den Charakter der Klägerin anzugreifen und Einspruch erhoben gegen die Höhe des Schadenersatzes unter Hinweis auf ihre unliebenswürdige Veranlagung. Der Name der Dame weckte einen furchtbaren Gedanken in mir.

„Gnädige Frau“, sagte ich und hielt Frau Ochsfrosch die Zeitung unter die Nase und, obwohl ich ein kleiner, zarter Mann mit schmalem Gesicht war, bin ich doch sicher, daß ich sehr furchterregend aussah – „gnädige Frau“, sagte ich noch einmal mit zusammengebissenen Zähnen, „waren Sie die Klägerin in diesem Prozeß?“

„Aber liebster Ochsfrosch“, erwiderte meine Frau sanft, „ich dachte, das wüßte doch jedermann!“

„Oh Entsetzen!“ rief ich und sank auf die Bank zurück.

Beide Hände schlug ich vors Gesicht und stieß einen tiefen Seufzer aus, wie einen Todesschrei, als risse meine gequälte Seele mich in Stücke. Ich, der wählerischste aller Männer, dessen Gattin die zarteste und verfeinertste aller Frauen sein sollte, mit allen frischen Tautropfen auf der jungfräulichen Rosenknospe ihres Herzens! Ich dachte an die schimmernden Locken und die Perlenzähne – ich dachte an das Schönheitswasser – ich dachte an das zerschundene Ohr und die blutige Nase des Kutschers – ich dachte an die zarten Liebesgeheimnisse, die sie vor Richter und Gerichtshof und tausend kichernden Zuhörern geflüstert hatte – und ich stöhnte noch einmal.

„Ochsfrosch", sagte meine Frau.

Als ich nicht antwortete, nahm sie sanft meine Hände zwischen die ihren, zog sie mir vom Gesicht und sah mir fest in die Augen.

„Ochsfrosch", sagte sie, nicht unfreundlich, aber mit der ganzen Bestimmtheit ihres starken Charakters, „laß dir den Rat geben, diese törichte Schwäche zu überwinden und zeige dich, soweit es in deiner Möglichkeit steht, als ebensoguter Gatte, wie ich es als Gattin tun will. Vielleicht hast du einige kleine Unvollkommenheiten an deiner Frau entdeckt. Nun – was hast du denn erwartet? Frauen sind keine Engel. Wenn sie das wären, würden sie sich ihre Männer im Himmel suchen – oder wenigstens in ihrer Wahl auf Erden viel heikler sein."

„Aber warum denn diese Unvollkommenheiten verbergen?" unterbrach ich sie mit zitternder Stimme.

„Nun sag mir, Liebster, ob du nicht ein ganz unvernünftiger kleiner Mann bist", sagte meine Frau und tätschelte mir die Backe. „Sollte eine Frau ihre Gebrechen vor der Hochzeit enthüllen? Ich versichere dir, wenige Männer machen die Entdekkung überhaupt so früh, und noch weniger beklagen sie sich darüber, daß ihnen diese Kleinigkeiten zu lange verheimlicht wurden. Nein, was bist du für ein sonderbarer Mann! Geh, du machst wohl nur Spaß."

„Aber der Prozeß!" stöhnte ich.

„Ach! Da liegt also die Schwierigkeit?" rief meine Frau. „Ist es möglich, daß du das als anstößig betrachtest? Das hätte ich mir nie träumen lassen. Ist es anstößig, daß ich mich siegreich gegen Verleumdung verteidigt und meine Unbescholtenheit vor Gericht klargestellt habe? Oder beklagst du dich darüber, daß deine Frau die rechte weibliche Gesinnung gezeigt und den Schurken bestraft hat, der mit ihrer Neigung nur spielte?"

„Aber“, beharrte ich – rückte aber in eine Ecke des Wagens, denn ich war mir nicht ganz klar, wieviel Widerspruch die rechte weibliche Gesinnung vertragen könne – „aber, meine Liebe, wäre es nicht würdevoller gewesen, den Schurken mit der schweigenden Verachtung zu behandeln, die er verdiente?“

„Das ist alles ganz schön“, sagte meine kluge Frau, „aber wo wären in diesem Fall die fünftausend Dollar, die wir in unser Schnittwarengeschäft stecken wollen?“

„Frau Ochsfrosch, auf Ehre“, fragte ich, als ob mein Leben an ihren Lippen hinge, „besteht auch kein Irrtum in bezug auf diese fünftausend Dollar?“

„Bei meiner Ehre, nein“, erwiderte sie. „Das Gericht gab mir jeden Pfennig, den der Schuft besaß – und ich habe alles für meinen geliebten Ochsfrosch aufgehoben!“

„Dann, geliebtes Weib“, rief ich in überströmender Zärtlichkeit, „laß dich ans Herz drücken! Die Grundlage des ehelichen Glückes ist gesichert, und alle deine kleinen Fehler und Gebrechen sind verziehen. Nein, da das Ergebnis so glücklich war, freue ich mich über die Kränkungen, die dich zu diesem gesegneten Prozeß getrieben haben. Oh, ich glücklicher Ochsfrosch!“

Endicott und das rote Kreuz

Zur Mittagszeit eines Herbsttages vor mehr als zweihundert Jahren wurde die englische Flagge von dem Bannerträger einer Truppe in Salem entfaltet, die zu Kriegsübungen unter dem Befehl John Endicotts aufgeboten war. In dieser Zeit waren die um ihres Glaubens willen Verbannten es gewohnt, oft zu den Waffen zu greifen und sich in der Anwendung des Kriegsgeräts zu üben. Seit der ersten Besiedlung Neuenglands waren seine Aussichten nie so trostlos gewesen. Die Streitigkeiten zwischen Karl dem Ersten und seinen Untertanen waren damals, und noch einige Jahre länger, auf die Wände des Parlaments beschränkt. Die Maßnahmen des Königs und des Ministeriums wurden nur noch despotischer grausam durch einen Widerstand, der noch nicht genug auf die eigene Kraft vertrauen konnte, um der Ungerechtigkeit des Herrschers mit dem Schwert zu begegnen. Der hochmütige und bigotte Primas Laud, der Erzbischof von Canterbury, überwachte die religiösen Angelegenheiten des Landes und war daher mit einer Macht ausgestattet, die den beiden puritanischen Kolonien in Plymouth und Massachusetts leicht den völligen Untergang bereiten konnte. Es ist historisch bewiesen, daß unsere Vorfahren sich der Gefahr bewußt waren, allein sie waren entschlossen, daß ihr junges Vaterland nicht kampflos fallen sollte, auch nicht unter dem riesenstarken „rechten Arm“ des Königs.

So sahen die Zeiten aus, als das englische Banner, mit dem roten Kreuz im Feld, über einer Abteilung puritanischer Streiter entfaltet wurde. Ihr Führer, der berühmte Endicott, war ein Mann mit ernstem und entschlossenem Gesicht, das ein grauer Bart noch eindrucksvoller machte, der den oberen Teil seines Brustpanzers bedeckte. Dieses Rüstungsstück war so blank geputzt, daß die ganze Umgebung sich in dem blitzenden Stahl spiegelte. Der Mittelpunkt in diesem Spiegelbild war ein Gebäude von bescheidener Bauart; kein Turm und keine Glocke kennzeichneten es als das, was es doch war – ein Gotteshaus. Einen Beweis für die Gefahren der Wildnis bot der grimmige Kopf eines Wolfes, der erst vor kurzer Zeit in der Umgebung der Stadt erlegt worden war, und den man, wie es der Anspruch auf die ausgesetzte Belohnung forderte, über der Tür des Versammlungshauses angenagelt hatte.

Dicht neben dem Gotteshaus erblickte man jenes wichtige Werkzeug puritanischer Macht, die Staupsäule. Gut festgetreten war der Boden ringsum von den Füßen der Übeltäter, die man dort ausgepeitscht hatte. An einer Seite des Versammlungshauses stand der Pranger, an der anderen der Block. Und – ein glücklicher Zufall für unsere Beschreibung – der Kopf eines Mitglieds der Episkopalkirche, das man für einen heimlichen Katholiken hielt, steckte unglückselig in dem ersten Marterwerkzeug, während ein Mitverbrecher, der ein ungestümes Hoch auf die Gesundheit des Königs ausgebracht hatte, mit den Füßen im Block lag. Eine männliche und eine weibliche Gestalt standen nebeneinander vor den Stufen der Kirche. Der Mann war, groß, hager, abgezehrt – die Verkörperung des Fanatismus. Er trug ein Schild auf der Brust „Ein leichtfertiger Schriftausleger", was anzeigte, daß er es gewagt hatte, die Heilige Schrift zu deuten, ohne die Genehmigung der unfehlbaren staatlichen und kirchlichen Herrscher einzuholen. Er sah nicht aus, als hätte, selbst am Schandpfahl, sein Eifer für die Aufrechterhaltung seiner Irrlehren sich vermindert. Der Frau hatte man ein gespaltenes Holz über die Zunge geklemmt, als angemessene Strafe dafür, daß sie dieses unbotmäßige Glied gegen die Vorsteher der Kirche gebraucht hatte. Aber ihr Gesicht und ihre Haltung gaben guten Grund zu der Annahme, daß im gleichen Augenblick, in dem das Holz entfernt würde, eine Wiederholung des Verbrechens die Erfindung neuer Maßnahmen zur Bestrafung erfordern müßte.

Die erwähnten Personen waren verurteilt, ihre verschiedenen schmachvollen Strafen für die Dauer einer Mittagsstunde zu erdulden. Aber unter der umstehenden Menge waren verschiedene, deren Bestrafung lebenslang dauerte: einige, denen die Ohren beschnitten waren wie jungen Hunden; andere, auf deren Wangen die Anfangsbuchstaben ihrer Verfehlungen eingebrannt waren; einer mit geschlitzten und gesengten Nasenflügeln; ein anderer mit einem Strick um den Hals, den er niemals abnehmen oder unter seinen Kleidern verstecken durfte. Ich glaube, er war oft schmerzlich versucht, das andere Ende des Strickes an irgendeinen Baum oder Zweig in der Nähe zu knüpfen. Da war auch eine junge Frau von nicht geringer Schönheit, deren Los es war, den Buchstaben E vorn auf ihrem Kleid zu tragen, vor aller Welt und vor ihren eigenen Kindern. Und selbst ihre Kinder wußten, was dieser Buchstabe bedeutete. Ihrer eigenen Schmach zu Hohn hatte dieses verlorene und verzweifelte Geschöpf den verhängnisvollen Buchstaben auf scharlachrotes Tuch mit goldenem Faden und in zierlichster Arbeit gestickt, so daß das große E alles andere eher hätte bedeuten können als Ehebrecherin.

Außer den erwähnten Übeltätern und alten und schwachen Leuten sah man die ganze männliche Bevölkerung der Stadt zwischen sechzehn und sechzig in den Reihen der Kriegstruppe. Ein paar stattliche Wilde in der vollen prunkhaften Würde des Urindianers starrten das Schauspiel an. Ihre Pfeile mit den Kieselspitzen waren nur kindliche Waffen im Vergleich zu den Luntenschloßmusketen der Puritaner und wären harmlos abgeglitten an den Stahlhelmen und gehämmerten Brustpanzern, die jeden Soldaten wie in seiner eigenen Festung einschlossen. Der tapfere John Endicott blickte stolz auf seine handfeste Schar und schickte sich an, die kriegerische Arbeit des Tages wieder aufzunehmen.

„Kommt, wackere Leute!" sprach er und zog sein Schwert, „wir wollen diesen armen Heiden zeigen, daß wir die Waffen wie kraftvolle Männer zu führen verstehen. Wohl ihnen, wenn sie uns nicht zwingen, ihnen das im Ernst zu beweisen!"

Die eisengepanzerte Schar richtete die Linie aus, und jeder Mann stellte den schweren Kolben seiner Muskete dicht an den linken Fuß und wartete so auf die Befehle des Führers. Aber als Endicott nach rechts und links die Front abmusterte, erblickte er in einiger Entfernung einen Menschen, den anzureden ihm schicklich schien. Es war ein älterer Herr in schwarzem Rock und Priesterabzeichen, mit hohem Hut und einer Samtkappe darunter – der Tracht des puritanischen Geistlichen. Dieser würdige Mann trug einen Stock, der erst kürzlich im Wald geschnitten schien, und seine Schuhe waren beschmutzt, als sei er zu Fuß durch die Sümpfe der Wildnis gewandert. Er sah ganz aus wie ein Pilger, und eine apostolische Würde vertiefte diesen Eindruck noch. Als Endicott ihn bemerkte, hatte er gerade seinen Stab beiseite gelegt und sich zum Trinken zu einer murmelnden Quelle niedergebeugt, die einige zwanzig Schritt von dem Versammlungshaus entfernt in den Sonnenschein hinaussprudelte.

„Hallo! Guter Herr Williams", rief Endicott, „willkommen daheim in unserer friedlichen Stadt. Was macht unser werter Statthalter Winthrop? Und was gibt es Neues in Boston?"

„Der Statthalter ist gesund, ehrenwerter Herr", antwortete Roger Williams, der nun seinen Stab wieder aufnahm und näherkam. „Und die Neuigkeiten – hier ist ein Brief, den Seine Exzellenz mir anvertraute, da er wußte, daß ich heute hierher käme. Schon möglich, daß er sehr wichtige Nachrichten enthält, denn gestern kam ein Schiff aus England."

Herr Williams, der Geistliche von Salem, der natürlich allen Umstehenden bekannt war, erreichte nun den Platz, wo Endicott unter der Fahne seiner Abteilung stand, und legte ihm den Brief des Statthalters in die Hand. Dem großen Siegel war Winthrops Wappen aufgeprägt. Hastig erbrach Endicott den Brief und begann zu lesen. Während er die Seite überflog, ging eine erstaunliche Veränderung über sein Gesicht. Das Blut glühte darin auf, bis es zu flammen schien vor innerer Hitze. Fast hätte man vermuten können, daß auch sein Panzer glutrot würde von dem zornigen Feuer in der Brust, die er bedeckte. Am Schluß angekommen, schwenkte er den Brief wütend in der Hand, daß er knisterte, so laut wie die Fahne über seinem Haupt.

„Schlimme Nachricht, Herr Williams", sagte er; „schlimmere kam noch nie nach Neuengland. Ihr kennt doch sicher den Inhalt?"

„Ja, allerdings", erwiderte Roger Williams, „denn der Statthalter beriet sich in dieser Sache mit meinen geistlichen Brüdern in Boston. Auch ich wurde um meine Meinung gefragt. Seine Exzellenz läßt Euch durch mich ersuchen, die Nachricht nicht plötzlich laut werden zu lassen, damit das Volk nicht zu einer Kundgebung hingerissen wird und dadurch dem König und dem Erzbischof eine Handhabe gegen uns bietet."

„Der Statthalter ist ein kluger Mann und milde und gemäßigt", sagte Endicott und biß die Zähne grimmig zusammen; „trotzdem muß ich nach eigenem Urteil handeln. Es ist nicht Mann noch Weib noch Kind, niemand in ganz Neuengland, den diese Nachricht nicht so nah berührte wie das eigene Leben. Und wenn John Endicotts Stimme laut genug ist, so sollen Mann und Weib und Kind sie hören. Soldaten, schwenkt in ein offenes Viereck! Hört, gute Leute, hier ist eine Nachricht für euch alle."

Die Soldaten schlossen ihren Führer ein, und er und Roger Williams standen unter dem Banner des roten Kreuzes. Frauen und alte Leute drängten sich heran, und die Mütter hoben ihre Kinder hoch, daß sie Endicott ins Gesicht sehen konnten. Ein paar Trommelschläge befahlen Stille und Aufmerksamkeit.

„Mitkrieger – Mitverbannte", begann Endicott unter starker Erregung, die er jedoch kraftvoll meisterte, „wozu habt ihr eure Heimat verlassen? Warum, frage ich, haben wir die grünen fruchtbaren Felder verlassen, die Hütten oder auch die altersgrauen Hallen, wo wir geboren und erzogen wurden, die Friedhöfe, auf denen unsere Vorfahren begraben liegen? Wozu sind wir hierhergekommen, um unsere eigenen Grabsteine in der Wildnis zu errichten? Eine brüllende Wildnis ist es. Wolf und Bär begegnen uns in Rufweite unserer Wohnungen. Im düsteren Schatten der Wälder liegt der Wilde und lauert uns auf. Die hartnäckigen Wurzeln der Bäume zerbrechen unsern Pflug, wenn wir die Erde pflügen wollen. Unsere Kinder schreien nach

Brot, und in dem Sand der Wüste müssen wir graben, um sie zu befriedigen. Wozu, muß ich noch einmal fragen, haben wir dieses Land des rauhen Bodens und des winterlichen Himmels aufgesucht? Geschah es nicht, um unsere Bürgerrechte unbehindert zu genießen? Geschah es nicht für die Freiheit, Gott nach unserm Gewissen verehren zu dürfen?"

„Nennt Ihr das Gewissensfreiheit?" unterbrach ihn eine Stimme von den Stufen des Versammlungshauses.

Es war der ‚Leichtfertige Schriftausleger'. Ein trauriges und stilles Lächeln ging über Roger Williams' mildes Antlitz. Doch Endicott, in der Erregung des Augenblicks, drohte dem Schuldigen wütend mit dem Schwert – eine bedeutungsvolle Geste von einem Manne wie er.

„Was hast du mit dem Gewissen zu tun, du Elender", rief er. „Ich sagte Freiheit, Gott zu verehren, nicht Schrankenlosigkeit, ihn zu entheiligen und zum Gespött zu machen. Unterbrich meine Rede nicht, oder ich werde dir Kopf und Füße ins Eisen legen bis morgen um diese Stunde! Hört mich an, Freunde, und achtet nicht auf den verfluchten Schwätzer. Wie ich schon sagte, wir haben alle diese Dinge geopfert und sind in ein Land gezogen, von dem die Alte Welt kaum etwas weiß, um uns selber eine neue Welt zu schaffen und mit Sorgfalt einen Weg zu suchen von hier zum Himmel. Aber was denkt ihr nun? Dieser Sohn eines schottischen Tyrannen, dieser Enkel eines katholischen, ehebrecherischen Weibes, deren Tod bewies, daß eine goldene Krone nicht immer ein gesalbtes Haupt vor dem Richtblock zu schützen vermag –"

„Nein Bruder, nein", unterbrach ihn Williams, „deine Worte sind für das stillste Zimmer nicht geeignet, wie viel weniger für die offene Straße."

„Halt den Mund, Roger Williams", erwiderte Endicott gebieterisch. „Mein Verstand ist klüger als deiner zur Lösung dieser Aufgabe. Ich sage euch, Mitverbannte, daß Karl von England und Laud, unser grimmigster Verfolger, der Erzbischof von Canterbury, entschlossen sind, uns bis hierher zu verfolgen. Sie haben den Plan, sagt dieser Brief, einen Oberstatthalter herüberzuschicken, auf den Gesetz und Gerechtigkeit des ganzen Landes übertragen werden soll. Sie sind auch gesonnen, die götzendienerischen Bräuche englischen Bischofswesens einzuführen. Wenn also Laud, als Kardinal von Rom, des Papstes Fuß küssen soll, so kann er Neuengland, an Händen und Füßen gebunden der Gewalt seines Herrn ausliefern."

Ein tiefes Stöhnen aus den Reihen der Zuhörer, – ein Laut der Wut sowohl wie der Angst und Sorge gab Antwort auf diese Mitteilung.

„Seht euch wohl vor, Brüder", donnerte Endicott mit steigendem Eifer, „wenn dieser König und sein Erzbischof ihren Willen haben, werden wir bald ein Kreuz auf der Spitze dieses Heiligtums erblicken, das wir uns erbaut haben, und einen Hochaltar in seinen Wänden, auf dem zur Mittagszeit die Wachskerzen brennen. Die Glocke werden wir hören und die Stimmen katholischer Priester, die die Messe lesen. Aber glaubt ihr, christliche Männer,. daß wir solches dulden können, ohne das Schwert zu ziehen? Ohne einen Schuß abzugeben? Ohne Blutvergießen? Nein – seid starken Herzens und tapferen Armes! Hier stehen wir auf unserem eigenen Boden, den wir mit unsern Gütern erkauft, den wir mit dem Schwert errungen, den wir urbar gemacht mit unserer Axt, den wir im Schweiße unserer Stirn gepflügt, den wir geheiligt haben mit unseren Gebeten zu dem Gott, der uns hierherführte. Wer soll uns hier zu Sklaven machen? Was haben wir zu tun mit diesem Bischof unter der Mitra – mit diesem gekrönten König? Was haben wir mit England zu tun?"

Endicott schaute um sich in die erregten Gesichter des Volkes, die nun ganz erfüllt waren von seinem Geiste. Dann wandte er sich plötzlich zu dem Bannerträger um, der dicht hinter ihm stand.

„Senkt die Fahne!" sagte er.

Es geschah, und Endicott schwang sein Schwert, durchhieb das Tuch und riß mit der linken Hand das Rote Kreuz vollständig aus der Fahne heraus. Dann schwenkte er die zerfetzte Flagge über seinem Haupt.

„Gotteslästerlicher Schuft!“ schrie der Anhänger der englischen Hochkirche am Pranger, der sich nicht länger beherrschen konnte, „du hast das Symbol unserer heiligen Religion verworfen!“

„Verrat! Verrat!“ brüllte der Königstreue im Block. „Er hat des Königs Banner verunglimpft!“

„Vor Gott und den Menschen will ich die Tat verantworten“, erwiderte Endicott. „Schlag einen Wirbel, Trommel! Schreit Soldaten und Volk! Zu Ehren der Fahne Neuenglands. Weder Papst noch Tyrann hat jetzt mehr Anteil an ihr!“

Mit Triumphgeschrei gab das Volk seine Einwilligung zu einer der kühnsten Taten, die unsere Geschichte berichtet. Und für immer sei der Name Endicotts geehrt! Wir schauen zurück durch die Nebel der Jahrhunderte und erkennen in dem Herausreißen des roten Kreuzes aus der Fahne Neuenglands das erste Vorzeichen für die Befreiung, die unsere Väter vollendeten, nachdem die Gebeine des mutigen Puritaners schon mehr als hundert Jahre lang moderten.

Der graue Streiter

Es gab eine Zeit, da Neuengland unter dem wirklichen Druck von Unbilden seufzte, die schwerer waren, als die angedrohten, die zur Revolution führten. Jakob II., der pietistische Nachfolger Karls des Wollüstigen, hatte die Privilegien aller Kolonien aufgehoben und einen rohen und gewissenlosen Kriegsmann geschickt, der uns die Freiheiten entreißen und unsere Religion gefährden sollte. Der Verwaltung, die Sir Edmund Andros ausübte, fehlte kaum ein Charakterzug der Tyrannei: Statthalter und Rat waren vom König eingesetzt und ganz unabhängig vom Lande; Gesetze wurden gemacht und Steuern erhoben, ohne daß das Volk direkt oder durch Vertreter mitzureden hatte; die Rechte des Privatmanns wurden verletzt und aller Eigentumsanspruch auf Grund und Boden für nichtig erklärt; Beschwerden erstickten die Pressegesetze, und schließlich wurden die Unzufriedenen in Furcht gehalten durch die erste Söldnerschar, die jemals unseren freien Boden betrat. Zwei Jahre lang duldeten unsere Vorfahren grollend die Knechtschaft aus der kindlichen Liebe, die dem Mutterlande stets ihre Treue gesichert hatte, ob es von einem Parlament geleitet wurde, vom Protektor oder von päpstlichen Monarchen. Bis zu dieser schlimmen Zeit jedoch war solche Lehenstreue nur formell, und die Kolonisten hatten sich selber regiert und mehr Freiheit genossen als selbst heute noch die eingeborenen Bürger Großbritanniens.

Schließlich aber drang ein Gerücht zu unsern Küsten, daß der Fürst von Oranien eine Unternehmung gewagt habe, deren Erfolg den Sieg der politischen und religiösen Rechte und die Rettung Neuenglands bedeuten müßte. Es war nur ein unsicheres Geflüster; es konnte auch falsch sein, oder der Versuch konnte fehlschlagen. In beiden Fällen würde der Mann, der gegen König Jakob sich auflehnte, das Haupt verlieren. Und doch brachte die Nachricht eine starke Wirkung hervor. Die Leute lächelten geheimnisvoll auf der Straße und warfen kühne Blicke auf ihre Bedrücker. Weit und breit machte sich eine schweigende, verhaltene Erregung fühlbar, als ob der leiseste Anstoß das ganze Land aus seiner dumpfen Mutlosigkeit herausreißen könnte. Die Machthaber waren sich der Gefahr bewußt und beschlossen, sie durch die Entfaltung äußerster Strenge abzuwenden, ja vielleicht ihre Gewaltherrschaft durch verschärfte Maßnahmen noch mehr zu festigen. An einem Nachmittag im April des Jahres 1689 sammelten Sir Edmund Andros und seine Günstlinge, vom Wein erhitzt, die Soldaten der Wache um sich und erschienen so in den Straßen von Boston. Die Sonne wollte untergehen als der Aufzug begann.

Nicht wie kriegerische Musik der Soldaten, viel eher wie ein Sammelbefehl an die Bürger selber tönte der Trommelwirbel in dieser kritisch unruhigen Zeit durch die Straßen. Aus allen Straßen strömte die Menge in der Königstraße zusammen, die fast ein Jahrhundert später wieder der Schauplatz sein sollte für einen Zusammenstoß der Truppen Englands mit einem Volk, das sich wehrte gegen seine Tyrannen. Obwohl schon mehr als sechzig Jahre vergangen waren, seit die ersten Pilger in dieses Land kamen – die Menge ihrer Nachkommen zeigte noch immer die strengen, düsteren Züge ihres Charakters; vielleicht fiel es in dieser harten Not noch mehr auf als bei freudigeren Gelegenheiten. Die schlichte Kleidung, der Ernst der ganzen Haltung, der düstere, aber furchtlose Ausdruck, die biblische Redeweise, das Vertrauen auf den Segen Gottes in einer gerechten Sache – alles war zu finden, wie man es bei einer Schar der ersten Puritaner gefunden hätte, wenn eine Gefahr der Wildnis sie bedrohte. Wahrlich, es war auch noch nicht an der Zeit, den alten Geist zu tilgen, denn es waren Männer auf der Straße an jenem Tag, die an dieser Stelle, noch bevor ein Haus da stand, unter den Bannern zu dem Gott gebetet hatten, um dessentwillen sie in die Verbannung gegangen waren. Auch ehemalige Parlamentssoldaten waren dabei, die grimmig lachten bei dem Gedanken, daß ihre alten Waffen vielleicht noch einmal einen

Schlag führen sollten gegen das Haus Stuart. Auch Veteranen aus dem Krieg König Philipps sah man da, die Dörfer eingeäschert und jung und alt erschlagen hatten in frommer Raserei, während die gläubigen Seelen im ganzen Lande sie mit Gebeten unterstützten. Mehrere Geistliche waren unter der Menge verstreut, die sie, im Gegensatz zum Pöbel anderswo, mit großer Ehrfurcht ansah, als ob schon ihre Kleider heilig seien. Diese frommen Männer übten ihren Einfluß dahin aus, das Volk zu beruhigen, nicht aber, es zu zerstreuen. Inzwischen fragte man sich allgemein und hatte die verschiedensten Erklärungen dafür, in welcher Absicht der Statthalter den Frieden der Stadt störe zu einer Zeit, wo die geringste Erregung das Land in Gärung bringen konnte.

„Satan will seinen Meisterstreich tun“, riefen einige, „denn er weiß, daß seine Zeit nur kurz bemessen ist. Alle unsere frommen Priester sollen ins Gefängnis geschleppt werden. Wir sollen sie bei einem Smithfield-Feuer auf der Königstraße sehen!“

Daraufhin scharten sich die Leute jeder Pfarrei enger um ihren Geistlichen, der ruhig zum Himmel aufsah und noch mehr die Würde eines Apostels annahm, wie sich wohl geziemte für einen, der die höchste Ehre seines Berufes erstrebt, die Krone des Märtyrers. In dieser Zeit glaubte man tatsächlich, Neuengland könne seinen eigenen John Rogers bekommen, der die Stelle dieses Mannes in den Lesebüchern einnehmen sollte.

„Der Papst in Rom hat eine neue Bartholomäusnacht befohlen“, riefen andere. „Was männlich ist unter uns, soll gemordet werden!“

Diesem Gerücht weigerte man nicht ganz den Glauben, wenn auch die Besonneneren des Statthalters Plan für nicht ganz so blutdürstig hielten. Man wußte, daß Bradstreet, sein Vorgänger unter dem alten Gesetz, in der Stadt war, ein ehrwürdiger Gefährte der ersten Siedler. Man hatte Grund zu der Annahme, daß Sir Edmund Andros durch den militärischen Aufzug Schrecken verbreiten und gleichzeitig die Gegenpartei vernichten wollte, indem er ihren Führer in seine Gewalt brachte.

„Steht fest zum Statthalter des alten Gesetzes", schrie die Menge, die diese Vermutung aufnahm, „zu dem guten, alten Statthalter Bradstreet!"

Während dieser Ruf am lautesten erschallte, wurden die Leute durch die wohlbekannte Erscheinung des Statthalters Bradstreet selber überrascht, der auf den erhöhten Stufen einer Tür erschien – ein Greis von fast neunzig Jahren – und sie mit der ihm eigenen Milde ersuchte, sich der eingesetzten Obrigkeit zu unterwerfen. „Meine Kinder", schloß der ehrwürdige Mann, „tut nichts Unbesonnenes. Erhebt kein lautes Geschrei, sondern betet für das Heil Neuenglands und wartet in Geduld, was der Herr in dieser Sache beschließen wird!"

Bald sollte das Ereignis sich entscheiden. Die ganze Zeit über hatten sich die Trommelschläge von Cornhill her genähert, bald lauter, bald dumpfer, bis sie schließlich, unter Widerhall von Haus zu Haus und im regelmäßigen Takt militärischer Schritte in der Straße selbst erdröhnten. Soldaten erschienen in doppeltem Glied und nahmen die ganze Breite der Straße ein, mit geschultertem Gewehr und brennender Lunte. Ihr gleichförmiger Schritt war wie die Bewegung einer Maschine, die unweigerlich über alles hinwegrollen würde, was ihr im Wege war. Dann kam langsam, mit verworrenem Hufgetrappel auf dem Pflaster, eine Gruppe berittener Herren, Sir Edmund Andros in der Mitte, schon bejahrt, doch aufrecht und in militärischer Haltung. Die ihn umgaben, waren seine Räte und Günstlinge – Neuenglands erbittertste Feinde. Zu seiner Rechten ritt Edward Randolph, unser Erzfeind, „der verdammte Schuft", wie Cotton Mather ihn nennt, der den Fall unserer früheren Regierung herbeigeführt hatte, und den durch sein ganzes Leben hindurch bis zum Grabe offensichtlich ein Fluch verfolgte. Auf der anderen Seite ritt Bullivant und streute Witz und Spott um sich auf seinem Weg. Dudley kam dahinter, mit niedergeschlagenen Augen; er fürchtete mit Recht den empörten Blick des Volkes, das ihn als einzigen Landsmann unter den Bedrückern seiner Heimat sah. Der Kapitän einer Fregatte im Hafen und zwei oder drei königliche Zivilbeamte waren auch dabei. Aber die Gestalt, die das

Auge des Volkes am meisten auf sich zog und die tiefste Erregung hervorrief, war der bischöfliche Geistliche von Kings Chapel, der hochmütig in seinen Priestergewändern unter den Behörden ritt, so recht ein Vertreter der Hierarchie und Unduldsamkeit, der Vereinigung von Kirche und Staat und aller dieser Abscheulichkeiten, die die Puritaner in die Wildnis getrieben hatten. Eine zweite militärische Bedeckung in doppeltem Glied bildete die Nachhut.

Das Ganze war ein treues Bild der Lage Neuenglands und der Lehre, die man daraus ziehen kann: daß jede Regierung ein Unding ist, die nicht aus der Natur der Sache und aus dem Charakter des Volkes herauswächst. Auf der einen Seite die religiöse Menge mit traurigem Gesicht in dunkler Kleidung, auf der andern die Gruppe der politischen Macht, der Vertreter der Hochkirche in der Mitte, hier und da ein Kruzifix vor der Brust, alle prächtig gekleidet, vom Wein erregt, stolz auf angemaßte Gewalt, nur Hohn im Herzen für das allgemeine Seufzen. Und die Söldner, die auf den leisesten Wink bereitgewesen wären, ein Blutbad anzurichten auf der Straße, zeigten klar das einzige Mittel, den Gehorsam zu erzwingen.

„Oh, Herr der Heerscharen“, rief eine Stimme aus der Menge, „sende deinem Volke einen Streiter!“

Dieser laute Ausruf ging wie ein Heroldsruf einer auffallenden Erscheinung voraus. Die Menge war zurückgeflutet und drängte sich nun fast am äußersten Ende der Straße zusammen, während die Soldaten noch kein Achtel ihrer Länge zurückgelegt hatten. Der Raum dazwischen war leer – eine gepflasterte Einsamkeit zwischen hohen Gebäuden, deren lange Schatten sie fast in Dämmerung hüllten. Plötzlich sah man die einsame Gestalt eines sehr alten Mannes, der aus dem Volk hervorgetreten zu sein schien und nun ganz allein durch die Straßenmitte auf die bewaffnete Schar zuschritt. Er trug die alte Kleidung der Puritaner, den dunklen Rock und spitzen Hut in der Mode, die wenigstens fünfzig Jahre zurücklag. Ein gewichtiges Schwert hing an seiner Hüfte, doch ein Stab stützte den zitternden Schritt des Alters.

In einigem Abstand von der Menge wandte sich der alte Mann langsam um. Ein Gesicht von antiker Majestät ward sichtbar, zwiefach verehrungswürdig durch einen weißen Bart, der auf die Brust herabwallte. Er machte eine Bewegung, in der zugleich Ermutigung und Warnung lag, dann wandte er sich und nahm seinen Weg wieder auf.

„Wer ist dieser graue Patriarch?“ fragten die jungen Männer ihre Väter.

„Wer ist dieser ehrwürdige Bruder?“ fragten die alten Männer einander.

Aber keiner wußte eine Antwort. Die Väter des Volkes, die achtzig Jahre zählten und darüber, waren verstört. Seltsam dünkte es sie, daß sie einen Mann von so offenbarem Ansehen vergessen haben sollten, den sie doch in ihrer Jugend gekannt haben mußten, einen Gefährten Winthrops und all der andern Glieder des Rates, die Gesetze machten, predigten und sie gegen die Wilden führten. Auch die älteren Männer hätten sich seiner erinnern müssen aus ihrer Jugend, als seine Locken so grau waren, wie die ihren jetzt. Und erst die Jungen! Wie konnte er so gänzlich aus ihrem Gedächtnis geschwunden sein – dieser weißhaarige Vater, dieser Überrest aus längst vergangener Zeit, dessen Segen sie sicher in der Kindheit voll Scheu auf ihrem unbedeckten Haupte gefühlt hatten.

„Woher ist er gekommen? Was hat er vor? Wer kann dieser alte Mann sein?“ flüsterte die erstaunte Menge.

Inzwischen setzte der ehrwürdige Fremde mit dem Stab in der Hand seinen einsamen Gang durch die Straßenmitte fort. Als er sich den vorrückenden Soldaten näherte, und als ihr Trommelschlag ihm voll in die Ohren klang, richtete sich der alte Mann zu stolzerer Haltung auf; die Gebrechlichkeit des Alters schien von seinen Schultern zu gleiten, und er stand in greiser, aber ungebrochener Würde da. Nun schritt er weiter in kriegerischem Tritt, zum Takt der soldatischen Musik. So näherte sich die alte Gestalt von der einen und der ganze Aufmarsch der Soldaten und Behörden von der andern Seite, bis kaum noch zwanzig Schritt dazwischen waren. Da faßte der

Alte seinen Stock in der Mitte und hielt ihn vor sich hoch wie einen Führerstab.

„Halt!“ rief er.

Das Auge, das Gesicht, die Haltung, alles war Befehl. Der feierliche und doch kriegerische Schall dieser Stimme, die geeignet war, einem Heer im Kampf zu befehlen, so gut wie zum Gebet zu Gott, war unwiderstehlich. Als der alte Mann sprach und den Arm ausstreckte, schwieg die Trommel sofort, und die anrückende Linie stand still. Zitternde Begeisterung erfaßte die Menge. Diese stattliche Gestalt, Führer und Heiliger zugleich, so altersgrau, wie durch Nebel geschaut, in so verschollener Kleidung – das konnte nur ein alter Streiter der gerechten Sache sein, den des Bedrückers Trommel aus der Gruft gerufen hatte. Ein Schrei voll scheuer Furcht und voll Begeisterung ward laut, und die Befreiung Neuenglands schien nahe. Der Statthalter und die Herren in seiner Gesellschaft sahen sich zu unerwartetem Stillstand gezwungen. Sie ritten hastig nach vorne, als wollten sie ihre schnaubenden und erschreckten Rosse gerade auf die altersgraue Erscheinung zutreiben. Er jedoch wich keinen Schritt. Sein ernstes Auge blickte in der Gruppe umher, die ihn halb umschlossen hatte, und heftete sich schließlich mit Strenge auf Sir Edmund Andros. Man hätte glauben können, der düstere alte Mann sei hier der Herrscher, und für Statthalter und Rat mit Soldaten im Gefolge, für die Vertreter der ganzen königlichen Macht und Gewalt bliebe keine andere Wahl als zu gehorchen.

„Was will dieser alte Kerl hier?“ schrie Edward Randolph wütend. „Vorwärts, Sir Edmund! Heißt die Soldaten weitergehen und gebt dem alten Geck die gleiche Wahl wie seinen Landsleuten – beiseite gehen oder niedergetrampelt werden.“

„Nein, nein, wir wollen dem guten Großvater Ehre erweisen“, sagte Bullivant und lachte. „Seht ihr nicht, daß es irgendein alter stutzköpfiger Würdenträger ist, der dreißig Jahre lang geschlafen hat und nichts weiß vom Wechsel der Zeiten? Ich zweifle nicht, er will uns niederschmettern mit einer Erklärung im Namen des alten Noll!“

„Seid Ihr toll, alter Mann?" fragte Sir Edmund Andros laut und barsch, „wie könnt Ihr wagen, den Zug des Statthalters König Jakobs aufzuhalten!"

„Ich habe früher schon den Zug eines Königs selber aufgehalten", erwiderte die graue Gestalt mit gefaßtem Ernst. „Ich bin hier, Herr Statthalter, weil der Schrei eines unterdrückten Volkes mich in meiner Verborgenheit aufgestört hat. Ernsthaft habe ich diese Gnade vom Herrn erbeten, und es wurde mir gewährt, noch einmal auf Erden zu erscheinen in der guten alten Sache seiner Heiligen. Was redest du von Jakob? Es sitzt kein päpstlicher Tyrann mehr auf Englands Thron. Schon morgen wird sein Name eine Fabel sein in dieser Straße hier, wo du ihn zu einem Wort des Schreckens machen wolltest. Zurück, der du einmal Statthalter warst, zurück mit dir! Mit dieser Nacht hat deine Macht ein Ende – morgen wartet der Kerker! Zurück! Damit ich nicht noch das Schafott verkünde!"

Näher und näher war das Volk herangerückt und sog die Worte seines Streiters ein, der in einer Sprache redete, die längst veraltet war, wie einer, der nur gewohnt ist, sich zu unterreden mit denen, die vor vielen Jahren gestorben sind. Aber seine Stimme erregte ihre Seelen. Nicht ganz wehrlos standen sie vor den Soldaten und bereit, die Straßensteine selbst in tödliche Waffen zu verwandeln. Sir Edmund Andros sah den Alten an; dann ließ er sein hartes und grausames Auge über die Menge gleiten und sah, wie sie brannte in jener düsteren Wut, die man so schwer entfachen oder löschen kann. Und wieder heftete er den Blick auf die alte Gestalt, die einsam stand in dem freien Raum, den weder Feind noch Freund betrat. Er sprach kein Wort, das seine Gedanken verriet. Ob der Bedrücker in Furcht geriet unter dem Blick des grauen Streiters, ob er Gefahr erkannte in der drohenden Haltung des Volkes – gewiß ist, er gab nach und befahl seinen Soldaten, langsam und gesichert den Rückzug anzutreten. Bevor die Sonne wieder unterging, waren der Statthalter und alle, die so stolz mit ihm geritten waren, im Gefängnis, und lange bevor König Jakobs Abdankung bekannt wurde, ward König Wilhelm in ganz Neuengland ausgerufen.

Doch wo war der graue Streiter? Manche erzählten, als die Truppen die Königstraße geräumt hatten und das Volk sich aufgeregt hinter ihnen drängte, da habe man gesehen, wie Bradstreet, der alte Statthalter, eine Gestalt umarmte, die noch älter war als er. Andere versicherten ganz ernsthaft, noch während sie seine ehrwürdige Größe bestaunten, sei der alte Mann ihren Blicken entschwunden, langsam hinweggeschmolzen in den Schatten der Dämmerung, bis nur ein leerer Platz da blieb, wo er gestanden hatte. Doch alle stimmten überein, daß die greise Gestalt fort war. Die Leute dieser Generation warteten auf sein Wiedererscheinen im Sonnenschein und wenn es dämmerte, allein sie sahen ihn nicht mehr und wußten nicht, wann er bestattet wurde, noch wo sein Grabmal war.

Und wer war der graue Streiter? Vielleicht ließe sich sein Name finden in den Berichten jenes strengen Gerichtshofes, der ein Urteil fällte, zu machtvoll für die Zeit, doch berühmt in allen kommenden Zeiten für die demütigende Lehre, die es den Monarchen gab und als hohes Beispiel für die Untertanen. Man hat mir gesagt, sooft die Puritaner gezwungen sind, den Geist ihrer Väter zu bezeugen, dann erscheint der Alte. Achtzig Jahre später ging er wieder durch die Königstraße. Noch fünf Jahre nachher stand er in der Dämmerung eines Aprilmorgens auf dem Rasen neben dem Versammlungshaus in Lexington, wo jetzt der Obelisk aus Granit mit der eingelegten Schieferplatte von den ersten Toten der Revolution erzählt. Und als unsere Väter sich mühten an den Schanzen von Bunkers Hill, schritt der alte Krieger die ganze Nacht durch seine Runden. Lange, lange möge es dauern, bis er wiederkommt! Seine Stunde ist die Stunde der Dunkelheit, des Unglücks und der Gefahr. Aber wenn uns je Tyrannei im Lande drücken soll, oder wenn der Fuß des Eindringlings unsern Boden entehrt, dann soll der graue Streiter wiederkommen, denn er ist das Sinnbild des ererbten Geistes in Neuengland. Sein geisterhafter Schritt am Vorabend der Gefahr soll immer das Unterpfand bleiben, daß Neuenglands Söhne ihrer Ahnen würdig sind.«

Edward Randolphs Gemälde

In einem der Räume der Statthalterei wurde lange Zeit ein altes Bild aufbewahrt. Der Rahmen war so schwarz wie Ebenholz und die Leinwand selber von Alter und Rauch gedunkelt, daß kein Strich von der Kunst des Malers mehr zu erkennen war. Die Zeit hatte einen undurchdringlichen Schleier darüber geworfen, und es blieb der Überlieferung, dem Bericht und der Vermutung überlassen zu sagen, was einst darauf abgebildet war. Während der Regierungszeit vieler aufeinander folgender Statthalter hatte es mit unangefochtener Berechtigung über dem Kamin des gleichen Zimmers gehangen; und es behauptete seinen Platz auch noch, als der stellvertretende Statthalter Hutchinson die Verwaltung der Provinz nach dem Abgang Sir Francis Bernards übernahm.

Eines Nachmittags saß Hutchinson in seinem prunkvollen Lehnstuhl, lehnte den Kopf gegen die geschnitzte Lehne und schaute nachdenklich zu dem leeren schwarzen Bild hinauf. Es war wohl kaum die Zeit für solche müßige Träumerei, wenn Geschäfte von weittragendster Bedeutung der Entscheidung des Herrschers warteten, denn vor noch nicht einer Stunde hatte Hutchinson Nachricht von der Ankunft einer britischen Flotte erhalten, die drei Regimenter von Halifax herüberbrachte, die die unbotmäßige Bevölkerung einschüchtern sollten. Diese Truppen warteten auf seine Erlaubnis, die Festung Castle William und die Stadt selber zu besetzen. Doch anstatt seine Unterschrift unter einen amtlichen Befehl zu setzen, saß der Statthalter da und forschte so aufmerksam in der schwarzen Leere der Leinwand, daß sein Benehmen die Aufmerksamkeit zweier junger Leute auf sich zog, die ihm Gesellschaft leisteten. Der eine in Soldatenkleidung und Lederkoller war sein Verwandter, Francis Lincoln, der Provinzialkommandant von

Castle William, und auf einem Schemel neben seinem Sessel saß Alice Vane, seine Lieblingsnichte.

Sie war ganz weiß gekleidet, ein blasses, überzartes Geschöpf. Obwohl sie in Neuengland geboren war, hatte man sie im Ausland erzogen, und sie schien nicht nur eine Fremde aus anderem Klima, sondern fast ein Wesen aus einer andern Welt. Mehrere Jahre lang, bis sie verwaiste, hatte sie mit ihrem Vater im sonnigen Italien gewohnt und hatte dort begeisterte Vorliebe für Skulptur und Malerei gewonnen, die nur selten Befriedigung fand in den schmucklosen Wohnungen des Adels der Kolonie. Man sagte, daß die ersten Versuche ihres eigenen Pinsels kein geringes Talent verrieten, wenn auch vielleicht das rauhe Klima Neuenglands ihre Hand schwer gemacht und die glühenden Farben ihrer Phantasie gedämpft hatte. Aber als sie den gespannten Blick beobachtete, mit dem ihr Onkel durch den Nebel der Jahre hindurch nach dem Gegenstand des Bildes zu forschen schien, wurde ihre Neugierde erregt.

„Ist es bekannt, lieber Oheim“, sagte sie, „was dieses alte Bild einst darstellte? Möglicherweise stellt es sich als Meisterstück eines großen Künstlers heraus – warum behauptet es sonst solange einen solchen Ehrenplatz?“

Da ihr Onkel, ganz im Gegensatz zu seiner sonstigen Gewohnheit – denn er gab allen Stimmungen und Launen Alices nach, als sei sie sein eigenes liebstes Kind – nicht sofort antwortete, übernahm der junge Kommandant von Castle William diese Aufgabe.

„Dieses alte dunkle Stück Leinwand, schöne Cousine“, sagte er, „ist seit undenklichen Zeiten ein Erbstück in der Statthalterei. Über den Maler kann ich dir nichts sagen, aber wenn nur die Hälfte der Geschichten wahr ist, die man darüber erzählt, so hat nicht einer der großen italienischen Meister je ein so wunderbares Werk geschaffen wie dieses vor dir.“

Lincoln erzählte darauf einige der seltsamen Fabeln und Phantasien über dieses Bild, die allmählich sich allgemein verbreitet hatten, da es ja nicht möglich war, sie durch sichtbare Beweise zu widerlegen.

Einer der geheimnisvollsten und dabei am meisten geglaubten Berichte behauptete, daß es das wirkliche und wahrhaftige Bild des Bösen bei einem Hexensabbat in der Nähe von Salem sei, und seine große und erschreckende Ähnlichkeit sei von mehreren geständigen Zauberern und Hexen zugegeben worden, als man sie in öffentlicher Gerichtssitzung peinlich verhört habe. Man behauptete auch, daß ein Geist oder Dämon unter dem schwarzen Bild verborgen sei und sich schon mehr als einmal in den einheitsschweren Zeiten des Staates mehr als einem der königlichen Statthalter gezeigt habe. Shirley zum Beispiel hatte diese verhängnisvolle Erscheinung am Vorabend der Niederlage des Generals Abercrombie vor den Mauern von Ticonderoga geschaut. Viele der Bedienten in der Statthalterei hatten plötzlich ein Gesicht auftauchen sehen, das drohend auf sie herabblickte, am Morgen oder in der tiefen Abenddämmerung – oder in der tiefen Nacht, wenn sie das Feuer schürten, das im Kamin darunter glomm; und doch, so oft einer Mut genug hatte, eine Fackel vor das Bild zu halten, so schien es schwarz und unerkennbar wie immer. Der älteste Einwohner von Boston erinnerte sich, daß sein Vater, zu dessen Zeit das Bild noch nicht zu völliger Unsichtbarkeit verblaßt war, es einst beschaut hatte, sich dann aber nie über das Gesicht befragen ließ, das darauf dargestellt war. In Verbindung mit solchen Geschichten war auffällig, daß über dem Rahmen einige zerfetzte Überreste schwarzer Seide hingen, die andeuteten, daß früher ein Schleier vor dem Bild gehangen hatte, bevor die Düsterkeit der Zeit es so vollkommen verborgen hatte. Aber schließlich war doch das Auffallendste an der Sache, daß so viele prunkliebende Statthalter von Massachusetts das zerstörte Bild in dem Staatszimmer der Statthalterei hatten hängen lassen.

„Manche von diesen Geschichten sind wirklich furchtbar“, bemerkte Alice Vane, die manchmal geschaudert und manchmal gelächelt hatte, während ihr Vetter sprach. „Es wäre fast der Mühe wert, die schwarze Oberfläche der Leinwand abzureiben, da das wirkliche Bild kaum so furchtbar sein kann wie jene, die die Phantasie statt seiner darauf malt.“

„Wäre es denn möglich", fragte ihr Vetter, „dieses schwarze Bildnis in den früheren Farben wieder herzustellen?"

„Solche Künste kennt man in Italien", sagte Alice.

Der Statthalter war aus seiner geistesabwesenden Stimmung erwacht und hörte lächelnd der Unterhaltung seiner jungen Verwandten zu. Und doch hatte seine Stimme einen sonderbaren Klang, als er es unternahm, das Geheimnis aufzuklären.

„Es tut mir leid, Alice, deinen Glauben an die Geschichten, die du so gerne magst, zerstören zu müssen", sagte er; „aber meine Altertumsforschungen haben mich längst mit dem Gegenstand des Bildes vertraut gemacht – wenn man es überhaupt ein Bild nennen kann, was nicht sichtbarer ist, noch jemals werden wird, als das Gesicht des lange begrabenen Mannes, den es einst darstellte. Es war das Bildnis Edward Randolphs, des Gründers dieses Hauses – ein berühmter Mann in der Geschichte Neuenglands."

„Desselben Edward Randolph", rief Lincoln, „der die Aufhebung der ersten provinzialen Gesetzgebung erreichte, unter der unsere Vorfahren fast demokratische Rechte genossen! Er, den man den Erzfeind Neuenglands nannte, und dessen Gedächtnis noch heute verabscheut wird als des Zerstörers unserer Freiheiten!"

„Es war dieser Randolph", antwortete Hutchinson und rückte unruhig auf seinem Stuhl; „es war sein Los, die Bitterkeit allgemeiner Abneigung zu kosten."

„Unsere Berichte erzählen", fuhr der Kommandant von Castle William fort, „daß der Fluch des Volkes Randolph auf allen seinen Wegen verfolgte und Unheil brachte über alle späteren Ereignisse seines Lebens; ja, daß man seine Wirkung noch an der Art seines Todes erkannte. Sie sagen auch, daß das Verhängnis des Fluches von innen nach außen wirkte und auf dem Gesicht des Unglücklichen geschrieben stand, das so grauenvoll wurde, daß niemand es anschauen konnte. Wenn dem so ist, und wenn dieses Gemälde sein Aussehen getreulich wiedergab, so war es eine Gnade, daß die schwarze Wolke sich darüber legte."

„Diese Berichte erscheinen närrisch für den, der, wie ich, herausgefunden hat, wie wenig historische Wahrheit ihnen zugrunde liegt“, sagte der stellvertretende Statthalter. „Was das Leben und den Charakter Edward Randolphs angeht, so hat man Doktor Cotton Mather zu blinden Glauben geschenkt. Er hat – das muß ich sagen, obwohl von seinem Blut in meinen Adern fließt – unsere frühe Geschichte mit Altweibergeschichten erfüllt, so phantastisch und übertrieben wie die von Rom und Griechenland.“

„Und doch“, flüsterte Alice Vane, „kann nicht eine Lehre in solchen Erzählungen liegen? Mir scheint, wenn das Gesicht dieses Bildes so furchtbar ist, dann hat es wohl nicht ohne Grund solange in einem Zimmer der Statthalterei gehangen. Wenn die Herrscher sich verantwortungsfrei dünken, dann könnte ihnen die Mahnung an die furchtbare Last eines Volksfluches nur frommen.“

Der Statthalter fuhr auf und starrte seine Nichte eine Weile an, als hätten die wunderlichen Gedanken des Mädchens eine Empfindung in seiner eigenen Brust berührt, die er trotz aller Politik und Grundsätze nicht ganz unterdrücken konnte. Er wußte freilich, daß Alice trotz der Erziehung im Ausland die angeborenen Neigungen eines Kindes von Neuengland bewahrt hatte.

„Sei still, törichtes Kind“, rief er schließlich barscher, als er je die zarte Alice angeredet hatte. „Der Vorwurf eines Königs ist mehr zu fürchten als das Geschrei einer wilden, irregeleiteten Menge. Hauptmann Lincoln, es ist entschieden. Die Festung Castle William ist von den königlichen Truppen zu besetzen. Die beiden übrigen Regimenter sollen in der Stadt einquartiert werden oder auf der Gemeindeflur lagern. Es ist an der Zeit, nach Jahren des Aufstandes und fast der Empörung, daß die Regierung Seiner Majestät einen Wall von Heeresmacht um sich zieht.“

„Ich bitte Euch, vertraut noch eine Weile auf die Treue des Volkes“, sagte Lincoln, „und lehrt es nicht, daß es jemals mit britischen Soldaten anders als auf brüderlichem Fuße stehen könnte, wie damals, als es Seite an Seite mit ihnen im französischen Krieg focht. Verwandelt nicht die Straßen Eurer Vaterstadt in ein Feldlager. Überlegt es zweimal, bevor Ihr das alte Castle William, den Schlüssel zu der Provinz, unter andere Obhut als die eingeborener Neuengländer stellt."

„Junger Mann, es ist entschieden", wiederholte Hutchinson und erhob sich. „Der diensttuende britische Offizier wird heute abend die notwendigen Instruktionen für die Verteilung der Truppen entgegennehmen. Auch Eure Gegenwart wird nötig sein. Bis dahin auf Wiedersehen."

Mit diesen Worten verließ der Statthalter hastig das Zimmer, während Alice und ihr Vetter ihm langsamer folgten; sie flüsterten miteinander, und einmal blieben sie stehen, um nach dem geheimnisvollen Bild zurückzublicken. Dem Kommandanten von Castle William schienen Miene und Aussehen des Mädchens so, wie man sie bei Fabelwesen – Feen oder Gestalten noch älterer Sage – sich vorstellen kann, die sich bisweilen in die Angelegenheiten der Sterblichen mischen, halb aus Laune nur, und doch mit feinem Gefühl für menschliches Wohl und Wehe.

„Tritt hervor, du dunkle, schlimme Gestalt!" rief sie, „Deine Stunde ist da!"

Am Abend saß der stellvertretende Statthalter in demselben Zimmer, in dem diese Szene sich abgespielt hatte. Ihn umgaben mehrere Personen, die verschiedene Interessen hier zusammengeführt hatten. Da waren die Stadtvorsteher von Boston, schlichte, ehrwürdige Väter des Volkes, vorzügliche Vertreter der alten puritanischen Gründer, deren düstere Strenge den Charakter Neuenglands so nachhaltig beeinflußt hatte. Im Gegensatz zu ihnen standen einige Ratsmitglieder, reich gekleidet, in gepuderten Perücken, gestickten Westen und anderem Prunk der Zeit; sie stellten höfische Förmlichkeit etwas auffällig zur Schau. Ein diensttuender Major der britischen Armee erwartete die Befehle des Statthalters für die Landung der Truppen, die noch an Bord der Transportschiffe waren. Der Kommandant von Castle William stand mit verschränkten Armen neben Hutchinsons Stuhl und sah ziemlich hochmütig auf den britischen Offizier, von dem er bald seines Oberbefehls enthoben werden sollte. Auf einem Tisch in der Mitte des Zimmers stand ein silberner Armleuchter, der den Schein von sechs Wachskerzen auf ein Schriftstück warf, das offenbar auf die Unterschrift des Statthalters wartete.

Halb verhüllt schimmerte durch die reichen Falten einer der Fenstervorhänge, die von der Decke bis zur Erde fielen, ein weißes Frauenkleid. Es mag seltsam erscheinen, daß Alice Vane zu solcher Zeit da war, aber es lag etwas so kindliches, seltsames in ihrem eigenartigen Charakter, etwas, das sich so wenig nach allgemeinen Regeln richtete, daß ihre Gegenwart die wenigen, die sie bemerkten, gar nicht erstaunte. Inzwischen hielt der Vorsitzende der Stadtältesten dem Statthalter eine lange und feierliche Protestrede gegen die Aufnahme britischer Truppen in der Stadt.

„Und wenn Euer Gnaden“, schloß dieser vortreffliche, aber etwas langweilige Herr, „trotzdem darauf bestehen werden, diese Söldner mit Schwert und Flinte in unsere ruhigen Straßen zu bringen, dann fällt die Verantwortung dafür nicht auf uns. Bedenkt, Herr, solange es noch nicht zu spät ist: wenn auch nur ein Tropfen Blut vergossen wird, so wird dieses Blut ein ewiger Makel am Gedächtnis Euer Gnaden sein. Ihr habt mit geschickter Feder die Taten unserer Vorfahren beschrieben. Um so mehr ist es zu wünschen, daß Ihr selber ehrenhafte Erwähnung finden werdet als guter Patriot und gerechter Herrscher, wenn Eure eigenen Taten einmal in der Geschichte verzeichnet werden.“

„Mir ist der begreifliche Wunsch, gut in den Annalen meines Landes dazustehen, nicht femd“, erwiderte Hutchinson und zwang seine Gereiztheit zur Höflichkeit, „und ich sehe keinen besseren Weg, dieses Ziel zu erreichen, als den sicher nur vorübergehenden Geist des Aufruhrs zu bekämpfen, von dem, verzeiht, daß ich es sage, ältere Männer als ich angesteckt scheinen. Wollen Sie, daß ich warte, bis der Pöbel die Statthalterei erstürmt, wie er mein Privathaus zerstört hat? Glauben Sie nur, die Zeit kann kommen, wo Sie gerne unter den Schutz des Königsbanners fliehen werden, dessen Aufrichtung jetzt so verabscheuenswert erscheint."

„Ja", sagte der britische Major, der ungeduldig auf die Befehle des Statthalters wartete, „die Volksverführer in dieser Provinz haben den Teufel heraufbeschworen und können ihn nun nicht wieder bannen. Wir wollen ihn austreiben im Namen Gottes und des Königs."

„Wenn Ihr Euch mit dem Teufel einlaßt, hütet Euch vor seinen Klauen!" antwortete der Kommandant von Castle William, gereizt durch den Angriff auf seine Landsleute.

„Verzeiht, junger Herr", sagte der würdige Stadtälteste, „laßt keinen bösen Geist in Eure Worte eindringen. Wir wollen mit Gebet und Fasten den Unterdrücker bekämpfen, wie unsere Väter getan haben würden. Dann wollen wir, wie sie, uns dem Los unterwerfen, das eine weise Vorsehung uns sendet – doch immer nur, wenn wir selber unser Äußerstes getan haben, es zu verbessern."

„Und da lugt des Teufels Klaue hervor!" murmelte Hutchinson, der gut wußte, wie es um puritanische Unterwürfigkeit bestellt war. „Diese Angelegenheit muß sofort beschleunigt werden. Erst wenn ein Posten an jeder Ecke steht und eine Wache vor dem Stadthaus, dann kann ein königstreuer Mann wagen, umherzugehen. Was bedeutet mir der Schrei des Pöbels in dieser entfernten Provinz des Königreichs? Der König ist mein Herr und England ist mein Vaterland. Von ihrer Heeresmacht gestützt, setze ich den Fuß auf das Gesindel und biete ihm Trotz!"

Er ergriff die Feder und wollte seine Unterschrift unter das Papier auf dem Tisch setzen, als ihm der Kommandant von Castle William die Hand auf die Schulter legte. Diese freimütige Handlung, die so sehr im Gegensatz stand zu der steifen Hochachtung, die damals Rang und Würden gegenüber für schicklich galt, rief allgemeines Erstaunen hervor, und bei niemand mehr als bei dem Statthalter selber. Er schaute zornig auf und sah, daß sein junger Verwandter mit dem Finger auf die

Wand gegenüber deutete. Hutchinsons Auge folgte dem Zeichen, und er sah, was bis jetzt niemand beachtet hatte, daß ein schwarzer Seidenvorhang vor dem unheimlichen Bilde hing, so daß es vollständig verborgen war. Seine Gedanken kehrten sofort zu der Szene am Nachmittag zurück. Trotz der Verwirrung durch unbestimmte Empfindungen war er sich in seiner Überraschung doch bewußt, daß Alice irgendwie an dieser sonderbaren Erscheinung teilhaben mußte, und er rief sie laut an.

„Alice! – Komm her, Alice!“

Kaum hatte er gerufen, als Alice aus ihrem Versteck hervorglitt, eine Hand fest vor die Augen preßte und mit der andern den schwarzen Vorhang wegzog, der das Bild verhüllte. Ein Ausruf der Überraschung entfuhr allen Beschauern; aber in der Stimme des Statthalters lag Entsetzen.

„Beim Himmel“, sagte er mit leisem Flüstern und sprach mehr in sich hinein als zu seiner Umgebung, „wenn der Geist Edward Randolphs von der Stätte der Qual unter uns erscheinen sollte, so könnten keine größeren Schrecken der Hölle auf seinem Gesicht geschrieben stehen!“

„Aus irgendeinem weisen Grund“, sagte der alte Stadtvorsteher feierlich, „hat die Vorsehung den Nebel der Jahre zerstreut, der so lange dieses furchtbare Bildnis verhüllt hatte. Bis zu dieser Stunde hat kein Lebender geschaut, was wir hier schauen!“

In dem alten Rahmen, der so kurz vorher noch die schwarze Leinwandfläche eingeschlossen hatte, erschien jetzt ein deutliches Bild; freilich noch dunkel in den Farben und Schatten, aber doch stark hervortretend. Es war die Halbfigur eines Mannes in reicher, sehr altmodischer Kleidung aus gesticktem Samt und breiter Halskrause; er war bärtig und trug einen Hut, dessen Rand seine Stirn überschattete. Unter diesem Schatten hervor sahen seine Augen mit einem seltsamen Blick, der wie lebendig war. Das ganze Bildnis hob sich so deutlich vom Hintergrund ab, daß es ganz so wirkte, als blicke ein lebender Mensch von der Wand herab auf die erstaunten und entsetzten Zuschauer. Der Gesichtsausdruck – wenn Worte ihn überhaupt wiederzugeben vermögen – war der eines Unseligen, den man bei irgendeinem scheußlichen Verbrechen entlarvt und dem bitteren Haß, dem Hohn und der vernichtenden Verachtung einer ungeheuren Menge preisgegeben hat. Man sah den Kampf des Trotzes, den das erdrückende Bewußtsein der Schmach niederzwang. Die Qual der Seele spiegelte sich auf dem Gesicht. Es war, als habe das Bild, hinter der Wolke unzähliger Jahre verborgen, doch immer schärfer den düsteren Ausdruck vertieft, bis es jetzt wieder aufglühte und als schlimmes Vorzeichen diese Stunde bedrohte. So sah Edward Randolph aus, wenn man der verworrenen Sage glauben darf, als man ihn erblickte, nachdem der Fluch eines Volkes seine Wirkung an ihm gezeigt hatte.

„Es könnte mich wahnsinnig machen – dieses furchtbare Gesicht!" sagte Hutchinson, der ganz gebannt schien von seiner Betrachtung.

„Dann laßt Euch warnen!" flüsterte Alice. „Er trat das Recht eines Volkes mit Füßen. Seht seine Strafe – und meidet ein Verbrechen wie das seine!"

Einen Augenblick lang zitterte der Statthalter wirklich, doch er riß sich zusammen – was jedoch keiner seiner eigentümlichsten Züge war – und versuchte, sich aus dem Bann des Gesichtes frei zu machen.

„Mädchen!" rief er und lachte höhnisch, als er sich zu Alice wandte, „hast du deine Malerkünste hierher gebracht – deine italienischen Ränke – deine Bühnenkniffe – und gedenkst damit die Pläne von Herrschern und Staatsgeschäfte zu beeinflussen – mit solch einfältigen Anschlägen? Sieh her!"

„Wartet dennoch einen Augenblick", sagte der Stadtvorsteher, als Hutchinson wieder die Feder ergriff, „denn wenn je einem Sterblichen die Warnung einer verdammten Seele zuteil ward, dann seid Ihr es!"

„Fort!" schrie Hutchinson wütend; „Und wenn auch jenes leblose Bild mir Halt! zuriefe, es sollte mich nicht rühren!"

Er warf einen herausfordernden Blick auf das gemalte Gesicht – auf dem sich in diesem Augenblick das Schreckliche des jammervollen und verworfenen Ausdrucks noch zu vertiefen schien – und kratzte den Namen Thomas Hutchinson auf das Papier, in Buchstaben, die deutlich zeigten, daß es eine Tat der Verzweiflung war. Dann soll er geschaudert haben, als habe er mit dieser Unterschrift sein Seelenheil verspielt.

„Es ist geschehen", sagte er und stützte den Kopf in die Hand.

„Der Himmel vergebe die Tat!" sprach die sanfte, traurige Stimme Alice Vanes, wie die letzten Worte eines guten Geistes, der davonhuscht.

Als der Morgen kam, ging ein Flüstern durch das Haus und verbreitete sich von dort durch die Stadt, daß das dunkle, geheimnisvolle Bild aus der Wand getreten sei und von Angesicht zu Angesicht mit dem stellvertretenden Statthalter gesprochen habe. Allein wenn ein solches Wunder geschehen war, so hatte es keine Spuren hinterlassen. Denn in dem alten Rahmen konnte man nichts unterscheiden als die undurchdringliche Wolke, die schon seit Menschengedenken die Leinwand bedeckt hatte. Wenn die Gestalt wirklich herausgetreten war, so war sie, wie die Geister tun, bei der Dämmerung zurückgeflohen und hatte sich hinter der Dunkelheit eines Jahrhunderts versteckt. Wahrscheinlich war es so, daß Alice Vanes geheimes Mittel zur Auffrischung der Farben nur eine vorübergehende Wiederherstellung bewirkte. Aber alle, die in dieser kurzen Spanne das furchtbare Antlitz Edward Randolphs erblickt hatten, wünschten es nicht wieder zu sehen und zitterten stets bei der Erinnerung an die Szene, als sei ein böser Geist sichtbar unter ihnen erschienen. Und Hutchinson – als seine Todesstunde kam, rang nach Atem und klagte, daß das Blut des Gemetzels von Boston ihn erblicke; Francis Lincoln, der ehemalige Kommandant von Castle William, der an seinem Lager stand, bemerkte in seinem irren Blick eine Ähnlichkeit mit dem Edward Randolphs. Fühlte seine gebrochene Seele in dieser furchtbaren Stunde die entsetzliche Last, von einem ganzen Volk verflucht zu sein?

Lady Eleanors Schleier

Nicht lange, nachdem Oberst Shute die Statthalterschaft von Massachusetts angetreten hatte – es sind jetzt fast hundertundzwanzig Jahre her –, kam eine junge Dame von Rang und Vermögen aus England an und stellte sich unter seinen Schutz, da er ihr Vormund war. Er war ein entfernter Verwandter von ihr, aber kein näherer hatte das allmähliche Aussterben der Familie überlebt, so daß für die reiche und vornehme Lady Eleanor Rochcliffe kein angemessener Schutz zu finden war als in der Statthalterei einer überseeischen Provinz. Außerdem hatte Shutes Gattin in der Kindheit Mutterstelle an ihr vertreten und erwartete sie nun ungeduldig, in der Hoffnung, daß eine junge, schöne Frau unendlich viel weniger Gefahren ausgesetzt sei in der schlichten Gesellschaft von Neuengland als unter den Ränken und der Verderbnis eines Hofes. Wenn der Statthalter oder seine Gemahlin an sich selber gedacht hätten, hätten sie wahrscheinlich versucht, die große und schwere Verantwortung auf andere abzuwälzen, da Lady Eleanor dafür bekannt war, daß sie neben vornehmen und prächtigen Charakterzügen einen starren, unbeugsamen Stolz besaß, ein hochmütiges Bewußtsein ihrer ererbten und persönlichen Vorzüge, was es fast unmöglich machte, sie irgendwie zu leiten. Nach vielen überlieferten Anekdoten zu urteilen, die man sich erzählte, war diese eigentümliche Veranlagung fast nur eine fixe Idee, oder aber, wenn die Handlungen, die aus ihr hervorgingen, von einem Menschen mit gesundem Verstand begangen wurden, dann erschien es nur gerecht, daß die Vorsehung so sündhaften Stolz mit so schwerer Strafe vergalt. Dieser Hauch des Übersinnlichen, der über so vielen dieser halbvergessenen Legenden liegt, hat wohl die seltsame Geschichte der Lady Eleanor Rochcliffe noch besonders romantisch gestaltet.

Das Schiff, das sie gebracht hatte, war in Newport angekommen, von wo Lady Eleanor im Wagen des Statthalters nach Boston gebracht wurde unter dem Schutz einer kleinen Gruppe berittener Herren. Die gewichtige Kutsche mit den vier schwarzen Pferden erregte großes Aufsehen, als sie durch Cornhill polterte, besonders auch das halbe Dutzend Kavaliere darum auf tänzelnden Stuten, mit Degen am Steigbügel und Pistolen am Halfter. Als die Kutsche dahinrollte, konnten die Leute durch das große Glasfester die Gestalt der Lady Eleanor erkennen – die Würde einer Königin fast, seltsam gepaart mit der Anmut und Schönheit eines etwa achtzehnjährigen Mädchens. Eine sonderbare Geschichte hatten sich die Damen der Provinz untereinander erzählt; ihre schöne Rivalin verdanke den unwiderstehlichen Reiz ihrer Erscheinung zum großen Teil einem Kleidungsstück, einem gestickten Schleier, vom geschicktesten Künstler in London gewirkt, der seiner Trägerin in zauberhafter Weise Schönheit verlieh. Augenblicklich jedoch verdankte sie keiner zauberkräftigen Kleidung etwas, denn sie trug ein Reitkleid aus Samt, das auf jedem andern Leib steif und reizlos ausgesehen hätte.

Der Kutscher zog die Zügel seiner vier schwarzen Pferde an, und der ganze Zug machte halt vor der gedrehten eisernen Balustrade, die die Statthalterei gegen die Straße zu abgrenzte. Es war ein mißlicher Zufall, daß in diesem Augenblick gerade die Glocke von Old South zu einem Begräbnis erklang. Statt des fröhlichen Geläutes, mit dem man sonst vornehme Gäste zu begrüßen pflegte, begleiteten Trauerklänge den Einzug der Lady Eleanor Rochcliffe, als komme in ihrer schönen Gestalt das Unglück ins Haus.

„Das ist eine große Taktlosigkeit!“ rief Oberst Langford, ein englischer Offizier, der vor kurzem Depeschen an den Statthalter überbracht hatte. „Man hätte die Beerdigung verschieben müssen, um Lady Eleanor nicht durch einen so trübseligen Empfang die Laune zu verderben.“

„Entschuldigen Sie, mein Herr“, erwiderte Doktor Clarke, ein Arzt und berühmter Vorkämpfer der Partei des Volkes,

„wie auch die Wappenträger streiten mögen, König Tod verleiht hohe Rechte: ein toter Bettler muß den Vortritt haben vor einer lebenden Königin.“

Diese Bemerkungen fielen, während die Sprecher auf einen Durchgang durch die Menge warteten, die sich zu beiden Seiten des Eingangs angesammelt hatte und nur eine offene Straße zum Portal der Statthalterei frei ließ. Ein schwarzer Sklave in Livree sprang nun vom Rücksitz herab und schlug die Torflügel zurück. Gleichzeitig kam der Statthalter Shute die Freitreppe herab, um Lady Eleanor beim Aussteigen behilflich zu sein. Aber dem würdevollen Herannahen des Statthalters wurde in einer Weise vorgegriffen, die allgemeines Erstaunen erregte. Ein blasser junger Mann mit wirrem, schwarzem Haar stürzte aus dem Gedränge hervor und warf sich neben der Kutsche zur Erde, so daß er sich selber der Dame als Fußschemel darbot. Lady Eleanor zögerte einen Augenblick, doch mit einem Ausdruck, als hege sie Zweifel, ob der junge Mann es wert sei, das Gewicht des Fußes zu tragen – gar nicht, als errege es ihr Mißfallen, sich so unheimliche Huldigung von einem Mitmenschen bieten zu lassen.

„Steh auf“, sagte der Statthalter mit strengem Ton und erhob seinen Stab über dem Eindringling. „Was will der Tollhäusler mit diesem Streich?“

„Nein“, antwortete Lady Eleanor lächelnd, aber es lag mehr Verachtung als Mitleid in ihrem Ton. „Nein, Ihr sollt ihn nicht schlagen: Wenn die Menschen nichts weiter wollen, als daß man sie mit Füßen tritt, dann wäre es doch schade, wenn man ihnen eine Gunst weigern wollte, die so leicht zu gewähren – und so wohlverdient ist!“

Dann setzte sie, leicht wie ein Sonnenstrahl auf eine Wolke, den Fuß auf die kauernde Gestalt und streckte ihre Hand dem Statthalter entgegen. Eine kleine Pause entstand, in der Lady Eleanor diese Haltung beibehielt. Sicherlich hätte man niemals ein deutlicheres Sinnbild aristokratischen Familienstolzes sehen können, der menschliche Natur und Empfindung mit Füßen trat, wie die beiden Gestalten es in diesem Augenblick boten. Doch die Zuschauer standen so im Bann ihrer Schönheit, und Stolz schien so wesentlich zu einem solchen Geschöpf zu gehören, daß sie alle in Beifallsrufe ausbrachen.

„Wer ist dieser unverschämte junge Bursche?“ fragte Oberst Langford, der noch immer neben Doktor Clarke stand.

„Wenn er bei Verstand wäre, verdiente seine Frechheit die Bastonade. Ist er verrückt, so sollte man Lady Eleanor vor weiteren Belästigungen bewahren, indem man ihn einsperrt.“

„Er heißt Iervase Helwyse“, antwortete der Doktor. „Ein junger Mann ohne Familie oder Vermögen oder sonstige Vorzüge, außer dem Verstand und Gemüt, die ihm die Natur verliehen hatte. Er war als Sekretär unseres Geschäftsträgers in London und lernte dort zu seinem Unglück diese Lady Eleanor Rochcliffe kennen. Er liebte sie – und ihre höhnische Verachtung hat ihn wahnsinnig gemacht.“

„Es war Wahnsinn von ihm, so hoch zu blicken“, bemerkte der englische Offizier.

„Möglich“, sagte Doktor Clarke mit gefalteten Brauen. „Aber ich kann Ihnen sagen: ich möchte fast an der Gerechtigkeit des Himmels verzweifeln, wenn nicht noch eine besonders tiefe Demütigung der Dame harrt, die da so hochmütig in jenes Haus eintritt. Sie will sich über die Gefühle der Natur hinwegsetzen, die alle Menschenseelen umfaßt. Wartet, ob diese Natur nicht noch ihr Recht über sie in einer Weise geltend macht, die sie auf gleiche Stufe mit den Allerniedrigsten bringen wird.“

„Niemals!“ rief Langford empört, „weder im Leben, noch wenn man sie in die Gruft ihrer Väter legt.“

Nicht lange danach gab der Statthalter einen Ball zu Ehren der Lady Eleanor Rochcliffe. Die vornehmste Adelsgesellschaft der Provinz erhielt Einladungen, die ihnen durch berittene Boten in ihren Wohnsitzen nah und fern zugestellt wurden; es waren Sendschreiben, die man mit aller Förmlichkeit offizieller Depeschen gesiegelt hatte. Rang, Reichtum und Schönheit folgten dem Ruf zu allgemeiner Versammlung. Selten hatte das große Tor der Statthalterei mehr und vornehmere Gäste eingelassen als an diesem Abend. Ohne übertriebene Lobpreisung konnte man das Schauspiel glänzend nennen; denn der Mode der Zeit gemäß erstrahlten die Damen in kostbarer Seide, die über weite Krinolinen floß, und die Herren glitzerten von goldener Stickerei, an der man nicht gespart hatte auf dem purpurfarbenen, scharlachroten oder himmelblauen Sammet, aus dem ihre Röcke und Westen gefertigt waren. Dies letztere Kleidungsstück war sehr wichtig, denn es umschloß den Körper des Trägers bis zu den Knien und war mit goldgewirkten Blumen und Blättern im Betrage eines ganzen Jahreseinkommens geschmückt. Der geänderte Geschmack von heute – ein Geschmack, der den tiefgehenden Wechsel in der ganzen Gesellschaftsordnung kennzeichnet – würde fast jede dieser prunkvollen Gestalten als lächerlich empfinden. An jenem Abend aber suchten die Gäste ihr Bild in den hohen Pfeilerspiegeln und freuten sich, ihren eigenen Glanz aus dem allgemeinen Glänzen herauszufinden. Wie schade, daß keiner der stattlichen Spiegel ein Bild der Szene bewahrt hat! Die vergänglichen Züge hätten uns manches lehren können, was Beachtung und Erinnerung verdiente.

Könnte doch wenigstens ein Spiegel oder ein Maler uns eine schwache Vorstellung von einem Kleidungsstück übermitteln, das schon einmal genannt wurde in dieser Geschichte – von dem gestickten Schleier der Lady Eleanor, von dem man sich heimlich erzählte, daß er magische Kräfte besaß, so daß er ihrer Gestalt, so oft sie ihn anlegte, immer wieder neuen, unerprobten Reiz verlieh. Eine müßige Einbildung – und doch hat dieser geheimnisvolle Schleier ihr Bild mit Schauern umgeben, teils durch die Eigenschaften, die man ihm zuschrieb, teils weil er die Arbeit einer Sterbenden war und vielleicht aus dem Fieberwahn des nahen Todes den seltsamen Reiz empfangen hatte.

Nach den förmlichen Begrüßungen stand Lady Eleanor Rochcliffe abseits von dem Schwarm der Gäste in einem kleinen, auserwählten, abgesonderten Kreis, den sie mit herzlicherer Huld auszeichnete als die allgemeine Menge. Die Wachskerzen warfen einen lebhaften Schimmer über die Gruppe und brachten ihre Glanzpunkte stark zur Geltung.

Sie aber schaute lässig um sich; manchmal lag sogar Müdigkeit oder Verachtung auf ihren Zügen; doch so viel weibliche Anmut mischte sich darein, daß ihre Zuhörer sich kaum der sittlichen Mängel bewußt wurden, deren Ausdruck ihr Benehmen war. Sie sah das Schauspiel nicht mit gewöhnlichem Spott an, da sie es verschmähte, an der lächerlichen Nachahmung eines Hoffestes in der Provinz Gefallen zu finden, sondern mit der tieferen Verachtung eines Menschen, der sich für zu gut hält, an den Vergnügungen anderer teilzunehmen. Möglich, daß die Erinnerungen derer, die sie an diesem Abend sahen, unter dem Einfluß der sonderbaren Ereignisse standen, mit denen sie später verknüpft ward; jedenfalls verbanden sie nachher immer ihre Erscheinung mit Seltsamkeit und Unnatur. Damals aber schwärmte man allgemein von ihrer außerordentlichen Schönheit und dem unbeschreiblichen Reiz, den ihr Schleier ihr verlieh. Einige genaue Beobachter bemerkten sogar, daß Blässe und fieberhafte Röte auf ihrem Gesicht wechselten, und dementsprechend Flut und Ebbe in ihrer Gemütsverfassung; ein- oder zweimal verriet sie qualvolle und hilflose Ermattung, als sei sie dem Umsinken nahe. Dann schrak sie zusammen und schien sich krampfhaft aufzuraffen und warf einen mutwilligen, glänzenden, doch fast gottlosen Sarkasmus in die Unterhaltung. Es lag ein sehr seltsamer Zug in ihrem Benehmen und ihren Äußerungen, der jeden rechtlich denkenden Zuhörer erstaunte. Wenn sie ihr ins Gesicht schauten, ließ ein lauernder Blick und ein unbegreifliches Lächeln Zweifel an ihrer Ernsthaftigkeit oder ihrem klaren Verstand aufkommen.

Allmählich ward der Kreis um Lady Eleanor Rochcliffe immer kleiner, bis nur noch vier Herren bei ihr standen. Das waren der bereits erwähnte Oberst Langford, ein Pflanzer aus Virginia, der in politischem Auftrag nach Massachusetts gekommen war, ein junger bischöflicher Priester – der Enkel eines britischen Grafen – und endlich der Privatsekretär des Statthalters, dessen Unterwürfigkeit eine Art Duldung von Lady Eleanor gewonnen hatte.

Mehrmals am Abend gingen die livrierten Diener der Statthalterei mit ungeheuren Platten, mit Erfrischungen und französischem und spanischem Wein unter den Gästen umher. Lady Eleanore weigerte sich, ihre schönen Lippen auch nur mit einem Tropfen Champagner zu benetzen; sie war in einen großen Damastsessel zurückgesunken, offenbar übermüdet, vielleicht von Aufregung, vielleicht auch von Widerwillen. Als sie einen Augenblick lang nichts mehr hörte von Stimmen, Gelächter und Musik, stahl sich ein junger Mann herbei und kniete zu ihren Füßen nieder. Er trug ein Servierbrett in der Hand, auf dem ein getriebener silberner Kelch stand, bis zum Rand mit Wein gefüllt. Den bot er ihr so ehrfurchtsvoll wie einer gekrönten Königin oder mit der scheuen Ergebung eines Priesters, der einem Gott opfert. Lady Eleanor fühlte, daß jemand ihr Kleid berührte; sie schrak empor, schlug die Augen auf und starrte in das bleiche, wilde Gesicht und auf das wirre Haar des Iervase Helwyse.

„Warum verfolgen Sie mich so?" fragte sie mit matter Stimme, die aber mehr Güte ausdrückte, als sie sich gewöhnlich anmerken ließ.

„Man sagt mir, daß ich Ihnen Leid zugefügt habe."

„Ob dem so ist, das weiß der Himmel", erwiderte der junge Mann feierlich. „Aber, Lady Eleanor, zur Vergeltung dieses Leides, wenn es mir geschah, und um Eurer irdischen und himmlischen Wohlfahrt willen bitte ich Euch, einmal an diesem heiligen Wein zu nippen und dann den Kelch bei den Gästen umgehen zu lassen. Und dies soll das Zeichen sein, daß Ihr nicht versucht habt, Euch aus der Kette menschlicher Gefühle freizumachen – denn wer das tut, muß sich zu den gefallenen Engeln gesellen."

„Wo hat dieser wahnsinnige Bursche das heilige Gefäß gestohlen?" rief der bischöfliche Priester.

Diese Frage lenkte die Aufmerksamkeit der Gäste auf den silbernen Pokal, und man erkannte, daß er zum Abendmahlgeschirr der Old South-Kirche gehörte; es lag die Annahme nahe, daß er vom geweihten Wein überfloß.

„Vielleicht ist er vergiftet“, flüsterte der Sekretär des Statthalters.

„Gießt ihn dem Schurken in die Kehle!“ rief der Virginier wütend.

„Werft ihn aus dem Haus!“ schrie Oberst Langford und packte Iervase Helwyse so grob bei der Schulter, daß das heilige Gefäß umfiel und sein Inhalt Lady Eleanores Schleier bespritzte. „Ob er ein Schurke, ein Narr ist oder ein Irrsinniger, es ist unverantwortlich, daß der Bursche frei umherläuft.“

„Ich bitte Sie, meine Herren, tun Sie meinem armen Bewunderer nichts zuleid“, sagte Lady Eleanor mit schwachem, müdem Lächeln. „Bringen Sie ihn mir aus den Augen, wenn Ihnen das beliebt, denn ich kann ihn in meinem Innersten nur auslachen – wo es doch recht und billig wäre, daß ich um das große Unheil weinte, das ich angerichtet habe.“ Aber als die Umstehenden versuchten, den unglücklichen jungen Mann fortzuführen, riß er sich von ihnen los, und mit seltsamem, leidenschaftlichem Ernst richtete er eine neue, ebenso sonderbare Bitte an Lady Eleanor. Es war keine geringere, als daß sie den Schleier abwerfen sollte, den sie dichter um ihre Gestalt gezogen hatte, als er ihr den Kelch mit dem Wein aufdrängte, so daß sie fast ganz darin eingehüllt war.

„Werft ihn von Euch!“ rief Iervase Helwyse und faltete die Hände in verzweifelter Bitte. „Vielleicht ist es noch nicht zu spät! Übergebt das verfluchte Kleidungsstück den Flammen!“

Aber Lady Eleanor zog die reichen Falten des gestickten Schleiers mit höhnischem Lachen über den Kopf, so daß ihr schönes Gesicht völlig verändert erschien. Halb verborgen und halb enthüllt schien es einem Wesen von geheimnisvollem Charakter und seltsamen Absichten anzugehören.

„Leben Sie wohl, Iervase Helwyse“, sagte sie, „behalten Sie mein Gesicht im Gedächtnis, wie Sie es jetzt sehen.“

„Ach!“ erwiderte er, und seine Stimme war nicht mehr wild, sondern traurig wie eine Totenglocke. „Wir müssen uns bald wiedersehen, wenn Euer Gesicht einen andern Ausdruck trägt – und das soll dann das Bild sein, das in mir bleibt.“

Er leistete den heftigen Anstrengungen der Herren und der Diener, die ihn fast aus dem Zimmer schleiften, nicht länger Widerstand. Dann wurde er unsanft aus dem eisernen Gittertor der Statthalterei hinausgestoßen. Oberst Langford, der bei der Sache stark beteiligt gewesen war, kehrte zu Lady Eleanor Rochcliffe zurück und traf unterwegs den Arzt Doktor Clarke, mit dem er zufällig am Tage ihrer Ankunft gesprochen hatte.

Der Doktor stand beiseite; die Weite des ganzen Zimmers trennte ihn von Lady Eleanor, aber er schaute mit so durchdringender Klugheit auf sie, daß Oberst Langford ihm unwillkürlich die Entdeckung eines tiefen Geheimnisses zutraute.

„Sie scheinen aber doch hingerissen von den Reizen dieses königlichen Mädchens", sagte er und hoffte so, dem Arzt seine verborgene Weisheit zu entlocken.

„Gott behüte!" antwortete Doktor Clarke mit ernstem Lächeln, „und wenn Sie klug sind, werden Sie die gleiche Bitte für sich selber sprechen. Wehe denen, die in den Bann dieser schönen Lady Eleanor geraten. Aber dort steht der Statthalter – und ich habe ihm ein paar Worte vertraulich zu sagen. Guten Abend!"

Und er ging auf Statthalter Shute zu und sprach ihn so leise an, daß keiner der Umstehenden ein Wort verstehen konnte. Aber der plötzliche Wechsel in dem bisher so fröhlichen Gesicht Seiner Exzellenz zeigte an, daß es keine angenehme Mitteilung war. Nur wenige Augenblicke später wurde den Gästen verkündet, daß ein unvorhergesehener Umstand ein vorzeitiges Ende des Festes nötig mache.

Der Ball im Province House bot ein paar Tage lang Gesprächsstoff für die Hauptstadt der Provinz und wäre noch länger das allgemeine Thema gewesen, wenn nicht ein Gegenstand von allumfassendem Interesse ihn eine Zeitlang aus dem Gedächtnis der Öffentlichkeit verdrängt hätte. Das war das Auftreten einer furchtbaren Epidemie, der damals, wie lange vorher und nachher, zu beiden Seiten des Ozeans Hunderte und Tausende erlagen. Bei dieser Gelegenheit zeichnete sie sich durch besondere Bösartigkeit aus, so sehr, daß sie ihre Spuren –

ihre Gruben, um ein treffliches Bild zu gebrauchen – auf der Geschichte des Landes zurückließ, dessen ganze Angelegenheiten durch ihr Wüten in Verwirrung gerieten. Zuerst schien sich die Krankheit, im Gegensatz zu ihrem sonstigen Verlauf, auf die oberen Gesellschaftskreise zu beschränken; sie suchte ihre Opfer unter den Stolzen, Hochgeborenen und Reichen; ohne Scheu trat sie in die Staatszimmer und legte sich mit den Schläfern in seidene Betten. Einige der vornehmsten Gäste der Statthalterei, selbst solche, die die hochmütige Eleanor Rochcliffe ihrer Gunst für würdig erachtet hatte, wurden von dieser schlimmen Geißel getroffen.

Mit unedler Boshaftigkeit bemerkte man, daß die vier Herren, der Virginier, der britische Offizier, der junge Geistliche und der Sekretär des Statthalters – ihre ergebensten Bewunderer am Abend des Balles – die ersten waren, die diese Pest befiel.

Aber in ihrem weiteren Verlauf hörte die Krankheit auf, ein Vorrecht des Adels zu sein. Ihr rotes Brandmal wurde nicht mehr wie ein Ordensstern oder Ritterschlag verliehen. Sie stampfte ihren Weg durch die engen und winkeligen Gassen, trat in niedrige, bescheidene und düstere Wohnstätten ein und legte ihre todbringende Hand auf Künstler und Arbeiter in der Stadt. Da zwang sie reich und arm, sich als Brüder zu fühlen. Mit einer Wut, die sie fast zu einer ganz neuen Epidemie machte, schritt sie über die drei Hügel dahin, dieser mächtige Eroberer, die Geißel und der Schrecken unserer Väter – die Blattern!

Wir können die Angst nicht mehr ermessen, die diese Krankheit einstmals verbreitete; denn heute ist sie ein Ungeheuer, dem man die Krallen beschnitten hat. Wir müssen uns lieber daran erinnern, mit welchem Entsetzen wir die Riesenschritte der asiatischen Cholera verfolgten, die den Atlantischen Ozean überquerte und wie das Schicksal über die entferntesten Städte hereinbrach, die die Flucht schon halb entvölkert hatte. Es gibt keine Angst, die so furchtbar ist und so der Menschlichkeit entfremdet wie die, welche die Menschen sich fürchten läßt, Gottes Lebensluft zu atmen, weil sie Gift sein könnte, oder die Hand eines Bruders oder Freundes zu erfassen, weil die Klauen der Seuche sie packen könnten. Solcher Jammer folgte nun den Spuren der Krankheit oder lief ihr voraus durch die Stadt. Gräber wurden hastig aufgeworfen und die verseuchten Überreste ebenso hastig bedeckt, weil die Toten Feinde der Lebenden waren und sich bemühten, sie kopfüber sozusagen in ihre eigene gräßliche Grube hinabzuziehen. Die Ratsversammlungen wurden eingestellt, als ob menschliche Weisheit auf ihre Künste verzichten könnte, jetzt, wo ein unterirdischer Machthaber sich den Weg in das Haus des Herrschers erzwungen hatte. Hätte eine feindliche Flotte an der Küste gelauert oder Feindestruppen das Land durchzogen, dann hätten die Leute wahrscheinlich auch seine Verteidigung diesem schrecklichen Eroberer übertragen, der ihr eigenes Elend heraufbeschworen hatte und keine Einmischung in seine Herrschaft duldete. Dieser Eroberer hatte auch ein Siegeszeichen. Das war eine blutrote Fahne, die in der vergifteten Luft über der Tür jedes Hauses flatterte, in das die Blattern eingezogen waren.

Ein solches Banner wehte schon lange über dem Tor der Statthalterei; denn von dort aus war all ihr furchtbares Unheil ausgegangen, das ließ sich beweisen, wenn man ihre Spuren rückwärts verfolgte. Sie führte zurück in das prunkvolle Zimmer einer Dame, zu der Stolzesten der Stolzen – zu der, die so empfindlich war und sich kaum dazu bekannte, ein einfacher Sterblicher zu sein, zu der Hochmütigen, die sich über menschliche Gefühle erhaben dünkte, zu Lady Eleanor! Es war kein Zweifel, daß die Ansteckung in jenem prächtigen Schleier gesteckt hatte, der ihr auf dem Fest einen so seltsamen Reiz verliehen hatte. Seine wunderliche Pracht, aus dem fiebernden Hirn einer Frau auf dem Totenbett hervorgegangen, war das letzte Werk ihrer erstarrenden Finger, die Schicksal und Elend in die goldenen Fäden eingewoben hatten. Zuerst hatte man diese dunkle Geschichte heimlich geflüstert, jetzt wurde sie weit und breit ausgesprengt. Das Volk raste gegen Lady Eleanor und schrie, daß ihr Stolz und Hohn einen Unhold heraufbeschworen habe, und dieses ungeheuerliche Übel sei ihrer beider Bastard. Mitunter sah die Wut und Verzweiflung wie Fratzen der Freude aus, und wenn die rote Pestilenzflagge über einer Tür nach der anderen aufgezogen wurde, klatschte man in die Hände und rief in bitterer Ironie: „Seht, ein neuer Triumph für Lady Eleanor!“

Eines Tages, mitten in diesen trostlosen Zeiten, näherte sich ein sonderbarer Mensch der Tür der Statthalterei. Er betrachtete mit gekreuzten Armen das rote Banner, das warnende Gewand der Seuche, in das der Wind stoßweise hineinfuhr, als wolle er die Ansteckung umhertragen. Schließlich kletterte er mit Hilfe des Eisengitters an einem Pfeiler empor, nahm die Fahne herab, schwenkte sie über seinem Haupt und betrat mit ihr das Haus. Am Fuß der Treppe traf er den Statthalter in Stiefeln und Sporen, in seinen Mantel gehüllt; er wollte augenscheinlich gerade eine Reise antreten.

„Was suchst du hier, elender Idiot?“ rief Shute und hielt seinen Stock vor, um nicht mit ihm in Berührung zu kommen. „Hier ist nur der Tod. Zurück – oder du wirst ihm begegnen!“

„Mich rührt der Tod nicht an. Ich bin der Bannerträger der Pestilenz!“ rief Iervase Helwyse und schwenkte die rote Flagge hoch. „Tod und Pestilenz in Gestalt der Lady Eleanor werden heute nacht durch die Straßen ziehen, und ich muß ihnen vorausgehen mit diesem Banner!“

„Warum verschwende ich meine Worte an diesen Burschen?“ murmelte der Statthalter und zog seinen Mantel bis vor den Mund. „Was liegt an seinem armseligen Leben, wenn keiner von uns einen halben Tag lang seines Atems sicher ist? Geh weiter, Narr, deiner eigenen Vernichtung entgegen.“

Er machte Platz vor Iervase Helwyse, der sofort die Treppe hinaufstieg; aber auf dem ersten Absatz hielt ihn ein fester Griff an der Schulter zurück. Er sah wütend auf, im Trieb des Irrsinnigen, den Gegner anzufallen und zu zerreißen, aber er ward hilflos unter dem ruhigen, strengen Auge, das die Macht besaß, den höchsten Wahnsinn zu dämpfen. Der Mann, dem er sich gegenübersah, war Doktor Clarke.

„Junger Mann, was ist Ihr Begehr?“ fragte er.

„Ich suche Lady Eleanor", antwortete Iervase Helwyse.

„Alle sind vor ihr geflohen", sagte der Arzt. „Warum suchst du sie nun? Ich sage dir, Jüngling, ihre Wärterin fiel tot auf der Schwelle des verhängnisvollen Zimmers nieder. Weißt du nicht, daß niemals so ein Fluch zu unsern Ufern kam, wie diese liebliche Lady Eleanor? Daß ihr Atem die Luft vergiftet hat? Daß sie aus den Falten ihres verfluchten Schleiers Pest und Tod über das Land geschüttet hat?"

„Laßt mich sie sehen!" fiel der wahnsinnige Jüngling wieder leidenschaftlich ein. „Laßt mich sie in ihrer furchtbaren Schönheit schauen, in das königliche Kleid der Pestilenz gehüllt! Sie sitzt auf gleichem Thron mit dem Tod. Laßt mich vor ihnen niederknien!"

„Armer Junge!" sagte Doktor Clarke. Tief gerührt war er von menschlicher Schwäche, und doch spielte selbst jetzt ein Lächeln um seinen Mund. „Willst du noch immer die Zerstörerin verehren und ihr Bild mit Phantasien umgeben, die nur erhabener werden, je mehr Unheil sie anrichtet? So stellt der Mensch ja immer sich zu seinem Tyrannen! Geh weiter, denn Wahnsinn hat die gute Wirkung, wie ich beobachtet habe, dich vor der Ansteckung zu bewahren – und vielleicht wird er sogar Heilung finden in jenem Zimmer."

Er stieg noch ein Stockwerk hinauf, öffnete eine Tür und bedeutete Iervase Helwyse einzutreten. Der arme Irre hatte wahrscheinlich die trügerische Hoffnung gehegt, seine hohe Herrin prunkvoll dasitzen zu sehen, unversehrt von den Ausstrahlungen der Pestilenz, die sie wie durch Zauberkraft um sich verbreitete. Er träumte zweifellos, daß ihre Schönheit nicht getrübt sei, sondern in übermenschlichem Glanz erstrahle. Mit solchen Erwartungen schlich er ehrfurchtsvoll zu der Tür, an der der Arzt stand. Doch auf der Schwelle hielt er inne und spähte angstvoll in die Finsternis des verdunkelten Zimmers.

„Wo ist Lady Eleanor?" flüsterte er.

„Rufe sie", erwiderte der Arzt.

„Lady Eleanor! – Fürstin! – Königin des Todes!" rief Iervase Helwyse und tat drei Schritte in das Zimmer hinein.

„Sie ist nicht da! Dort, auf dem Tisch, glänzt der Diamant, den sie einst am Busen trug. Hier – oh Gott! – hier hängt ihr Schleier, auf den eine Tote einen furchtbar machtvollen Zauber stickte. Doch wo ist Lady Eleanor?"

Hinter den seidenen Vorhängen eines Himmelbettes regte sich etwas, und ein tiefes Stöhnen erklang. Iervase Helwyse lauschte gespannt und unterschied langsam die Stimme einer Frau, die traurig über Durst klagte. Er glaubte sogar den Tonfall zu erkennen.

„Mein Hals! Mein Hals verbrennt!" murmelte die Stimme. „Ein Tropfen Wasser!"

„Was für ein Wesen bist du?" sagte der geisteskranke Jüngling, näherte sich dem Bett und zog die Vorhänge auseinander. „Wessen Stimme hast du gestohlen für dein Gewinsel und jämmerliches Klagen – als könnte Lady Eleanor menschlicher Schwachheit unterworfen sein? Pfui! Du Bündel kranker Sterblichkeit, was schleichst du dich in das Zimmer meiner Herrin?"

„Oh, Iervase Helwyse", sagte die Stimme – und als sie sprach, krümmte sich die Gestalt und versuchte ihr entstelltes Gesicht zu verbergen – „sieh jetzt die Frau nicht an, die du einst geliebt hast! Der Fluch des Himmels hat mich getroffen, weil ich keinen Mann meinen Bruder und keine Frau meine Schwester nennen wollte. Ich hüllte mich in Stolz ein wie in einen Schleier und sprach den menschlichen Gefühlen Hohn. Und darum hat nun die Natur an diesem armseligen Körper sich furchtbar gezeigt. Du bist gerächt – sie alle sind gerächt – auch die Natur ist gerächt!"

Da wachte in Iervase Helwyses Brust die Bösartigkeit seiner Geisteskrankheit auf, das, was trotz des Wahnsinns im Herzen lauerte, eines vernichteten und die Bitterkeit zerstörten Lebens und einer Liebe, die nur grausamen Hohn erfahren hatte. Er wies mit dem Finger auf das unglückliche Mädchen und vom Ausbruch seiner Lustigkeit hallte das Zimmer wider, und die Vorhänge ihres Bettes wehten davon.

„Wieder ein Triumph für Lady Eleanor!" rief er. „Alle waren ihre Opfer! Wer ist würdiger als letztes Opfer als sie selber?"

Von irgendeiner neuen Vorstellung seines kranken Verstandes getrieben, raffte er den unheilvollen Schleier an sich und stürzte aus dem Zimmer und aus dem Haus.

In der Nacht ging eine Prozession bei Fackellicht durch die Straßen. In der Mitte wurde eine weibliche Gestalt getragen, die man in einen reich gestickten Schleier gehüllt hatte. An der Spitze marschierte Iervase Helwyse und schwenkte die rote Flagge der Pestilenz. Vor dem Province House angekommen, verbrannte das Volk das Bildnis. Ein starker Wind kam und blies die Asche umher. Man sagte, daß von dieser Stunde an die Seuche nachließ, als hätte ihr Verlauf vom ersten bis zum letzten Krankheitsfall in geheimnisvoller Verbindung mit Lady Eleanors Schleier gestanden.

Eine auffallende Ungewißheit liegt über dem Schicksal der unglücklichen Frau. Es geht jedoch das Gerücht, daß in einem gewissen Zimmer des Hauses mitunter eine weibliche Gestalt verschwommen zu sehen ist, die in die dunkelste Ecke flüchtet und ihr Gesicht mit einem gestickten Schleier verhüllt. Wenn das wahr ist – wer kann es anders sein als die einst so stolze Lady Eleanor?

Der Maskenball

Bei einem der Feste im Ständehaus während des letzten Teils der Belagerung von Boston ereignete sich ein Vorfall, der bis heute noch nicht aufgeklärt ist. Die Offiziere der englischen Armee und der königstreue Adel der Provinz, der sich zum größten Teil in der belagerten Stadt gesammelt hatte, waren zu einem Maskenball geladen. Es gehörte zur Politik Sir William Howes, die Not und Gefahr der Zeit und das trostlose Bild der Belagerung hinter festlichem Gepränge zu verstecken. Das Schauspiel dieses Abends war die heiterste und ausgelassenste Sache, die in den Annalen der Statthalterschaft zu verzeichnen ist, wenn man den ältesten Mitgliedern der provinzialen Hofkreise glauben darf. In den glänzend erleuchteten Räumen drängten sich Gestalten, die aus der dunklen Leinwand historischer Gemälde herausgetreten oder aus den zaubervollen Seiten der Romanze hervorgehuscht schienen, oder zum mindesten aus einem der Londoner Theater hierhergeweht, ohne das Kostüm gewechselt zu haben. Unter stahlklirrende Ritter aus der Zeit der Eroberung, bärtige Staatsmänner der Königin Elisabeth und ihre Hofdamen in hohen Halskrausen mischten sich Gestalten der Komödie: der buntscheckige Hanswurst mit Schellen an Kleid und Kappe, ein Falstaff, der fast ebensosehr zum Lachen reizte wie sein Vorbild, und ein Don Quichote mit einer Bohnenstange als Lanze und einem Topfdeckel als Schild. Aber die größte Heiterkeit erregte eine Gruppe von Leuten, die lächerlich in alten Uniformstücken steckten, die auf einem militärischen Lumpenmarkt aufgekauft oder aus einem Sammelkasten abgelegter Kleider der französischen und englischen Armee gestibitzt schienen. Teile ihres Anzuges waren wahrscheinlich bei der Belagerung von Louisbury getragen worden, und die Röcke neuesten Schnittes konnten wohl schon zur Zeit der

Siege General Wolfes von Kugel, Schwert und Bajonett zerrissen und zerfetzt worden sein. Einer dieser Biedermänner, – eine große, schmächtige Gestalt, die ein rostiges Schwert von ungeheurer Länge schwang – gab vor, kein Geringerer zu sein als General George Washington. Und die anderen berühmten Führer der amerikanischen Armee, wie Gates, Lee, Putnam, Schuyler, Ward und Heath, wurden von ähnlichen Vogelscheuchen verkörpert. Eine Unterredung im satyrisch-heroischen Stil zwischen den aufständischen Kriegern und dem britischen Oberbefehlshaber wurde mit ungeheurem Beifall aufgenommen, der am allerlautesten von den Königstreuen der Kolonie gespendet wurde. Einer der Gäste jedoch stand abseits und blickte streng und verächtlich auf diese Possenreißer, und ein bitteres Lächeln stand auf seinem zornigen Gesicht.

Es war ein alter Mann, der früher eine hohe Stellung und großen Ruf in der Provinz genossen hatte, und der zu seiner Zeit ein berühmter Kriegsmann gewesen war. Man hatte sich erstaunt gezeigt, daß ein Mann wie Oberst Joliffe, der so ausgesprochen zu den Whigs gehörte, während der Belagerung in Boston geblieben war – wenn er auch jetzt zu alt war, um sich selber am Kampf zu beteiligen – besonders aber, daß er eingewilligt hatte, sich im Hause Sir William Howes zu zeigen. Aber er war gekommen mit einer schönen Enkeltochter am Arm; und da stand nun seine strenge, alte Gestalt in all der heiteren Ausgelassenheit, die originalste Figur im Mummenschanz, weil er so getreu den alten Geist des Vaterlandes verkörperte. Die übrigen Gäste versicherten, daß Oberst Joliffes finstere puritanische Blicke einen Schatten um sich herum verbreiteten. Trotz seines düsteren Einflusses flammte ihre Fröhlichkeit immer höher wie – ein verhängnisvoller Vergleich – die flackernde Helle einer Lampe, die nur noch kurze Zeit zu brennen hat. Eine gute halbe Stunde war vergangen, seit die Uhr auf Old South elf Schläge getan hatte, da ging ein Gerücht in der Gesellschaft um, daß ein neues Schauspiel oder Possenspiel vorgeführt werden sollte, das dem glänzenden Fest des Abends einen würdigen Abschluß geben sollte.

„Welchen neuen Scherz hat Eure Exzellenz nun vor?“ fragte Ehrwürden Mather Byles, dessen presbyterianischen Vorurteile ihn nicht von dem Fest ferngehalten hatten. „Sie können mir glauben, ich habe schon mehr gelacht, als sich für mein Priestergewand schickt, über Ihre homerische Unterhaltung mit jenem zerlumpten General der Aufständischen. Noch ein solcher Heiterkeitsanfall, und ich muß meinen Priesterkragen und die geistliche Perücke in eine Ecke werfen.“

„Nun, guter Doktor Byles“, antwortete Sir William Howe, „wenn Heiterkeit ein Verbrechen wäre, dann wären Sie niemals Doktor der Theologie geworden. Was diese neue Posse angeht, so weiß ich nicht mehr davon als Sie, vielleicht noch weniger. Nun einmal ehrlich, Doktor, haben Sie nicht den nüchternen Verstand einiger Ihrer Landsleute dazu reizen können, eine Szene in unserem Maskenspiel aufzuführen?“ – „Vielleicht“, bemerkte die Enkelin des Oberst Joliffe, deren Stolz durch manchen Stich auf Neuengland verletzt wurde, spitz, „vielleicht sollen wir ein Spiel allegorischer Figuren sehen: der Sieg mit den Trophäen von Lexington oder Bunker Hill; der Reichtum mit dem überfließenden Füllhorn, um den augenblicklichen Überfluß in dieser guten Stadt darzustellen; und der Ruhm mit einem Kranz für die Stirn seiner Exzellenz.“

Sir William Howe lächelte zu Worten, die er mit den drohendsten Blicken beantwortet hätte, wären sie von bärtigen Lippen gefallen. Eine merkwürdige Unterbrechung ersparte ihm eine Entgegnung. Vor dem Haus hörte man Musik, als stände eine vollzählige Militärkapelle auf der Straße; doch sie spielten keine festliche Weise, wie sie zu der Gelegenheit paßte, sondern einen getragenen Trauermarsch. Die Trommeln schienen gedämpft, und die Trompeten riefen klagende Töne. Sofort verstummte die Lustigkeit der Zuhörer; alle waren erstaunt, einige voll banger Ahnung. Vielen kam es so vor, als ob entweder der Leichenzug einer hohen Persönlichkeit vor dem Haus des Statthalters haltgemacht hätte, oder als ob ein Toter in samtgedecktem, reich geschmücktem Sarg aus dem Tor getragen wurde. Sir William Howe lauschte eine Weile, dann rief er mit strenger Stimme nach dem Kapellmeister der Musiker, die bisher das Fest mit fröhlichen und leichten Melodien belebt hatten. Es war der Tambourmajor eines britischen Regiments.

„Dighton", fragte der General, „was bedeutet diese Tollheit? Heißt Eure Kapelle diesen Totenmarsch abbrechen – oder, bei meinem Wort, sie sollen genügend Grund bekommen für ihre kläglichen Töne. Bringt sie zum Schweigen. Mensch!"

„Erlaubt, Euer Gnaden", antwortete der Tambourmajor, aus dessen rotem Gesicht alle Farbe gewichen war, „ich bin nicht schuld. Ich und meine Kapelle, wir sind vollständig hier; und ich bezweifle, ob einer von uns diesen Marsch ohne Noten spielen könnte. Ich habe ihn nur einmal gehört, und das war bei der Bestattung Seiner verstorbenen Majestät, König Georgs des Zweiten."

„Gut, gut", sagte Sir William Howe und faßte sich wieder, „es ist das Vorspiel zu irgendeiner Maskenposse. Es ist gut."

Jetzt zeigte sich eine neue Gestalt, aber unter den vielen phantastischen Masken, die in den Zimmern verteilt waren, konnte niemand genau angeben, woher sie gekommen war. Es war ein Mann in altmodischer Kleidung aus schwarzer Halbseide, der aussah wie ein Hausmeister oder erster Bedienter im Haushalt eines Adligen oder englischen Großgrundbesitzers. Er schritt auf die Außentür des Hauses zu, schlug beide Torflügel weit zurück, stellte sich etwas zur Seite und sah nach der breiten Treppe, als warte er, daß jemand herunterkomme. Gleichzeitig erklang die Musik auf der Straße wie eine laute, leidvolle Aufforderung. Die Augen Sir William Howes und seiner Gäste waren auf die Treppe gerichtet. Dort erschienen auf dem obersten Absatz, den man von unten aus unterscheiden konnte, mehrere Personen, die zur Tür herabschritten. Der erste war ein Mann von strengem Gesicht, mit spitzem Hut und einer Sturmhaube darunter, einem dunklen Mantel und riesigen, faltigen Stiefeln, die bis zu den Oberschenkeln reichten. Unter dem Arm trug er eine aufgerollte Fahne; es schien das englische Banner, doch seltsam zerfetzt und zerrissen; in der Rechten hielt er ein Schwert, und die Linke umklammerte die

Bibel. Die nächste Gestalt sah sanfter aus, aber doch voll Würde; sie trug eine breite Halskrause, über die ein Bart herabwallte, einen Überwurf aus gewirktem Samt und Wams und Kniehosen aus schwarzer Seide. Er hatte eine Schriftrolle in der Hand. Dicht hinter diesen beiden kam ein junger Mann von sehr auffallendem Aussehen und Gebaren: tiefes Denken und Verträumtheit lagen auf seiner Stirn, und ein Strahl der Begeisterung brach aus seinen Augen. Seine Kleidung war von altem Schnitt wie die seiner Vorgänger; auf seinem Halskragen sah man einen Blutfleck. Drei oder vier andere gehörten noch mit zu dieser Gruppe, alles auffallend würdige und achtunggebietende Männer.

„In Teufels Namen, was ist das?“ flüsterte Sir William Howe einem Herrn an seiner Seite zu, „eine Prozession der königsmörderischen Richter König Karls des Märtyrers?“

„Dies“, sagte Oberst Joliffe, der fast zum erstenmal an diesem Abend ein Wort sprach, „dies sind, wenn ich sie richtig deute, die puritanischen Führer, die Herrscher der ursprünglichen alten Demokratie von Massachusetts: Endicott mit der Fahne, aus der er das Zeichen der Unterwürfigkeit gerissen hat, und Winthrop und Sir Henry Vane, Dudley, Haynes, Bellingham und Leverett.“

„Was bedeutet der Blutfleck auf dem Kragen jenes jungen Mannes?“ fragte Fräulein Joliffe.

„Weil er in späteren Jahren“, antwortete ihr Großvater, „das weiseste Haupt Englands um der Freiheit willen auf den Block legen mußte.“

„Wollen Euere Exzellenz nicht die Wache antreten lassen?“ flüsterte Lord Percy, der sich jetzt mit anderen britischen Offizieren um den General geschart hatte. „Es könnte eine Verschwörung hinter diesem Mummenschanz stecken.“

„Ach was! Wir haben nichts zu befürchten“, erwiderte Sir William Howe sorglos. „Es kann kein schlimmerer Verrat dahinter stecken als ein Scherz und ein ziemlich fader. Wäre er selbst scharf und bitter, so wäre es für uns das beste, ihn aus der Welt zu lachen. Seht – da kommen noch mehr von dieser Gilde.“

Eine zweite Gruppe von Masken war jetzt die Treppe halb heruntergekommen. Der erste war ein ehrwürdiger, weißbärtiger Greis, der sich vorsichtig mit seinem Stock herabtastete. Mit eiligem Schritt kam eine große kriegerische Gestalt hinter ihm und streckte die behandschuhte Rechte aus, als wolle er den alten Mann an der Schulter packen; er war mit einem federgeschmückten Helm ausgerüstet, mit glänzendem Brustpanzer und einem langen Schwert, das gegen die Stufen rasselte. Dann sah man einen untersetzten Mann in reicher höfischer Kleidung, doch nicht von höfischem Benehmen; sein Gang war schaukelnd, wie der Schritt eines Seemannes, und als er einmal stolperte auf der Treppe, ward er plötzlich wütend und man hörte ihn einen Fluch murmeln. Ihm folgte ein vornehm aussehender Mann mit gelockter Perücke, wie auf den Bildern aus der Zeit der Königin Anna und noch früher, und ein gestickter Stern schmückte die Brust seines Kleides.

„Ich bitte, spielen Sie die Rolle des Chorus, guter Doktor Byles“, sagte Sir William Howe. „Was sind das für Ehrenmänner?“

„Entschuldigen Sie, Exzellenz, sie lebten etwas vor meiner Zeit“, antwortete der Doktor; „aber unser Freund, der Herr Oberst, ist zweifellos sehr vertraut mit ihnen gewesen.“

„Ihre Gesichter habe ich lebend nicht gesehen“, sagte Oberst Joliffe ernst, „obwohl ich mit vielen Herrschern dieses Landes von Angesicht zu Angesicht gesprochen habe und noch einem weiteren den Segen eines alten Mannes geben werde, bevor ich sterbe. Doch wir sprechen ja von diesen Gestalten. Ich halte den ehrwürdigen Greis für Bradstreet, den letzten Puritaner, der etwa ums Jahr neunzig Statthalter war. Der nächste ist Sir Edmund Andros, ein Tyrann, wie jeder Schuljunge Neuenglands Euch erzählen kann; und deshalb warf das Volk ihn hinab von seinem hohen Sitz in ein Gefängnis. Dann kommt Sir William Philipps, der Schafhirt war und Küfer und Kapitän und Statthalter – möge noch mancher seiner Landsleute so hoch steigen aus so niederer Herkunft! Zuletzt saht Ihr den freundlichen Grafen von Bellamont, der uns unter König Wilhelm regierte.“

„Aber was soll das alles bedeuten?“ fragte Lord Percy.

„Wenn ich nun zu den Aufständischen gehörte“, sagte Fräulein Joliffe halblaut, „könnte ich mir vorstellen, daß die Geister dieser alten Statthalter heraufbeschworen seien, als Leichengefolge der königlichen Gewalt in Neuengland.“

Mehrere andere Personen tauchten nun an der Treppenbiegung auf. Der vorderste trug einen bedachten, ängstlichen und etwas verschlagenen Ausdruck im Gesicht. Trotz seines hochmütigen Auftretens, das offenbar von Ehrgeiz und langer Gewöhnung an hohe Ämter herrührte, sah er doch so aus, als ob er vor Höherstehenden zu kriechen verstünde. Ein paar Schritte hinter ihm kam ein Offizier in roter gestickter Uniform, nach einem Schnitt, der alt genug war, daß Marlborough ihn hätte getragen haben können. Seine Nase hatte einen rötlichen Schimmer, der in Verbindung mit den zwinkernden Äuglein ihn als einen Freund des Bechers und guter Gesellschaft kennzeichnen konnte; trotz dieser Anzeichen schien er sich unbehaglich zu fühlen und sah sich oft um, als sei er auf irgendein Unheil gefaßt. Dann kam ein stattlicher Herr, der einen Rock aus langhaarigem Tuch mit Seidensamt besetzt trug; Klugheit, Verschlagenheit und Humor lagen in seinem Gesicht, und er trug einen Folianten unterm Arm, aber sah aus wie ein bis zum äußersten geplagter und gequälter und fast zu Tode erschöpfter Mann. Er kam hastig herab und wurde von einer würdigen Erscheinung gefolgt, in einem Kleid aus purpurnem Samt, mit vornehmer Stickerei. Seine Haltung wäre sehr stattlich gewesen, wenn nicht ein lästiger Gichtanfall ihn gezwungen hätte, von einer Stufe zur anderen zu hinken und Körper und Gesicht dabei zu verzerren.

„Der Statthalter Belcher! – mein alter Gönner! – Genau seine Gestalt und Kleidung!“ keuchte Doktor Byles. „Das ist ein furchtbares Blendwerk!“

„Ein widerlicher Narrenstreich vielmehr“, sagte Sir William Howe und tat gleichgültig.

„Aber wer waren die drei, die vor ihm kamen?“

„Statthalter Dudley, ein schlauer Politiker – und doch

brachte ihn seine Schlauheit einmal ins Gefängnis“, erwiderte Oberst Joliffe; „Statthalter Shute, früher Oberst unter Marlborough, den das Volk aus der Provinz hinausgraulte, und der gelehrte Statthalter Burnet, den die gesetzgebende Körperschaft quälte, bis ihn ein tödliches Fieber befiel.“

„Mir scheint, es waren unglückliche Menschen, diese königlichen Statthalter von Massachusetts“, bemerkte Fräulein Joliffe. – „Mein Gott, wie trübe das Licht auf einmal wird.“

Es war Tatsache, daß die große Lampe, die die Treppe erleuchtete, jetzt trübe und dämmrig brannte, so daß mehrere Personen, die rasch die Treppe herunterkamen und aus der Tür traten, mehr wie Schatten als Menschen von Fleisch und Blut aussahen. Sir William Howe und seine Gäste standen in den Türen der anstoßenden Zimmer und beobachteten den Verlauf dieses Possenspiels mit gemischten Gefühlen, mit Ärger, Verachtung und halb eingestandener Furcht, aber doch mit gespannter Aufmerksamkeit. Die Gestalten, die jetzt der geheimnisvollen Prozession zuzueilen schienen, waren mehr durch auffallende Besonderheiten ihrer Kleidung erkenntlich oder durch deutliche Kennzeichen ihres Benehmens, als durch irgendeine wahrnehmbare Ähnlichkeit mit ihren Vorbildern. Ihre Gesichter waren ausnahmslos in tiefen Schatten gehüllt. Aber man hörte, wie Doktor Byles und andere Herren, die lange Zeit hindurch mit den aufeinanderfolgenden Beherrschern der Provinz vertraut gewesen waren, die Namen Shirleys, Pownals, Sir Francis Bernards und des wohlbekannten Hutchinson flüsterten. Sie bezeugten damit, daß die Darsteller, wer sie auch sein mochten, es fertig gebracht hatten, in diesem gespenstischen Aufmarsch der Statthalter eine entfernte Ähnlichkeit mit den wirklichen Personen zu erzielen. Als sie aus der Tür verschwanden, schwenkten diese Schatten noch in der finsteren Nacht die Arme mit furchtbaren Gesten der Pein. Hinter dem Darsteller Hutchinsons kam eine soldatische Gestalt und hielt den dreieckigen Hut, den sie vom gepuderten Kopf genommen hatte, vors Gesicht; aber den Epauletten und anderen Rangabzeichen nach war es ein General; und etwas in seiner

Haltung mahnte den Beschauer an einen, der erst kürzlich Herr der Statthalterei und Beherrscher des ganzen Landes gewesen war.

„Die Gestalt Gages, so treu wie in einem Spiegel", rief Lord Percy und erbleichte.

„Aber nein doch", rief Fräulein Joliffe und lachte krampfhaft, „es kann nicht Gage gewesen sein, sonst hätte doch Sir William seinen alten Busenfreund begrüßt! Aber vielleicht läßt er den nächsten nicht ohne Anruf vorüber."

„Dessen seien Sie versichert, junge Dame", antwortete Sir William Howe und heftete seine Augen fest und mit sehr bestimmten Ausdruck auf das unbewegliche Gesicht ihres Großvaters. „Ich habe lange genug gezögert, diesen scheidenden Gästen die Höflichkeit des Gastgebers zu erweisen. Dem nächsten, der sich verabschiedet, soll die gebührende Aufmerksamkeit zuteil werden."

Die trostlose Musik vor der offenen Tür schwoll plötzlich wild an. Es war, als wolle der Zug, der allmählich vollzählig geworden war, sich in Bewegung setzen, und dieser laute Ruf der klagenden Trompeten und dieser Wirbel der gedämpften Trommeln sollten einen Säumigen zur Eile mahnen. Eine unwiderstehliche Gewalt zog viele Augen auf Sir William Howe, als sei er es, den die traurige Musik zum Leichenbegängnis toter Macht einlüde.

„Seht! – hier kommt der Letzte!" flüsterte Fräulein Joliffe und deutete mit zitterndem Finger nach der Treppe.

Eine Erscheinung ward sichtbar, die die Treppe herabzukommen schien. Obwohl sie ganz aus dem Dunkeln auftauchte, glaubten doch einige Zuschauer gesehen zu haben, wie diese menschliche Gestalt sich plötzlich in der Finsternis geformt habe. Sie kam herab mit stattlichem, kriegerischem Schritt, und als es die unterste Stufe erreichte, sah man, daß es ein großer Mann war, in Militärstiefeln und einem Soldatenmantel, den er so vors Gesicht geschlagen hielt, daß er die Krempe seines Tressenhutes berührte. Die Züge waren daher völlig verborgen. Aber die britischen Offiziere glaubten diesen Mantel schon früher gesehen zu haben und erkannten sogar die abgetragene Stickerei am Kragen und die vergoldete Scheide eines Schwertes, das aus den Falten des Mantels hervorlugte und lebhaft in einem Lichtstrahl aufblitzte. Außer diesen geringen Kleinigkeiten zwangen ganz charakteristische Züge der Haltung und des Ganges die erstaunten Gäste, von der verhüllten Gestalt weg nach Sie William Howe zu blicken, als müßten sie sich überzeugen, daß ihr Wirt nicht plötzlich aus ihrer Mitte verschwunden sei. Sie sahen, wie der General mit dunkler Zornesröte auf der Stirn sein Schwert zog und der Gestalt in den Weg trat, bevor sie einen Schritt in der Halle getan hatte.

„Schurke, enthülle dich!" schrie er. „Du kommst nicht weiter!"

Die Gestalt wich nicht um Haaresbreite vor dem Schwert zurück, das auf ihre Brust gerichtet war; sie machte eine feierliche Pause und ließ die Kapuze des Mantels ein wenig von ihrem Gesicht herab, aber nicht so weit, daß auch die Zuschauer etwas davon erhaschen konnten. Aber Sir William Howe hatte offenbar genug gesehen. Der Ernst seines Gesichtes wich einem wilden Erstaunen, wenn man es nicht Entsetzen nennen will, als er mehrere Schritte vor der Gestalt zurückwich und sein Schwert zu Boden fallen ließ. Die kriegerische Erscheinung zog den Mantel wieder vors Gesicht und schritt weiter. Aber als sie die Schwelle erreicht hatte und den Zuschauern den Rücken zukehrte, sah man, wie sie mit dem Fuße aufstampfte und die geballte Faust schüttelte. Später versicherte man, daß Sir William Howe genau dieselbe Geste der Wut und des Kummers gehabt hätte, als er zum letzten Male und als letzter königlicher Statthalter aus dem Portal der Statthalterei schritt.

„Horch! – Der Zug bewegt sich", sagte Fräulein Joliffe. Die Musik verklang auf der Straße und ihre trostlosen Weisen vermischten sich mit den Schlägen der Mitternacht vom Turm von Old South und dem Brüllen des Artilleriefeuers, das anzeigte, daß Washingtons Belagerungsarmee sich auf einer nähergelegenen Anhöhe verschanzt hatte als bisher. Als das tiefe Brüllen der Kanone sein Ohr traf, richtete Oberst Joliffe seine bejahrte

Gestalt zu voller Höhe auf und schaute mit strengem Lächeln auf den britischen General.

„Möchten Eure Exzellenz noch weiter in das Geheimnis des Possenspiels eindringen?“ fragte er.

„Hütet Euer graues Haupt!“ rief Sir William Howe wütend. „Es steht schon zu lange auf den Schultern eines Verräters!“

„Ihr müßt Euch beeilen, wenn Ihr es abschlagen wollt“, erwiderte der Oberst kühl; „denn noch ein paar Stunden, und keine Macht Sir William Howes noch die seines Königs kann mehr ein einziges dieser grauen Haare krümmen. Die britische Oberherrschaft in dieser alten Provinz liegt heute nacht in den letzten Zügen; – schon während ich spreche, ist sie fast eine Leiche; – und mir scheint, die Schatten ihrer einstigen Statthalter sind das passende Gefolge in ihrem Leichenzug!“

Mit diesen Worten warf Oberst Joliffe seinen Mantel über, zog den Arm seiner Enkelin durch den seinen und verließ das letzte Fest, das je ein britischer Statthalter in der alten Provinz von Massachusetts feierte. Man vermutete, daß der alte Oberst und die junge Dame irgendwie heimlich gewußt hatten um das gespenstische Maskenspiel in dieser Nacht. Wie dem auch sei, es wurde niemals allgemein bekannt. Die Darsteller waren in tieferes Dunkel entschwunden als selbst die wilde Rotte von Indianern, die damals die Ladungen der Teetransportschiffe ins Meer streuten und einen Platz in der Geschichte gewannen, ohne Namen zu hinterlassen. Doch der Aberglaube erzählt unter anderen Legenden von diesem Hause auch, daß am Jahrestag der britischen Niederlage die Geister der ehemaligen Statthalter von Massachusetts noch immer aus der Tür der Statthalterei gleiten. Und ganz zuletzt kommt eine Gestalt, in einen Militärmantel gehüllt, schüttelt die geballte Faust in der Luft und stampft mit den eisenbeschlagenen Stiefeln auf die breiten Sandsteinstufen, wie in fiebernder Verzweiflung; aber man hört den Tritt des Fußes nicht.

Die alte Esther Dudley

Die Stunde war gekommen – die Stunde der Niederlage und Demütigung –, in der Sir William Howe die Schwelle der Statthalterei überschreiten mußte, um sich ohne den einst erträumten Siegesprunk auf der britischen Flotte einzuschiffen. Er hieß seine militärische Begleitung und die Dienerschaft vorausgehen und zögerte einen Augenblick in dem einsamen Haus, um die heftige Erregung zu meistern, die ihn fast die Brust zersprengte. Günstiger wäre ihm sein Los erschienen, wenn ein Soldatentod ihm das Recht auf ein enges Grab gegeben hätte in der Erde, die der König ihm zur Verteidigung anvertraut hatte. Er hatte das dunkle Vorgefühl, daß mit seinen scheidenden Schritten, die auf der Treppe widerhallten, die Herrschaft Britanniens für immer aus Neuengland entschwand. Er schlug sich mit der geballten Faust vor die Stirn und verfluchte das Geschick, das ihm die Schmach eines zerstückelten Reiches zur Last legte.

„Wollte Gott", rief er und konnte kaum die Zornestränen zurückhalten, „die Rebellen stünden jetzt vor der Tür! Ein Blutfleck am Boden sollte dann bezeugen, daß der letzte britische Herrscher seiner Pflicht getreu war."

Eine zitternde Frauenstimme gab Antwort auf seinen Ruf. „Die Sache des Himmels und die des Königs ist nur eine", sagte sie. „Geht hinaus, Sir William Howe, und vertraut darauf, daß der Himmel einen königlichen Statthalter im Triumph zurückführen wird."

Sir William Howe unterdrückte sofort einen leidenschaftlichen Ausbruch, dem er nur stattgegeben hatte, weil er sich unbeobachtet glaubte und wurde gewahr, daß eine sehr alte Frau, auf einen Stock mit goldenem Knauf gestützt, zwischen ihm und der Tür stand. Es war die alte Esther Dudley, die seit fast unvordenklichen Jahren in diesem Hause wohnte, bis ihre Gegenwart so unzertrennlich damit verknüpft schien wie seine historischen Erinnerungen. Sie war die Tochter einer alten und einst hervorragenden Familie, die in Verarmung und Verfall geraten war und ihrem letzten Sproß nichts hinterlassen hatte als die Großmut des Königs und keinen anderen Schutz als in den Mauern der Statthalterei. Man hatte ihr eine Stellung im Haushalt mit vorgeblichen Pflichten übertragen als Vorwand für die Auszahlung einer kleinen Pension, von der sie den größten Teil ausgab, um sich in prächtigen, altertümlichen Staat zu kleiden. Die hohen Ansprüche der vornehmen Abstammung Esther Dudleys wurden von allen aufeinanderfolgenden Statthaltern anerkannt, und sie behandelten sie mit der förmlichen Höflichkeit, für die sie eine große Schwäche hatte, die aber nicht immer von der gleichgültigen Welt berücksichtigt wurde. Ihr einziger wirklicher Anteil an den Geschäften des Hauses bestand darin, daß sie spät am Abend durch seine langen Gänge und hohen Hallen glitt, um zu sehen, ob die Diener keine Funken von den wehenden Fackeln hatten fallen lassen, oder ob noch Kohlen in den Kaminen knisterten und glühten. Es war wohl dieser unabänderliche Brauch, in der Stille der Mitternacht ihre Runde zu gehen, der den Aberglauben der Zeit reizte, der alten Frau schreckliche und geheimnisvolle Eigenschaften beizulegen. Man erzählte, daß sie, ohne daß jemand wußte, woher sie gekommen war, im Gefolge des ersten Statthalters das Portal des Hauses durchschritten habe, und daß es ihr bestimmt war, darin zu wohnen, bis der letzte es verlassen habe. Doch Sir William Howe hatte diese Fabel vergessen, wenn er sie je gehört hatte.

„Verehrte Frau Dudley, warum zögert Ihr noch hier?" fragte er in etwas strengem Ton. „Ich möchte gern der Letzte im Haus des Königs sein."

„Wenn Euer Gnaden erlauben, nein", antwortete die altersgebeugte Frau. „Dieses Dach hat mich lange beschirmt. Ich will es nicht eher verlassen, als bis sie mich zur Gruft meiner Väter tragen. Wo soll die alte Esther Dudley Schutz finden, als im Province-House oder im Grab?"

Der Himmel verzeihe mir, dachte Sir William Howe. Fast hätte ich dieses arme, alte Geschöpf hier hungern und betteln lassen. „Nehmt das, gute Frau Dudley", fügte er hinzu und legte ihr eine Börse in die Hand. „König Georgs Kopf auf diesen Goldstücken ist noch vollgültig und wird es auch bleiben, das versichere ich Euch, selbst wenn die Rebellen John Hancock zum König krönen sollten. Diese Börse wird besseren Schutz kaufen als die Statthalterei jetzt zu bieten vermag."

„Solange ich noch die Bürde des Lebens trage, will ich kein anderes als dieses Dach über mich haben", beharrte Esther Dudley und stieß den Stock auf mit einer Bewegung, die unabänderlichen Entschluß kundtat. „Und wenn Euer Gnaden im Triumph zurückkehrt, dann will ich zur Tür wanken und Euch willkommen heißen."

„Arme, alte Freundin", antwortete der britische General, und sein ganzer männlicher und kriegerischer Stolz konnte einen bitteren Tränenstrom nicht mehr zurückhalten, „dies ist eine böse Stunde für Euch und mich. Die Provinz, die der König mir anvertraut hat, ist verloren. Ich scheide im Unglück von hier – vielleicht in Ungnade – um nie mehr zurückzukehren. Und Ihr, deren lebende Gegenwart so eng mit der Vergangenheit verknüpft ist, die Ihr Statthalter an Statthalter in prächtigem Aufzug diese Stufen habt ersteigen sehen – deren ganzes Leben mit der Beobachtung königlicher Bräuche erfüllt war und mit der Verehrung des Königs – wie wollt Ihr den Wechsel ertragen? Kommt mit uns! Sagt einem Lande Lebewohl, das seine Lehnstreue verraten hat und lebt weiter unter königlicher Oberherrschaft in Halifax."

„Niemals, niemals!" sagte die starrköpfige alte Dame. „Hier will ich bleiben, und König Georg soll noch immer einen treuen Untertanen haben in dieser ungetreuen Provinz."

‚Verfluchte alte Närrin!' murmelte Sir William, den ihre Hartnäckigkeit ungeduldig machte, und der sich der Erregung schämte, die er verraten hatte. Sie ist die Verkörperung altmodischer Vorurteile und könnte nirgendwo existieren als in diesem dumpfigen Gebäude. „Nun wohl, verehrte Frau Dudley, da

Ihr durchaus bleiben wollt, gebe ich die Statthalterei in Eure Obhut. Nehmt diesen Schlüssel und verwahrt ihn wohl, bis ich oder ein anderer Statthalter des Königs ihn von Euch fordern wird.“

Er lächelte bitter über sich und über sie, nahm den schweren Schlüssel der Statthalterei, übergab ihn der alten Dame und hüllte sich in seinen Mantel, um wegzugehen. Als der General nach Esther Dudleys alter Gestalt zurückblickte, schien sie ihm wohlgeeignet für ein solches Amt, sie war eine so vollkommene Verkörperung der zerrütteten Vergangenheit eines vergangenen Zeitalters, dessen Sitten, Ansichten, Glauben und Empfindungen der Vergessenheit oder Verachtung anheimgefallen waren – als dessen, was einst Wirklichkeit gewesen und jetzt nur noch der Abglanz verblaßten Prunkes war. Dann schritt Sir William Howe hinaus und rang die Hände krampfhaft in der wilden Qual seines Herzens, und die alte Esther Dudley blieb zurück, Wacht zu halten in dem verlassenen Haus und dort mit der Erinnerung zu hausen. Wenn jemals Hoffnung sie zu umflattern schien – es war doch nur verkleidete Erinnerung.

Die gänzliche Änderung der Dinge, die sich aus der Abreise der britischen Truppen ergab, konnte die würdige Dame nicht aus ihrer Festung vertreiben. Viele Jahre lang gab es keinen Statthalter von Massachusetts mehr, und die Behörden, die sich darum zu kümmern hatten, machten keine Einwendung gegen Esther Dudleys Verbleiben in der Statthalterei, besonders da sie sonst jemand hätten bezahlen müssen für die Bewachung des Hauses, was sie aus Liebe zur Sache tat. Und so blieb sie die ungestörte Herrin des alten historischen Gebäudes. Viele und seltsame Geschichten erzählten sich die Gevattern über sie an den Kaminen der Stadt.

Unter den schwachen Einrichtungsgegenständen, die im Haus zurückgeblieben waren, befand sich auch ein hoher, alter Spiegel, der wohl wert war, daß man von ihm allein eine Geschichte erzählte. Das Gold seines schwer gearbeiteten Rahmens hatte den Glanz verloren, und seine Glasfläche war so fleckig, daß die Gestalt der alten Frau, sooft sie davor stehen blieb, undeutlich und geisterhaft heraustrat. Aber man glaubte ganz allgemein, daß Esther Dudley die Statthalterei der gefallenen Dynastie, mit den schönen Damen, die einstmals ihre Feste schmückten, die indianischen Häuptlinge, die zur Statthalterei gekommen waren, um Rat zu halten oder Treubündnisse zu schließen, die grimmigen Krieger aus der Provinz, die strengen Priester, kurzum, das ganze Schaugepränge verflossener Tage – daß sie all das wiedererscheinen lassen und die innere Welt des Spiegels mit Schatten alter Zeiten beleben konnte. Solche Erzählungen, im Verein mit der Eigenartigkeit ihres vereinsamten Daseins, ihrem hohen Alter und der Gebrechlichkeit, mit der jeder neue Winter sie schwerer belastete, machten Frau Dudley zum Gegenstand der Furcht und auch des Mitleids; und diesen beiden Empfindungen war es zum Teil auch zuzuschreiben, daß bei all der schlimmen Zügellosigkeit der Zeit kein Unrecht und keine Beleidigung die schutzlose Frau jemals traf. Es lag aber auch ein solcher Hochmut in ihrem Benehmen gegen Eindringlinge, zu denen sie alle zählte, die im Namen der neuen Regierung handelten, daß wirklich allerhand Mut dazu gehörte, ihr ins Auge zu sehen. Und man muß zugeben, daß die Leute, wenn sie nun auch noch so starre Republikaner geworden waren, es doch gerne sahen, daß die vornehme, alte Dame im Reifrock und verblaßtem Schmuck noch immer umging in dem Palast vernichteten Stolzes und gefallener Macht, das Symbol einer entschwundenen Ordnung, das eine ganze Geschichtsepoche in sich verkörperte. So wohnte Esther Dudley Jahr um Jahr im Province-House, ehrte noch immer das, was andere beiseite warfen, und war noch immer ihrem König treu, von dem man sagen konnte, solange die ehrwürdige Dame ihren Platz ausfüllte, daß ihm ein treuer Untertan in Neuengland geblieben war und eine Stelle des Reiches, das man ihm entrissen hatte.

Und wohnte sie wirklich ganz einsam dort? Das Gerücht erzählte anders. Sooft ihr kaltes, welkes Herz sich nach Wärme sehnte, beschwor sie einen schwarzen Sklaven des Statthalters Shirley hervor aus dem trüben Spiegel und schickte ihn nach Gästen aus, die vor langer Zeit in diesen verlassenen Räumen heimisch gewesen waren. Da ging der schwarze Bote von Mondlicht und Sternenschein durchstrahlt, hinaus und richtete seinen Auftrag aus auf dem Begräbnisplatz. An die eisernen Türen der Grüfte pochte er oder an die Marmorplatten, die die Gräber deckten, und flüsterte den Toten dahinter zu: „Meine Herrin, Esther Dudley, lädt euch zur Mitternacht zum Province-House." Und pünktlich, wenn die Uhr auf Old South die zwölfte Stunde verkündete, glitten die Schatten der Oliviers, der Hutchinsons, der Dudleys – aller Großen vergangener Zeiten – durch das Tor des wohlbekannten Hauses, wo Esther Dudley sich unter sie mischte, selber einem Schatten gleich. Wenn auch die Wahrheit dieser Sagen nicht verbürgt ist, so steht doch fest, daß Esther Dudley bisweilen einige der unerschütterlichen, wenn auch niedergeschlagenen alten Torys versammelte, die während dieser Tage der Wut und Drangsal in der aufständischen Stadt geblieben waren. Aus einer dickverstaubten Flasche, deren Inhalt für die Zunge eines königlichen Statthalters edel genug war, brachten sie des Königs Gesundheit aus und drohten der Republik mit Hohn und Verrat und fühlten sich so, als werfe der Thron noch immer seinen schützenden Schatten über sie. Doch, wenn der letzte Tropfen geschlürft war, stahlen sie sich furchtsam nach Hause und gaben keine Antwort, wenn der rohe Pöbel sie auf der Straße schmähte.

Doch Esther Dudleys häufigsten und liebsten Gäste waren die Kinder der Stadt. Zu ihnen war sie niemals streng. Ein gütiges und liebevolles Gemüt, das sonst von tausend starren Vorurteilen eingedämmt war, strömte ganz auf diese Kleinen über. Mit selbstgebackenen Lebkuchen, auf denen eine Krone eingeprägt war, lockte sie ihren sonnigen Mutwillen unter das düstere Portal der Statthalterei, und oft verführte sie die Kinder, einen ganzen Spieltag dort zu verbringen. Dann saßen sie im Kreis rund um ihren Reifrock und lauschten gierig ihren Geschichten aus einer erstorbenen Welt.

Und wenn die kleinen Knaben und Mädchen sich wieder aus dem dunklen, geheimnisvollen Haus herausstahlen, waren sie verwirrt von alten Gefühlen, die gesetztere Leute längst vergessen hatten, rieben sich die Augen verwundert über die Welt ringsum, als hätten sie sich in alte Zeiten zurückverirrt und wären Kinder der Vergangenheit geworden. Wenn ihre Eltern sie zu Hause fragten, wo sie sich so furchtbar lange herumgetrieben und mit wem sie gespielt hätten, dann erzählten die Kinder von verstorbenen Großen der Provinz bis zum Statthalter Belcher zurück und zur hochmütigen Gattin des Sir William Phipps. Es war, als hätten sie auf den Knien dieser berühmten Leute gesessen, die das Grab seit einem halben Jahrhundert verbarg, hätten mit dem Schmuck auf ihren reichen Westen gespielt und übermütig an den langen Locken ihrer wallenden Perücken gezupft. „Aber Statthalter Belcher ist doch schon so viele Jahre tot“, sagte dann wohl eine Mutter zu ihrem kleinen Jungen. „Hast du ihn denn wirklich im Province-House gesehen?“ – „Oh doch, Mutter, doch!“ antwortete dann das Kind schon halb im Traum. „Aber als die alte Esther aufhörte, von ihm zu erzählen, verschwand er plötzlich aus seinem Stuhl.“ So führte sie ihre kleinen Gäste, ohne zu erschrecken, in die Kammern ihres vereinsamten Herzens und ließ die kindliche Phantasie die Geister erkennen, die dort umgingen.

Da sie so ständig in ihren eigenen Gedankenkreis eingesponnen war und sich niemals zu gegenwärtigen Dingen in Beziehung brachte und darauf einstellte, scheint Esther Dudley halb irrsinnig geworden zu sein. Man merkte, daß sie kein klares Bild vom Fortgang und Stand des Revolutionskrieges hatte, sondern dauernd am Glauben festhielt, daß die britischen Heere auf jedem Schlachtfeld erfolgreich und zum endgültigen Sieg bestimmt waren. Jedesmal, wenn die Stadt voll Jubel war über einen Sieg von Washington, Gates, Morgan oder Greene – wie durch das elfenbeinerne Gitter der Träume ging die Nachricht durch die Tür der Statthalterei und ward dabei in eine seltsame Geschichte vom Heldenmut Howes, Clintons oder Cornwallis verwandelt. Es war ihr unerschütterlicher Glaube, daß früher oder später die Provinzen dem König wieder zu Füßen liegen müßten. Manchmal schien es ihr gewiß zu sein, daß das schon eingetreten sei. Einmal erschreckte sie die Bürger durch eine festliche Erleuchtung der Statthalterei. In jedem Fenster brannten Kerzen, und ein Transparent mit den Initialen des Königs und einer Lichterkrone stand im großen Balkonfenster. Die Gestalt der alten Frau in dem prunkvollsten ihrer moderigen Samt- und Brokatgewänder sah man von Stockwerk zu Stockwerk gehen, bis sie am Balkon angelangt war und dort einen ungeheuren Schlüssel über ihrem Haupte schwang. Ihr runzeliges Gesicht glühte förmlich vor Siegesfreude, als sei ihre ganze Seele eine festliche Fackel.

„Was soll dieser Lichterglanz? Was bedeutet diese Freude der alten Esther?“ flüsterte ein Beschauer. „Es ist schrecklich anzusehen, wie sie durch die Zimmer gleitet und frohlockt, ohne daß eine Seele bei ihr ist.“

„Es ist, als feiere sie Feste in einer Gruft“, sagte ein anderer.

„Ach was! Das Geheimnis ist nicht so groß“, bemerkte ein alter Mann, nachdem er eine Weile nachgedacht hatte, „Frau Dudley feiert den Geburtstag des Königs von England.“ Da lachten die Leute laut und hätten wohl Schmutz nach dem schimmernden Transparent mit der Königskrone und den Initialen geworfen, hätte ihnen die arme, alte Dame nicht leid getan, deren Jubel so trostlos wirkte in dem Verfall und Untergang des Systems, dem sie angehörte. Oftmals kletterte sie die beschwerliche Wendeltreppe zur Kuppel hinauf und strengte ihre getrübten Augen an, schaute seewärts und landwärts und wartete auf eine britische Flotte oder einen feierlichen Aufzug, der unter dem wehenden Königsbanner herannahte. Die Leute auf der Straße sahen ihr angstvolles Gesicht und riefen hinauf – „Wenn der goldene Indianer auf dem Province-House seinen Pfeil abschießt und der Hahn auf dem Turm von Old South kräht, dann könnt Ihr wieder nach einem königlichen Statthalter Ausschau halten!“ Denn das war sprichwörtlich geworden in der Stadt. Und schließlich, nach langen, langen Jahren, wußte Esther Dudley, vielleicht träumte sie es auch nur, daß die Rückkehr eines königlichen Statthalters ins Province-House bevorstand, der den schweren Schlüssel empfangen sollte, den Sir William Howe ihr anvertraut hatte. Tatsächlich lief eine Nachricht unter den Bürgern um, die eine gewisse Ähnlichkeit mit Esthers Fassung davontrug. Sie setzte das Haus, so gut es ihre Mittel erlaubten, instand, schmückte sich in Seide und verblaßtes Gold und stand lange vor dem blinden Spiegel, ihren eigenen Prunk zu bewundern. Dabei bewegte die graue, verwelkte Dame die aschfarbenen Lippen, murmelte halblaut und redete zu Gestalten, die sie im Spiegel sah, zu Schatten ihrer eigenen Phantasie, zu unvergeßlichen Freunden des Hauses und bat sie, sich mit ihr zu freuen und herauszutreten, den Statthalter zu begrüßen. Und noch versunken in diese Unterhaltung, hörte sie den Schall vieler Schritte auf der Straße, schaute zum Fenster hinaus und erblickte, was sie für den Aufmarsch des Statthalters hielt.

„O glücklicher Tag! O gesegnete Stunde!“ rief sie aus. „Nur noch ihn willkommen heißen unter dem Portal und meine Aufgabe auf Erden ist erfüllt!“

Dann eilte sie mit strauchelnden Schritten, die Alter und zitternde Freude unsicher machten, die breite Treppe hinab. Ihr Seidengewand raschelte und fegte hinter ihr drein, so daß es sich anhörte, als drängte sich ein ganzer Zug gespenstischer Hofleute aus dem blinden Spiegel hervor. Und Esther Dudley glaubte fest, sobald die weite Tür sich auftäte, hielte der ganze Prunk und Glanz vergangener Zeiten majestätisch seinen Einzug im Province-House, und die golddurchwirkte Tapete der Vergangenheit erglänzte neu im Sonnenschein der Gegenwart. Sie drehte den Schlüssel um, zog ihn aus dem Schloß, öffnete die Tür und trat über die Schwelle. Durch den Vorhof schritt ein Mann von sehr würdevoller Haltung, mit allen Merkmalen, wie es Esther schien, edler Abkunft, hohen Ranges und langgewohnten Aussehens, die sich selbst im Gang und in jeder Bewegung ausdrückten. Er war reich gekleidet, trug aber einen pelzgefütterten Schuh gegen die Gicht; doch das tat der Stattlichkeit seiner Haltung keinen Abbruch. Um ihn und hinter ihm drängten sich die Leute in einfacher Bürgerkleidung, und zwei oder drei kriegsmüde Veteranen, augenscheinlich Offiziere in der

Uniform der Whigs. Aber Esther Dudley, fest in dem Glauben, der in ihrem Herzen Wurzel gefaßt hatte, sah nur die Hauptfigur und zweifelte keinen Augenblick, daß das der langersehnte Statthalter sei, an den sie ihr Amt abtreten müsse. Als er näherkam, sank sie unwillkürlich in die Knie und hielt ihm zitternd den schweren Schlüssel entgegen.

„Empfangt das anvertraute Pfand! Nehmt es schnell!“ rief sie, „denn mir scheint, der Tod will mir den Triumph entreißen. Doch er kommt zu spät. Dem Himmel sei Dank für diese gesegnete Stunde! Gott schütze König Georg!“ „Das ist ein seltsames Gebet zu solcher Stunde“, erwiderte der unbekannte Gast des Province-Houses, nahm höflich den Hut ab und bot der alten Dame den Arm zum Aufstehen. „Doch der Himmel verhüte, um Euer grauen Haare und langen Treue willen, daß jemand hier Euch widerspreche. In den Gebieten, die noch unter seinem Zepter stehen, möge es heißen ‚Gott schütze König Georg‘!“

Esther Dudley riß sich hoch, zog hastig den Schlüssel an sich und starrte dem Fremden mit furchtbarem Ernst ins Gesicht. Schwach und undeutlich, als sei sie plötzlich aus einem Traum erwacht, erkannten ihre verwirrten Augen halb seine Züge. Vor Jahren hatte sie ihn unter dem Adel der Provinz kennengelernt. Aber der Bann des Königs war auf ihn gefallen: Wie kam nun dieser Gerichtete hierher? Geächtet und von aller Huld verbannt, hatte des Fürsten am meisten gefürchteter und verhaßter Feind, dieser Kaufmann aus Neuengland, siegreich der Gewalt des Königsreiches widerstanden. Nun trat sein Fuß auf die gedemütigte Königswürde, als er die Stufen der Statthalterei erstieg, des Volkes erwählter Statthalter von Massachusetts.

„Oh, ich Unglückselige!“ murmelte die alte Frau mit so herzzerreißendem Ausdruck, daß Tränen in die Augen des Fremden traten. „Habe ich einen Verräter willkommen geheißen? Komm, Tod! Komm schnell!“

„Arme, ehrwürdige Frau!“ sagte Statthalter Hancock und stützte sie mit aller Ehrerbietung, die nur ein Hofmann einer Königin erweisen könnte. „Euer Leben hat so lange gedauert, bis die Welt um Euch sich verändert hat. Ihr habt alles aufgespeichert, was die Zeit entwertet hat, Grundsätze, Gefühle, Sitten, Sein und Handeln, das die nächste Generation beiseite geworfen hat, und seid ein Symbol der Vergangenheit. Und ich und die mich hier umgeben – wir stellen eine neue Menschenrasse dar, die nicht mehr in der Vergangenheit lebt, kaum noch in der Gegenwart, sondern ihr Leben ausstrahlt in die Zukunft hinein. Wir haben aufgehört, uns nach veralteten Vorurteilen zu richten, und unser Glaube und Grundsatz heißt: vorwärts! vorwärts! Dennoch", fuhr er fort und wandte sich an seine Begleiter, „laßt uns zum letztenmal den prunkvoll glänzenden Vorurteilen einer wankenden Vergangenheit huldigen!"

Während der republikanische Statthalter sprach, stützte er immer weiter die hilflose Gestalt Esther Dudleys; langsam wurde sie schwerer in seinem Arm. Doch schließlich suchte die alte Frau sich plötzlich frei zu machen und sank an einem Pfeiler des Portals zu Boden. Der Schlüssel fiel aus ihrer Hand und klirrte gegen den Stein.

„Ich war treu bis zum Tode", murmelte sie. „Gott schütze den König!"

„Sie hat ihre Pflicht erfüllt!" sagte Hancock feierlich. „Wir wollen ihr voll Ehrfurcht zu der Gruft ihrer Väter folgen, und dann, Mitbürger, vorwärts – vorwärts! Wir sind keine Kinder der Vergangenheit mehr!"

Die Shakerhochzeit

Eines Tages war im Krankenzimmer Vater Ephraims, der vierzig Jahre lang das kirchliche Oberhaupt der Shaker-Kolonie in Goshen gewesen war, eine Versammlung der angesehensten Leute der Sekte. Aus der reichen Niederlassung zu Libanon waren sie gekommen, aus Canterbury, Harvard und Alfred und aus allen anderen Orten, wo diese seltsamen Leute die rauhen Hügel Neuenglands urbar machten durch ihren geregelten Fleiß. Ein Kirchenältester war auch da, der eine Pilgerfahrt von tausend Meilen aus einem Dorf der Gläubigen in Kentucky unternommen hatte, um seine Verwandten im Geiste, die Kinder der heiligen Mutter Anna, zu besuchen.

Der ehrwürdige Vater Ephraim saß in seinem Lehnstuhl. Nicht nur weißhaarig und altersschwach war er, eine schleichende Krankheit hatte ihn gebrochen, die offensichtlich sehr bald seinen Hirtenstab in andere Hände geben würde. Neben seinem Fußschemel standen ein Mann und eine Frau, beide in der Tracht der Shaker.

„Meine Brüder“, sagte Vater Ephraim, mit matter Anstrengung diese wenigen Worte hervorbringend, „hier stehen der Sohn und die Tochter, denen ich die Aufgabe übertragen möchte, die mir die Vorsehung bald von den müden Schultern nehmen wird. Ich bitte euch, lest in ihren Gesichtern und sagt mir, ob die innere Stimme des Geistes meine Wahl richtig geleitet hat.“

So schaute jeder der Ältesten die beiden Anwärter mit scharfprüfenden Blicken an. Der Mann hieß Adam Colbron. Sein Gesicht war sonnenverbrannt von der Arbeit auf den Feldern, doch klug und bedacht; Sorgen genug für ein ganzes Leben waren darauf zu lesen, obwohl er kaum in mittleren Jahren stand. Streng sah er aus, und Unbeugsamkeit lag über seinem ganzen Wesen, Eigenschaften, nach denen man ihn gewöhnlich für einen Schulmeister hielt; in der Tat hatte er früher diesen Beruf mehrere Jahre lang ausgeübt. Martha Pierson, die Frau, war etwas über dreißig, schmal und blaß, wie fast alle Schwestern der Shaker sind, und nicht ganz frei von dem leichenhaften Aussehen, das die Schwesterntracht so wohlberechnet verleiht.

„Dieses Paar steht noch im Sommer seiner Jahre“, bemerkte der Älteste von Harvard, ein arglistiger, alter Mann. „Ich möchte lieber den weißen Frost des Herbstes auf ihren Häuptern sehen. Auch deucht mir, daß sie besonderen Versuchungen ausgesetzt sein werden, auf Grund der fleischlichen Wünsche, die früher zwischen ihnen bestanden.“

„Nein, Bruder“, sagte der Älteste von Canterbury, „der weiße Frost und der schwarze Frost haben ihr Werk getan an Bruder Adam und Schwester Martha, so wie wir manchmal ihre Spuren finden in unsern Kornfeldern, während sie noch grünen. Und warum sollten wir die Weisheit im Plane unseres würdigen Vaters bezweifeln, wenn auch dieses Paar in früher Jugend einander geliebt hat, wie die Leute der Welt es tun? Gibt es nicht viele Brüder und Schwestern unter uns, die lange in der Ehe zusammen lebten und doch, sobald sie unseren Glauben annahmen, ihr Herz geläutert sahen von jeder Liebe, die nicht geistig ist?“

Ob nun die frühere Liebe Adams und Marthas es ungeeignet scheinen ließ oder nicht, daß sie nun zusammen ein Dorf von Shakern leiten sollten – sicher war es höchst sonderbar, daß dies das endliche Ergebnis so vieler warmer, zärtlicher Hoffnungen sein sollte. Sie waren Nachbarskinder, und ihr Zuneigung reichte noch vor ihre Schulzeit zurück. Sie schien mit ihnen verwachsen, in all ihre Regungen und Gefühle verwoben, nicht eine deutliche Einzelerinnerung, sondern eng verflochten in den ganzen Kranz ihrer Erinnerungen. Aber gerade als sie alt genug waren, um an ihre Vereinigung zu denken, hatte sie beide schweres Unglück betroffen und sie gezwungen, sich durch ihrer Hände Arbeit den nötigsten Lebensunterhalt zu sichern. Selbst unter diesen Umständen hätte Martha Pierson wahrscheinlich eingewilligt, ihr Geschick mit dem Adam Colburns zu verbinden und, des Segens gegenseitiger Liebe sicher, hätte sie ruhig auch die bescheidenen Gaben des Glückes hingenommen. Aber Adam, der kühl und vorsichtig dachte, wollte nicht verzichten auf die Vorteile, die sich einem unverheirateten Mann für sein Fortkommen in der Welt bieten. Darum wurde ihre Hochzeit Jahr um Jahr verschoben. Er hatte sich in vielen Berufen versucht, war weit gereist und hatte viel vom Leben und von der Welt gesehen. Martha hatte ihr Brot bisweilen als Näherin, bisweilen als Aushilfe bei der Frau eines Farmers, manchmal als Dorfschullehrerin und mitunter als Pflegerin oder Krankenwache verdient. So erlangte sie vielseitige Erfahrungen, ohne zu ahnen, welchen Gebrauch sie noch davon machen würde. Aber keinem der Liebenden war das Glück günstig. Zu keiner späteren Zeit mehr wäre es so klug gewesen, die Ehe zu schließen, als damals, in der ersten Blüte des Lebens, wo sie sich zuerst trennten, um ein besseres Geschick zu suchen. Doch sie bewahrten einander fest die Treue.

Endlich kam jene stille Verzweiflung über Adam Colburn, wie sie nur bei starken und etwas starren Charakteren vorkommt, die keine neue Hoffnung mehr erblühen läßt. Er suchte eine Zusammenkunft mit Martha und schlug ihr vor, daß sie beide der Sekte der Shaker beitreten wollten. Die sich zu dieser Sekte bekehren, werden häufiger durch weltliches Mißgeschick zu ihren gastlichen Pforten geführt, als daß Begeisterung sie dahin treibt. Man nimmt sie auf, ohne nach ihren Beweggründen zu fragen. Martha, noch immer treu, hatte ihre Hand in die ihres Liebsten gelegt und ihn zum Dorf der Shaker begleitet. Hier hatten beide vermöge ihrer natürlichen Fähigkeiten, die ihr früheres schweres Leben gepflegt und noch verstärkt hatte, bald bedeutendes Ansehen in der Gemeinde gewonnen, deren Glieder meistens unter dem geistigen Durchschnitt stehen. Im Glauben und Gefühl hatten sie sich bis zum gewissen Grade an ihre Mitgläubigen angeglichen. Adam Colburn hatte allmählich großen Ruf gewonnen, nicht nur in der Verwaltung ihrer irdischen Angelegenheiten, sondern auch als klarer, eindrucksvoller Verkünder ihrer Lehren. Martha zeichnete sich nicht weniger aus in den Verpflichtungen ihres Geschlechts. So dachte schließlich Vater Ephraim an Adam und Martha, als seine Gebrechlichkeit ihn mahnte, einen Nachfolger für sein kirchliches Amt zu suchen. Und er schlug vor, in ihrer Person die ursprüngliche Form der Regierung bei den Shakern, wie Mutter Anna sie eingeführt hatte, wieder aufzunehmen. Sie sollten der Vater und die Mutter des Dorfes sein. Die schlichte Weihehandlung, die sie dazu machte, sollte jetzt vorgenommen werden.

„Sohn Adam und Tochter Martha", sagte der ehrwürdige Vater Ephraim und heftete seine alten Augen fest auf sie, „wenn ihr mit freiem Gewissen diese Aufgabe übernehmen könnt, so redet, auf daß die Brüder nicht zweifeln an eurer Tauglichkeit."

„Vater", erwiderte Adam und sprach mit der Ruhe, die ihm eigen war, „als enttäuschter Mann kam ich in Euer Dorf, müde der Welt, erschöpft von ständiger Mühsal, und suchte nur Schutz gegen das Mißgeschick; auf Gutes hatte ich keine Hoffnung. Selbst der Wunsch nach weltlichem Erfolg war fast ganz erstorben in mir. Wie man zu einer Gruft kommt, kam ich hierher, gewillt, in ihrer düsteren Kälte zu liegen, nur weil Friede da ist und Ruhe. Nur eine irdische Liebe war in meiner Brust, und sie war immer ruhiger geworden seit meiner Jugend, so daß ich zufrieden war, Martha als meine Schwester hierher in unsere neue Heimat zu bringen. Wir sind Bruder und Schwester, und ich möchte es nicht anders haben. In diesem friedlichen Dorf habe ich alles gefunden, was ich erhoffe – alles, was ich wünsche. Mit bester Kraft will ich bemüht sein um das geistige und zeitliche Wohl unserer Gemeinschaft. Darüber steht kein Zweifel in meinem Herzen. Ich bin bereit, das Amt anzunehmen."

„Du hast wohl gesprochen, Sohn Adam", sprach der Vater. „Gott wird dich segnen in dem Amte, auf das ich nun verzichten werde."

„Aber unsere Schwester!" bemerkte der Älteste von Harvard, „hat sie nicht auch die Gabe, auszudrücken, was sie fühlt?"

Martha schrak zusammen und bewegte die Lippen, als wolle sie eine feierliche Antwort geben auf diese Aufforderung. Aber hätte sie es versucht, so hätten vielleicht die alten Erinnerungen sich Bahn gebrochen aus ihrem Herzen, die lang verdrängten Gefühle der Kindheit, der Jugend und des Frauentums, in Worten, die zu heilig waren, um sie hier zu sprechen.

„Adam hat gesprochen", sagte sie hastig, „so wie er empfindet, fühle auch ich."

Doch bei diesen wenigen Worten wurde Martha so bleich, daß es richtiger schien, sie in ihren Sarg zu legen, als sie hierher vor Vater Ephraim und die Ältesten zu stellen. Auch zitterte sie, als ob etwas Schreckvolles und Furchtbares in ihrer Lage und ihrem Geschick läge. Es erforderte in der Tat mehr als weibliche Nervenkraft, die gespannte Beobachtung von Männern wie diese zu ertragen, die so hochstehend und berühmt waren in der ganzen Sekte. Sie hatten ihr natürliches Mitgefühl für menschliche Schwächen und Leidenschaften überwunden. Einer hatte bei seinem Eintritt in die Gesellschaft Frau und Kinder mitgebracht, aber seit dieser Stunde nie mehr ein gutes Wort zu ihr gesprochen oder sein liebstes Kind aufs Knie gehoben. Ein anderer, dessen Familie sich weigerte, ihm zu folgen, hatte es fertiggebracht – mit so heiliger Tapferkeit war er ausgestattet, – sie dem Mitleid der Welt zu überlassen. Der jüngste unter den Ältesten, ein Mann von etwa fünfzig Jahren, war von Kindheit an in einem Dorf der Shaker erzogen worden, und von ihm erzählte man, daß er nie die Hand einer Frau gehalten habe und keine Vorstellung habe von engeren Banden als den kalten der brüderlichen Sekte. Der alte Vater Ephraim war der furchtbarste Charakter von allen. In seiner Jugend war er ein ausschweifender Wüstling gewesen, den aber Mutter Anna selber bekehrte; er hatte an dem wilden Fanatismus der ersten Shaker teilgehabt. Im Dorf, am Kamin, erzählte man sich flüsternd, daß Mutter Anna sein fleischliches Herz mit glühendem Eisen sengen mußte, bevor es rein wurde von irdischer Leidenschaft.

Wie dem auch sei, die arme Martha hatte das Herz einer Frau, ein zärtliches Herz, und es klagte in ihrer Brust, als sie diese seltsamen alten Männer ansah und von ihnen in das ruhige Gesicht Adam Colburns blickte. Aber als sie bemerkte, daß die Ältesten voll Zweifel auf sie schauten, rang sie nach Atem und sprach noch einmal

„Mit aller Kraft, die mir noch blieb nach meinen vielen Mühsalen“, sagte sie, „will ich das Amt übernehmen und mein Bestes darin leisten.“

„Meine Kinder, reicht euch die Hände“, sagte Vater Ephraim.

Sie taten es. Die Ältesten ringsum erhoben sich, und der Vater richtete sich mühsam gerader auf, blieb aber in seinem Lehnstuhl sitzen.

„Ich hieß euch, einander die Hand zu reichen“, sagte er, „nicht in weltlicher Liebe, denn deren Ketten habt ihr für immer abgeworfen, sondern als Bruder und Schwester in geistiger Liebe, als Helfer in der Aufgabe, die euch zufällt. Lehrt andere den Glauben, der euch erfüllt. Öffnet die Tore weit – ich übergebe euch die Schlüssel – öffnet sie weit für alle, die die Sünden der Welt aufgeben wollen und hierherkommen, ein keusches und friedvolles Leben zu führen. Nehmt die Müden auf, die die Eitelkeit der Welt gekannt haben – nehmt die kleinen Kinder auf, daß sie niemals diese unseligen Lehren erfahren. Und Segen ruhe auf eurer Arbeit; so daß die Zeit nicht fern sein möge, in der Mutter Annas Sendung voll und ganz erfüllt ist.

Der alte Mann sank erschöpft zurück, und die Ältesten glaubten mit gutem Recht, daß die Stunde gekommen sei, in der die neuen Oberhäupter des Dorfes ihre Hirtenpflichten antreten mußten. Bei der Bemühung Vater Ephraim wurden ihre Augen von Martha Pierson abgelenkt, die immer bleicher ward; selbst Adam Colburn sah es nicht. Ja, er hatte seine Hand aus der ihren gezogen und die Arme gekreuzt in dem Gefühl befriedigten Ehrgeizes. Doch Martha an seiner Seite wurde blasser und blasser, bis sie wie eine Leiche im Totenkleid zu den Füßen ihrer ersten Liebe niedersank. Nach so vielen Heimsuchungen, die sie tapfer erduldet hatte, konnte ihr Herz die Last der einsamen Qual nicht länger ertragen.

John Inglefields Dankfest

Am Abend des Erntedankfestes saß John Inglefield, der Schmied, in seinem Lehnstuhl, umgeben von denen, die an seinem Tisch das Festmahl gehalten hatten. Da er doch die Hauptfigur war im häuslichen Kreis, warf auch das Feuer den stärksten Schein auf seine massige, kraftvolle Gestalt und rötete sein derbes Gesicht, daß es aussah wie der Kopf eines eisernen Standbildes, das mit kunstlos auf dem eigenen Amboß geformten Zügen noch glühend von der eigenen Esse kam. Zu seiner Rechten stand ein leerer Stuhl. Die andern Plätze vor dem Kamin hatten die Familienglieder inne. Sie alle saßen ruhig da, doch wie in wunderlicher Ausgelassenheit tanzten ihre Schatten hinter ihnen an der Wand. Einer aus der Gruppe war John Inglefields Sohn, der auf dem Gymnasium erzogen war und jetzt in Andover studierte. Auch eine sechzehnjährige Tochter war dabei, die niemand ansehen konnte, ohne an eine fast erblühte Rosenknospe zu denken. Als einziger Fremder saß nur noch Robert Moore am Kamin, ein früherer Lehrling des Schmiedes, jetzt sein Geselle. Er sah eher einem Sohn John Inglefields gleich als der blasse, schmale Student.

Nur diese vier hatten Neuenglands Fest unter diesem Dach gefeiert. Der leere Stuhl zur Rechten John Inglefields stand zum Gedächtnis seines Weibes dort, das ihm der Tod seit dem letzten Dankfest entrissen hatte. Mit einem Zartgefühl, das kaum einer in diesem rauhen Menschen erwartet hätte, hatte der verwaiste Gatte selbst den Stuhl an seinen Platz neben seinen eigenen hingestellt. Oft ging sein Blick dahin, als ob er es für möglich hielte, daß das kalte Grab sie zurückschicken könnte zum freundlichen Herd, wenn auch nur für diesen Abend. So hegte er den Kummer, der ihm lieb geworden war. Doch er trug noch einen anderen, den er gern aus seinem Herzen gerissen oder, da das nicht möglich war, tief begraben hätte, zu tief für andere Augen und selbst für die eigene Erinnerung. Im letzten Jahr war noch ein Mitglied seiner Familie von ihm gegangen, aber nicht zum Grab – und dafür wurde kein Stuhl frei gehalten.

Während John Inglefield mit seinen Angehörigen am Feuer saß und die unruhigen Schatten an den Wänden hinter ihnen tanzten, wurde die Außentür geöffnet, und ein leichter Schritt kam den Gang entlang. Eine bekannte Hand drückte auf die Klinke der inneren Tür, und ein junges Mädchen kam herein, in Mantel und Kapuze, die sie abnahm und auf den kleinen Tisch unter dem Spiegel legte. Einen Augenblick lang betrachtete sie die Gruppe am Kamin, dann kam sie näher und setzte sich zur Rechten John Inglefields, als sei dieser Platz eigens für sie freigelassen.

„Da bin ich endlich, Vater", sagte sie. „Das Dankfestmahl habt ihr ohne mich gehalten, aber ich bin gekommen, den Abend bei euch zu verbringen."

Ja, es war Prudence Inglefield. Sie trug das gleiche schmucke, mädchenhafte Kleid, das sie anzulegen pflegte, wenn die Tagesarbeit im Haushalt getan war, und ihr Haar war über der Stirn gescheitelt in der schlichten, bescheidenen Art, die sie am allerbesten kleidete. Mochten ihre Wangen sonst bleich sein, die Glut des Feuers ließ sie jetzt gesund und blühend scheinen, und hatte sie die langen Monate ihrer Abwesenheit in Schuld und Sünde verbracht, es waren keine Spuren auf ihrem sanften Bild zurückgeblieben. Sie hätte nicht weniger verändert aussehen können, wenn sie auf eine halbe Stunde vom Herd ihres Vaters fortgewesen und wieder heimgekommen wäre, als die Flammen aus denselben Kohlen zuckten, die schon brannten, als sie wegging. Und für John Inglefield war sie das Abbild seines toten Weibes, so wie er es vor sich sah beim ersten Dankfest, das sie unterm eigenen Dach gefeiert hatten. Und darum konnte er, obwohl er streng und rauh war von Natur, nicht lieblos reden mit seinem sündigen Kind; doch er konnte sie auch nicht in seine Arme schließen.

„Willkommen daheim, Prudence“, sagte er und sah sie von der Seite an, und seine Stimme zitterte. „Deine Mutter hätte sich gefreut, dich zu sehen; doch sie ist von uns gegangen vor vier Monaten.“

„Ich weiß, Vater, ich weiß“, erwiderte Prudence hastig, „Und doch, zuerst, als ich hereinkam, waren meine Augen so geblendet vom Feuerschein, daß es mir war, als säße sie hier auf diesem Stuhl.“

Inzwischen hatten sich die andern allmählich von ihrem Erstaunen erholt und merkten, daß es kein Gespenst aus dem Grabe war oder ein Gestaltwerden ihres lebhaften Gedenkens, sondern Prudence in eigener Person. Ihr Bruder grüßte sie zuerst. Er kam heran und streckte ihr liebevoll die Hand entgegen, wie ein guter Bruder; und doch nicht ganz wie ein Bruder; denn, bei aller Güte war er doch der Priester, der zu einem Kind der Sünde sprach.

„Schwester Prudence“, sagte er voll Ernst, „ich freue mich, daß eine gnädige Vorsehung deine Schritte heimwärts gelenkt hat, rechtzeitig genug, daß ich dir ein letztes Lebewohl sagen kann. In wenigen Wochen soll ich als Missionar nach den fernen Inseln des Stillen Ozeans segeln. Nicht eines dieser geliebten Gesichter darf ich hoffen auf dieser Erde jemals wiederzusehen. Ach, möchte ich sie alle – auch das deine – jenseits des Grabes wiedersehen!“

Ein Schatten glitt über das Gesicht des Mädchens.

„Das Grab ist sehr dunkel, Bruder“, antwortete sie und zog ihre Hand etwas hastig aus der seinen, „du mußt mich jetzt beim Schein dieses Feuers betrachten.“

Während dies vor sich ging, stand die Zwillingsschwester – die Rosenknospe, die an einem Stamm mit der Sünderin gewachsen war – und starrte ihre Schwester an und sehnte sich, ihr an die Brust zu fliegen. Kummer und Scham zugleich hielten sie anfangs zurück und die Furcht, daß Prudence sich zu sehr geändert hätte, um ihre Liebe zu erwidern, oder daß die Verlorene ihre eigene Reinheit wie einen Vorwurf fühlen könnte. Doch als sie der vertrauten Stimme lauschte, als auch das Gesicht immer vertrauter wurde, vergaß sie alles und wußte nur noch, daß Prudence heimgekommen war. Sie sprang vor und wollte sie fest in die Arme schließen. Im letzten Augenblick jedoch fuhr Prudence von ihrem Stuhl empor und streckte warnend beide Hände aus.

„Nein, Mary – nein, liebe Schwester", rief sie, „berühre du mich nicht. Du darfst nicht deine Brust an meine lehnen!"

Mary schauderte und stand still, denn sie fühlte, daß etwas, schwärzer noch als das Grab, zwischen ihr und Prudence stand, obwohl sie doch einander so nahe schienen im Schein des väterlichen Herdes, an dem sie miteinander aufgewachsen waren.

Prudence ließ ihre Augen durch das Zimmer gehen und suchte einen, der ihr noch keinen Gruß geboten hatte. Er hatte seinen Platz am Kamin verlassen und stand mit abgewandtem Gesicht bei der Tür, so daß man seine Züge nur im flackernden Schatten seines Profiles an der Wand unterscheiden konnte. Doch Prudence rief ihn heiter und freundlich an.

„Komm, Robert", sagte sie, „willst du deiner alten Freundin die Hand nicht reichen?"

Robert Moore zögerte einen Augenblick, doch die Liebe kämpfte mit Macht und überwand den Stolz und die Abneigung. Er stürzte auf Prudence zu, faßte ihre Hand und drückte sie ans Herz.

„Nein, nein, Robert", sagte sie und lächelte traurig, als sie ihre Hand zurückzog, „du darfst mich nicht zu herzlich willkommen heißen."

Und nun, nachdem sie jedes Glied der Familie begrüßt hatte, setzte sich Prudence wieder auf den Stuhl zur Rechten John Inglefields. Sie war von Natur ein Mädchen von lebhaftem und zartem Empfindungsvermögen, fröhlich im Grunde ihres Wesens; aber eine bezaubernde Würde lag über ihren heitersten Worten und Handlungen. Man hatte auch von Kindheit an beobachtet, daß sie die Fähigkeit besaß, ihre eigene Stimmung wie einen Zauberbann über ihre Umgebung zu werfen. Wie sie in ihren unschuldigsten Tagen gewesen, so erschien sie an diesem Abend. Trotz des Erstaunens und der Verwirrung über ihre

Rückkehr vergaßen die Freunde fast, daß sie sie je verlassen, oder daß sie irgendeinen Anspruch auf ihre Liebe verscherzt hatte. Am Morgen hätten sie sie vielleicht aus anderen Augen angesehen, aber beim Kaminfeuer am Dankfest fühlten sie nur, daß ihre geliebte Prudence wiedergekommen war und waren dankbar. John Inglefields rauhes Gesicht erglühte wie sein Herz, das warm und froh in ihm wurde. Einmal oder zweimal lachte er sogar, daß es von den Wänden schallte; doch er schien erschreckt durch den Widerhall seiner eigenen Fröhlichkeit. Der ernste junge Priester war so ausgelassen wie ein Schuljunge. Auch Mary, die Rosenknospe, vergaß, daß ihre Zwillingsschwester je vom Stamm gerissen und in den Staub getreten worden war. Und Robert Moore – er schaute Prudence an mit dem schüchternen Ernst neuerstandener Liebe, während sie ihn in süßer, mädchenhafter Spielerei halb lächelnd lockte, halb entmutigte.

Kurz, es war einer jener Augenblicke, in denen die Sorge in schattenhafte Tiefen schwindet und die Freude in kurzem Glanz hervorstrahlt. Als es acht Uhr schlug, goß Prudence ihres Vaters gewohnten Kräutertee ein, der schon, seit es dämmerte, aufgegossen neben dem Kamin stand.

„Gott segne dich, mein Kind!“ sagte John Inglefield, als er die Tasse aus ihrer Hand nahm; „du hast deinen alten Vater wieder glücklich gemacht, aber deine liebe Mutter fehlt uns schmerzlich, Prudence, sehr schmerzlich. Mir ist, als sollte sie jetzt hier sein.“

„Jetzt oder nie“, erwiderte Prudence.

Nun kam die Zeit des Hausgottesdienstes. Doch als die Familie sich dazu anschickte, bemerkte sie plötzlich, daß Prudence Mantel und Kapuze angelegt hatte und die Türklinke in der Hand hielt.

„Prudence, Prudence! Wohin gehst du?“ riefen sie alle wie aus einem Mund. Als Prudence zur Tür hinausging, wandte sie sich nach ihnen um und winkte mit der Hand ein Lebewohl. Aber ihr Gesicht hatte sich so verändert, daß sie es kaum wiedererkannten: Sünde und böse Leidenschaft glühten unter seiner

Anmut auf und bewirkten eine furchtbare Entstellung. Ein Lächeln glänzte in ihren Augen, wie in Triumph und Hohn über ihre Sorge und Überraschung.

„Tochter", schrie John Inglefield zwischen Kummer und Zorn, „bleib hier und sei deines Vaters Segen, oder nimm seinen Fluch mit dir!"

Einen Augenblick zauderte Prudence und sah zurück in das Zimmer im Feuerschein, und ihr Gesicht trug fast den Ausdruck, als kämpfe sie mit einem Unhold, der die Macht hatte, sein Opfer selbst in den geheiligten Grenzen des väterlichen Herdes zu packen. Er trug den Sieg davon und Prudence verschwand in der Dunkelheit draußen. Als ihre Familie zur Tür eilte, sahen sie nichts; sie hörten nur das Rasseln von Rädern auf der gefrorenen Erde.

An diesem selben Abend war unter den geschminkten Schönheiten des Theaters einer Nachbarstadt eine, deren ausgelassene Lustigkeit unvereinbar schien mit irgendeiner Fähigkeit zu reiner Liebe und den Freuden und Leiden, die in ihr geheiligt werden. Und doch war das Prudence Inglefield. Ihr Besuch am Dankesfestkamin war nur die Verwirklichung eines jener wachen Träume, in denen die schuldige Seele manchmal zu ihrer Unschuld zurückfindet. Doch die Sünde wacht gut über ihre Sklaven. Sie hören ihre Stimme oft gerade in ihren heiligsten Augenblicken und müssen gehen, wohin sie ruft. Dieselbe dunkle Gewalt, die Prudence Inglefield von ihres Vaters Herd fortzog, – dieselbe im Grunde, wenn sie auch dann zu furchtbarer Notwendigkeit verdichtet ist – reißt eine schuldige Seele vom Himmelstor zurück, und ihre Strafe ist ewig wie ihre Sünde.

Die prophetischen Bilder

„Nein, dieser Maler!“ rief Walter Ludlow lebhaft. „Nicht nur in seiner Kunst ist er hervorragend, auch auf allen Gebieten der Wissenschaft und Gelehrsamkeit ist er beschlagen. Er spricht Hebräisch mit Dr. Mather, und Dr. Boylston kann noch Anatomie von ihm lernen. Kurzum, er kann den wohlunterrichtetsten Mann mit seinen eigenen Waffen schlagen. Dazu ist er ein Gentleman, geradezu ein Kosmopolit. Er kann von jedem Land erzählen wie ein Eingeborener, nur nicht von unsern eigenen Wäldern, wohin er jetzt zu reisen gedenkt. Und dies alles ist nicht einmal das, was ich am meisten an ihm bewundere!“

„Nicht möglich!“ rief Elinor, die mit weiblicher Aufmerksamkeit der Beschreibung eines solchen Mannes gelauscht hatte. „Das ist doch schon bewundernswert genug.“

„Ganz gewiß“, erwiderte ihr Freund, „aber lange nicht so sehr wie seine natürliche Gabe, sich jedem Charakter so stark anpassen zu können, daß jeder Mann – selbst jede Frau, Elinor – das eigene Spiegelbild in diesem ungewöhnlichen Maler findet. Doch das größte Wunder bleibt noch immer zu erzählen.“

„Wenn er aber noch mehr übernatürliche Eigenschaften hat“, sagte Elinor und lachte, „dann ist Boston ein gefährlicher Aufenthalt für den armen Mann. Sprichst du von einem Maler oder von einem Hexenmeister?“

„Wahrhaftig“, antwortete er, „diese Frage könnte man viel ernster stellen, als du meinst. Man sagt, daß er nicht nur die Züge eines Menschen malt, sondern auch sein Herz und Hirn. Die geheimsten Gefühle und Leidenschaften fängt er ein und bannt sie auf die Leinwand wie Sonnenschein – oder auch wie das Glühen höllischen Feuers in Bildern von Leuten mit finsterer Seele. Es ist eine furchtbare Gabe“, fügte Walter noch hinzu. „Ich habe fast Angst davor, ihm zu sitzen.“

„Walter! Ist das dein Ernst?“ rief Elinor.

„Um Gottes willen, liebste Elinor, laß ihn dich nicht so malen, wie du jetzt aussiehst“, sagte ihr Geliebter lachend, aber doch betroffen. „Da – nun geht es vorüber. Aber als du sprachst, war dein Blick zu Tode erschrocken und so furchtbar traurig. Woran dachtest du?“

„Nichts, nichts“, erwiderte Elinor hastig, „es ist deine eigene Phantasie, die mein Gesicht verändert. Hole mich morgen ab, und wir wollen den genialen Künstler besuchen.“

Aber als der junge Mann gegangen war, zeigte sich wiederum ein sonderbarer Ausdruck auf dem schönen, jugendlichen Antlitz seiner Geliebten. Traurig und voll Angst war es und paßte wenig zu den Gefühlen eines Mädchens kurz vor der Hochzeit mit Walter Ludlow. Mein Blick, sagte Elinor zu sich selbst, kein Wunder, daß er ihn erschreckte, wenn er das ausdrückte, was ich manchmal fühle. Ich weiß es aus Erfahrung, wie furchtbar ein Blick sein kann. Aber es war alles nur Einbildung. . .

Und sie stickte fleißig weiter an einer Halskrause, in der sie sich malen lassen wollte.

Der Maler, von dem sie gesprochen hatten, war keiner jener einheimischen Künstler, die in späterer Zeit den Indianern ihre Farben abguckten und ihre Pinsel aus den Haaren wilder Tiere fertigten. Hätte er sein Leben noch einmal leben und sein Schicksal vorausbestimmen können, so hätte er vielleicht gewünscht, zu dieser Schule ohne Lehrer zu gehören, in der Hoffnung, so wenigstens originell zu sein; denn da gab es keine Kunstwerke nachzuahmen, keine Regeln zu befolgen. Aber er war in Europa geboren und erzogen. Man erzählte, er habe die Größe und Schönheit der Auffassung und jeden Strich der Meister studiert an allen berühmten Bildern in Kunstausstellungen und an Kirchenwänden, bis nichts mehr da war, woran sein starker Geist sich lehnen konnte. Die Kunst vermochte ihn nichts Neues mehr zu lehren. Nur die Natur konnte es noch. Er suchte daher eine Welt auf, in der noch keiner seiner Berufsgenossen vor ihm gewesen war, um seine Augen an edlen und malerischen Bildern zu ergötzen, die noch keiner auf die Leinwand gebracht hatte. Amerika war zu arm, um einem bedeutenden Künstler andere Versuchungen zu bieten. Zwar hatten bei der Ankunft des Malers viele reiche Kolonisten den Wunsch ausgedrückt, ihr porträtiertes Äußeres der Nachwelt zu erhalten. So oft ihm solche Vorschläge gemacht wurden, heftete er sein durchdringendes Auge auf den Bewerber und schien ihm bis auf den Grund der Seele zu blicken. Sah er nur ein glattes, behagliches Gesicht, wenn auch ein goldbetreßter Rock dazu gehörte, das Bild zu schmücken, und geprägtes Gold dafür bezahlen wollte, so wies er höflich Lohn und Auftrag ab. Doch sprach das Gesicht von Ungewöhnlichem, Gefühl, Gedanken oder Erfahrung, oder traf er einen Bettler auf der Straße mit weißem Bart und runzelreicher Stirn, oder wenn zuweilen unversehens ein Kind aufsah und lächelte, so goß er über sie alle Kunst aus, die er dem Reichtum verweigerte.

Geschicklichkeit im Malen war sehr selten in den Kolonien; daher wurde der Maler bald Gegenstand allgemeiner Neugierde. Fast niemand wußte die technische Vollkommenheit seiner Werke zu würdigen; aber es gab Einzelheiten, bei denen die Meinung der Menge ebenso wertvoll war, wie das Urteil eines Kenners. Er beobachtete die Wirkung jedes Bildes auf die ungeschulten Beschauer und zog Vorteile aus ihren Bemerkungen. Sie aber dachten ebensowenig daran, ihn zu belehren, wie sie die Natur selber belehren wollten, mit der er zu wetteifern schien. Freilich war ihre Bewunderung durchdrungen von den Vorurteilen der Zeit und des Landes. Manche hielten es für eine Sünde gegen die Zehn Gebote oder gar für eine vermessene Verhöhnung Gottes, so lebensvolle Bilder seiner Geschöpfe hervorzubringen. Andere hatten Angst vor der Kunst, die Geister ins Dasein rufen und die Gestalt der Toten unter den Lebenden festhalten konnte. Sie waren geneigt, den Maler für einen Zauberer anzusehen, oder gar für den schwarzen Mann aus alter Hexenzeit, der neues Unheil spann in anderer Gestalt. Diesem törichten Aberglauben gab das Volk zum größten Teil Raum. Selbst in höheren Kreisen war seine Person von geheimer Furcht umgeben.

Da Walter Ludlow und Elinor vor der Hochzeit standen, suchten sie alsbald die Wohnung des Malers auf. Ein Dienstbote wies sie in ein Zimmer. Darin hingen viele Bilder bedeutender Persönlichkeiten. Da war der Gouverneur Burnett, der aussah, als ob er gerade eine aufsässige Mitteilung vom Repräsentantenhaus erhalten hätte und nun eine scharfe Antwort abfaßte. Mr. Cooke hing neben dem Herrscher, dem er feindlich gesinnt war, kraftvoll und leicht puritanisch, wie sich das ziemt für einen Volksführer. Die Gemahlin des Sir William Phipps sah von der Wand auf sie herab, in Halskrause und Reifrock, eine gebieterische alte Dame, von deren Zauberkraft man munkelte. John Winslow, damals noch ein ganz junger Mann, hatte schon den Ausdruck kriegerischer Unternehmungslust, die ihn viel später zum berühmten Feldherrn machte. Ihre persönlichen Freunde erkannten sie auf den ersten Blick. Auf den meisten Bildern traten Klugheit und Veranlagung im Gesicht hervor und waren in einen einzigen Ausdruck vereinigt; man hätte paradox sagen können: die Menschen sahen sich selbst nicht so überraschend ähnlich wie ihre Bilder es taten.

Zwischen diesen ehrwürdigen Bürgern der Zeit hingen zwei alte bärtige Heilige, die fast wieder unsichtbar geworden waren auf der gedunkelten Leinwand. Auch eine bleiche, aber unverblaßte Madonna hing da, die man vielleicht früher in Rom verehrt hatte. Nun sah sie mit so mildem heiligen Blick auf die Liebenden, daß auch sie es verlangte, zu ihr zu beten.

„Wie sonderbar der Gedanke ist“, bemerkte Walter Ludlow, „daß dies schöne Gesicht schon mehr als zwei Jahrhunderte lang so schön ist! Ach, wenn doch alle Schönheit so erhalten bliebe! Beneidest du sie nicht, Elinor?“

„Wenn die Erde der Himmel wäre, könnte ich es“, erwiderte sie. „Aber wo alles welkt, wie schrecklich wäre es, die einzige zu sein, die nicht verwelken könnte!“

„Dieser dunkle alte heilige Petrus sieht häßlich wild und finster aus, wenn er auch heilig ist“, fuhr Walter fort. „Er verwirrt mich. Aber die Jungfrau sieht uns freundlich an.“

„Ja, aber sehr besorgt, scheint mir“, sagte Elinor.

Unter diesen drei alten Gemälden stand die Staffelei, und auf ihr ein Bild, das erst kürzlich angefangen war. Sie besahen es eine Weile und begannen, die Züge ihres eigenen Geistlichen zu erkennen, der wie aus einer Wolke heraus Leben und Gestalt gewann.

„Der gütige alte Mann!“ rief Elinor. „Er schaut mich an, als wollte er mir gerade einen väterlichen Rat erteilen.“

„Und mich“, sagte Walter, „als ob er den Kopf schütteln und mir einen Verweis erteilen wollte für irgendeine Missetat. So macht er es auch in Wirklichkeit. Nicht eher werde ich mich unter seinem Blick ganz wohl fühlen, als bis wir zur Trauung vor ihm stehen.“

Jetzt hörten sie einen Schritt, und als sie sich umschauten, sahen sie den Maler, der schon seit ein paar Augenblicken im Zimmer war und einige ihrer Bemerkungen mit angehört hatte. Er war ein Mann in mittleren Jahren, mit einem Gesicht, das seines eigenen Pinsels wohl würdig gewesen wäre. Durch die malerische, etwas nachlässige Kleidung und vielleicht auch, weil seine Seele immer unter gemalten Gestalten weilte, glich er selber etwas einem Gemälde. Seine Besucher empfanden eine Verwandtschaft zwischen dem Künstler und seinem Werk. Es war ihnen, als sei eines der Bilder aus der Leinwand hervorgetreten, sie zu begrüßen.

Walter Ludlow, der mit dem Maler oberflächlich bekannt war, erklärte ihm den Grund ihres Besuches. Während er sprach, fiel ein Sonnenstrahl über ihre beiden Gestalten, so schön und wirkungsvoll, daß sie dastanden wie lebendige Bilder von Jugend und Schönheit, froh in strahlendem Glück.

Der Künstler war sichtlich betroffen. „Meine Staffelei ist mehrere Tage lang besetzt, und ich kann nur kurz in Boston bleiben“, sagte er nachdenklich; dann, nach einem prüfenden Blick, fügte er hinzu: „Aber Ihre Wünsche sollen erfüllt werden, wenn ich auch den Oberrichter und Frau Oliver enttäuschen muß. Ich darf mir diese Gelegenheit nicht entgehen lassen.“ Der Künstler sprach den Wunsch aus, sie beide auf ein Bild zu bringen. Dieser Plan hätte den Liebenden wohl gefallen; man mußte aber davon absehen, weil eine so große Leinwand nicht geeignet gewesen wäre für den Raum, den das Bild schmücken sollte. Man einigte sich daher auf zwei Bilder in Halbfigur.

Nachdem sie sich verabschiedet hatten, fragte Walter Ludlow Elinor mit einem Lächeln, ob sie sich klar darüber sei, welchen Einfluß auf ihr Schicksal der Maler zu gewinnen im Begriff sei. „Die alten Weiber in Boston behaupten", fuhr er fort, „wenn er einmal eines Menschen Gesicht und Gestalt genau studiert hat, so kann er ihn bei jeder beliebigen Handlung und in jeder Lage malen, – immer ist das Bild prophetisch. Glaubst du das?"

„Nicht ganz", sagte Elinor lächelnd. „Und selbst wenn er solche Zauberkraft besäße, – es ist etwas so Edles in seiner Art, daß ich überzeugt bin, er wird sie nur zum Guten brauchen."

Der Künstler wollte beide Bilder gleichzeitig malen. Als Grund gab er in der mystischen Ausdrucksweise, deren er sich manchmal bediente, an, daß die beiden Gesichter voneinander Licht empfingen. So erhielten bald Walter, bald Elinor einen Pinselstrich, und die Züge der beiden begannen so lebhaft zu werden, daß es schien, als wolle seine sieghafte Kunst sie tatsächlich aus der Leinwand hervortreten lassen. In reichem Licht und tiefem Schatten blickte ein geheimnisvolles zweites Ich sie an. Aber obwohl die Ähnlichkeit vollkommen zu werden versprach, waren sie doch mit dem Ausdruck nicht ganz zufrieden. Er schien unbestimmter als auf den meisten Bildern des Malers. Der Künstler jedoch war zufrieden mit dem voraussichtlichen Erfolg, und da ihn das Brautpaar sehr interessierte, benützte er die freien Augenblicke dazu, unbemerkt eine Bleistiftskizze von ihnen zu machen. Während der Sitzungen unterhielt er sich mit ihnen und lockte charakteristische Züge auf ihren Gesichtern hervor, die er, trotzdem sie ständig wechselten, vereinigen und festhalten wollte. Schließlich kündigte er an, daß bei ihrem nächsten Besuche beide Bilder zur Ablieferung bereit sein sollten.

„Wenn mein Pinsel meiner Vorstellung folgt in den paar letzten Strichen, die ich noch vorhabe", bemerkte er, „so werden diese beiden Gemälde meine allerbesten Werke sein. Freilich hat ein Künstler auch nicht häufig solche Modelle."

Während er sprach, hielt er noch immer seine durchdringenden Augen auf sie geheftet und wandte sie erst weg, als sie die letzte Treppenstufe erreicht hatten.

Nichts im ganzen Reigen menschlicher Eitelkeiten fesselt die Einbildungskraft stärker, als wenn man sein Bildnis malen läßt. Warum nur? Der Spiegel, das glatte Wasser, jede reflektierende Oberfläche schenkt uns dauernd Bilder oder besser Gespenster unseres Selbst, die wir anschauen und sofort wieder vergessen. Aber wir vergessen sie nur, weil sie wieder verschwinden. Es ist die Vorstellung der Dauer – irdischer Unsterblichkeit –, die so geheimnisvollen Anteil in uns weckt an unseren Bildnissen. Auch Walter und Elinor waren nicht frei von diesem Empfinden und eilten pünktlich zur vereinbarten Stunde in des Malers Zimmer, um den gemalten Gestalten gegenüberzustehen, die sie bei der Nachwelt vertreten sollten. Hinter ihnen flutete das Sonnenlicht in den Raum; doch etwas düster blieb er, als sie die Tür geschlossen hatten.

Sofort wurden ihre Augen zu den Bildern hingezogen, die an der fernsten Wand des Zimmers lehnten. Beim ersten Anblick im schwachen Licht und aus der Entfernung stießen sie gleichzeitig einen Freudenruf aus, als sie sich in ganz natürlicher Haltung sahen, genau so, wie sie sich so gut kannten.

„Da stehen wir", rief Walter begeistert, „für immer im Sonnenschein festgehalten! Keine finsteren Leidenschaften können je unsere Züge überschatten!"

„Nein", bestätigte Elinor.

Der Maler hatte sie begrüßt und beschäftigte sich nun an einem Tisch mit der Vollendung einer Bleistiftskizze und überließ es seinen Besuchern, sich ihr Urteil über die fertigen Arbeiten zu bilden. Ab und zu stand sein Bleistift still über der Skizze und ein Blick aus seinen tiefen Augen ging hinüber und beobachtete ihre Gesichter von der Seite. Nun hatten sie ein paar Augenblicke dagestanden, jeder vor dem Bild des andern, ganz versunken in aufmerksame Betrachtung, aber ohne ein Wort zu sprechen. Schließlich trat Walter einen Schritt vor, dann wieder zurück und betrachtete Elinors Bild in verschiedener Beleuchtung. „Hat sich da nicht etwas geändert?“ sagte er endlich zweifelnd und nachdenklich. „Ja, ich bemerke es immer deutlicher, je länger ich hinsehe. Es ist sicherlich dasselbe Bild, das ich gestern sah. Das Kleid – die Züge – das alles ist das gleiche, und doch ist etwas anders geworden.“

„Ist denn das Bild nicht mehr so gut wie es gestern war?“ fragte der Maler, der sich nun näherte und seine Anteilnahme nicht mehr zurückhalten konnte.

„Die Gesichtszüge sind ganz und gar Elinor“, antwortete Walter; „und auf den ersten Blick schien es auch ihr Ausdruck zu sein. Aber ich könnte mir einbilden, das Bild hätte den Ausdruck gewechselt, während ich es ansah. Die Augen schauen mich so seltsam traurig und angstvoll an. Nein, Kummer ist es sogar und Schrecken! Ist das Elinor?“

„Vergleichen Sie das lebende Gesicht mit dem gemalten“, sagte der Maler.

Walter sah seine Geliebte von der Seite an und erschrak. Unbewegt und versunken, gebannt fast in der Betrachtung von Walters Bild, hatte Elinors Gesicht genau den Ausdruck angenommen, über den er sich gerade beklagt hatte. Selbst wenn sie stundenlang vor einem Spiegel geübt hätte, sie hätte den Ausdruck nicht so vollkommen treffen können. Wäre das Bild selber ein Spiegel gewesen, es hätte ihr augenblickliches Aussehen nicht getreuer wiedergeben können. Sie schien gar nichts zu merken von dem Gespräch des Künstlers mit ihrem Geliebten.

„Elinor“, rief Walter bestürzt, „welche Veränderung ist mit dir vorgegangen?“

Sie hörte ihn nicht und wandte ihren starren Blick nicht ab, bis er ihre Hand faßte und so ihre Aufmerksamkeit auf sich zog. Da erbebte sie und sah von dem Bild weg in sein Gesicht.

„Bemerkst du keine Veränderung in deinem Bild?“ fragte sie.

„In meinem? – Nein!“ erwiderte Walter und betrachtete es aufmerksam. „Aber halt! doch, da ist eine leise Änderung –

eine Verbesserung, wie mir scheint, mehr am Bild als an der Ähnlichkeit. Der Ausdruck ist lebhafter als gestern, als ob ein heller Gedanke aus den Augen leuchtete und sich auf die Lippen drängte. Jetzt, wo ich es erfaßt habe, wird es ganz deutlich."

Während er mit diesen Wahrnehmungen beschäftigt war, wandte sich Elinor dem Maler zu. Sie sah ihn bekümmert und angstvoll an und fühlte, daß er ihr Anteilnahme und Mitleid zurückgab – weshalb, das konnte sie nur unbestimmt ahnen.

„Dieser Ausdruck!" flüsterte sie und schauderte, „wie kam er hinein?"

„Fräulein", sagte der Maler traurig, faßte ihre Hand und führte sie beiseite, „in beiden Bildern habe ich gemalt, was ich sah. Der Künstler muß hinter die Erscheinung sehen. Es ist seine Gabe – die stolzeste, aber oft sehr schwer, das Innerste der Seele zu sehen und durch eine Macht, die oft ihm selber unbegreiflich ist, leuchtend oder düster auf die Leinwand zu bannen, in Zügen, die Gedanken und Gefühl von Jahren wiedergeben. Wie gerne möchte ich in diesem Fall an einen Irrtum glauben!"

Sie hatten sich nun dem Tisch genähert, auf dem Gipsköpfe und Hände zu sehen waren, fast so ausdrucksvoll wie die meisten Gesichter, wuchtige Kirchtürme, strohgedeckte Hütten, alte blitzgespaltene Bäume, Kleider aus dem Orient oder dem Altertum, all die malerischen Launen aus eines Künstlers Mußestunden. Scheinbar achtlos wühlte er darin und eine Bleistiftskizze zweier Gestalten wurde sichtbar.

„Wenn ich es falsch gemacht habe", fuhr er fort, „wenn Sie Ihr Herz nicht wiederfinden in Ihrem eigenen Bildnis – wenn kein geheimer Grund Sie an die Richtigkeit meiner Auffassung des andern glauben läßt: noch ist es nicht zu spät, sie zu ändern. Auch die Haltung dieser Gestalten könnte ich noch ändern. Aber welchen Einfluß hätte das auf das Geschehen?"

Er zog ihre Aufmerksamkeit auf die Skizze. Ein Zittern ging durch Elinors Gestalt; ein Schrei trat auf ihre Lippen. Doch sie unterdrückte ihn mit der Selbstbeherrschung, die allen Menschen eigen wird, die heimlich Furcht und Angst im Herzen tragen. Sie wandte sich um und sah, daß Walter dicht genug herangekommen war, um die Skizze zu sehen; aber sie vermochte nicht zu entscheiden, ob sein Auge schon darauf gefallen war.

„Wir wollen die Bilder nicht geändert haben", sagte sie rasch. „Wenn meines traurig ist, dann werde ich durch den Gegensatz in Wirklichkeit um so froher aussehen."

„So soll es sein", antwortete der Maler und verneigte sich. „So wenig wirklich mögen Ihre Kümmernisse sein, daß nur Ihr Bildnis um Sie trauern soll! Und Ihre Freuden – sie mögen so echt sein und so tief, sich so klar auf diesem lieblichen Gesicht spiegeln, bis es meine ganze Kunst der Lüge zeiht!"

Nach Walters und Elinors Hochzeit waren die Bilder der herrlichste Schmuck ihres Heims. Sie hingen nebeneinander, nur durch eine schmale Leiste getrennt. Sie schienen sich beständig anzublicken und sahen doch immer auch dem Beschauer ins Auge. Weitgereiste Leute, die von solchen Dingen etwas verstehen wollten, zählten sie zu den wunderbarsten Stücken moderner Malerei. Ungeschulte Betrachter verglichen sie Zug um Zug mit den Vorbildern und priesen ganz begeistert die Ähnlichkeit. Auf eine dritte Gruppe jedoch – nicht weitgereiste Kenner oder ungeschulte Betrachter, sondern Menschen mit feiner, natürlicher Empfindsamkeit – machten die Bilder den allertiefsten Eindruck. Solche Leute sahen wohl zuerst achtlos hin; dann aber wurden sie gefangen, kamen Tag für Tag zurück und studierten diese gemalten Gesichter wie die Seiten eines Zauberbuches. Walter Ludlows Bild zog ihre Aufmerksamkeit zuerst an. Wenn er und seine junge Frau nicht da waren, stritten sie mitunter, welchen Ausdruck der Maler den Zügen hatte geben wollen. Sie alle stimmten überein, daß es ein Ausdruck von ernster Bedeutung war, aber nicht zwei erklärten ihn auf gleiche Weise. Über Elinors Bild herrschten weniger Meinungsverschiedenheiten. Freilich gingen sie auseinander, wenn sie versuchten, die Art und die Tiefe der Schwermut zu erklären, die auf dem Antlitz ruhte. Aber daß es Schwermut war, das fanden sie alle, und daß sie zu der natürlichen Lebhaftigkeit ihrer jungen Freundin nicht paßte. Irgendein phantasiebegabter Mann erklärte als Ergebnis langen Grübelns, daß die beiden Bilder Teile eines einheitlichen Vorwurfs seien, und daß die schwermütige Gefühlstiefe in Elinors Antlitz in Beziehung stehe zu der größeren Lebhaftigkeit oder, wie er es ausdrückte, zu der wilden Leidenschaftlichkeit in Walters Gesicht. Obgleich er Laie war in dieser Kunst, begann er sogar eine Skizze, auf der die Haltung der beiden Gestalten dem beiderseitigen Ausdruck entsprechen sollte.

Die Freunde flüsterten untereinander, daß sich Tag für Tag der Schatten ernster Nachdenklichkeit auf Elinors Gesicht vertiefe, so daß es bald das getreue Abbild des Gemäldes zu werden drohe. Walter hingegen erlangte nicht den lebhaften Ausdruck, den der Maler ihm auf der Leinwand gegeben hatte; er wurde zurückhaltend und niedergeschlagen. Keine Erregung brach nach außen durch, wie sehr es auch im Innern schwelen mochte. Nach einiger Zeit hing Elinor einen prächtigen Vorhang aus purpurner Seide, mit Blumen bestickt, und mit schweren goldenen Troddeln vor die Bilder. Sie gab vor, daß das Licht sie verblassen oder der Staub ihren Farben schaden könne. Das genügte. Ihre Besucher fühlten, daß man die schweren Falten der Seide nie mehr zurückziehen oder in ihrer Gegenwart von den Bildern reden dürfe.

Die Zeit verging. Der Maler kehrte zurück. Weit im Norden war er gewesen und hatte den silbernen Wasserfall an den Crystal Hills gesehen und das ungeheure Rund von Wald und Wolken überschaut vom Gipfel des höchsten Berges von Neuengland. Er hatte auch in einem Boot gelegen auf dem Georgesee, und seine Seele war der Spiegel seiner Lieblichkeit und Majestät, bis kein Bild des Vatikans so lebhaft in ihm stand wie diese Erinnerung. Mit indianischen Jägern war er zum Niagara gewandert, und auch hier hatte er den ohnmächtigen Pinsel in den Abgrund geschleudert in der Gewißheit, daß er das Tosen hätte malen können so gut wie irgend etwas sonst, das zu dem wunderbaren Fall gehörte. Tatsächlich regte sich nur selten das Verlangen, Landschaftsszenen wiederzugeben, als Rahmen höchstens für die Schilderung menschlicher Gestalten und Gesichter, belebt von Geist und Leidenschaft und Leid. Daran hatte ihm sein abenteuerlicher Streifzug reichen Vorrat eingebracht: die erste Würde des Indianerhäuptlings, die verschattete Lieblichkeit indianischer Mädchen, das Leben im Wigwam, den heimlichen Kriegszug, den Kampf unter düsteren Föhren, die Grenzfestung und ihre Besatzung, den sonderbaren alten französischen Freischärler, an Fürstenhöfen erzogen und ergraut in felsiger Wildnis – das waren die Bilder und die Orte, die er gezeichnet hatte. Die Glut gefahrvoller Augenblicke, Ausbrüche wilder Leidenschaft, Kämpfe gewaltiger Kraft, Liebe, Haß, Kummer, Wahnsinn – kurz: das ganze abgelebte Herz der alten Erde hatte sich ihm in neuen Formen wieder enthüllt. Seine Mappe war angefüllt mit Illustrationen zum Buch seiner Erinnerung, die seine Schöpferkraft wieder lebendig erstehen lassen und mit Unsterblichkeit durchdringen sollte. Er fühlte es; die tiefe Weisheit seiner Kunst, die er immer gesucht hatte, war gefunden.

Doch in strenger wie lieblicher Natur, in den Gefahren des Waldes und seinem überwältigenden Frieden, immer hatten ihn zwei Erscheinungen auf seinem Weg begleitet. Wie jeder Mensch, den ein Vorsatz ganz gefangen hält, stand er abseits von der Masse der anderen. Er kannte kein Ziel, keine Freuden, keine Neigungen, die nicht mit seiner Kunst zusammenhingen. Trotzdem er vornehm war in seinem Benehmen und gerade im Denken und Handeln, war ihm doch gütiges Empfinden fremd. Sein Herz war kalt. Kein Lebender konnte ihm so nahe sein, daß er ihm Wärme gab. Der dunklen Zukunft hatte er ein furchtbares Geheimnis entlockt, so glaubte er wenigstens, und hatte es geheimnisvoll in den Bildern angedeutet. So viel von ihm selber, von seiner Einbildungskraft und allen anderen Kräften, hatte er an das Studium Walters und Elinors verschwendet, daß er sie fast als seine eigenen Geschöpfe ansah, wie die anderen Tausende, mit denen er das Reich der Malerei bevölkert hatte. Darum huschten sie durch das Dämmerlicht der Wälder, schwebten in dem Sprühnebel über den Wasserfällen, schauten aus dem Spiegel des Sees und schwanden nicht im Glanz der Mittagssonne. Sie umgeisterten seine Malerphantasie nicht als Trugbilder des Lebens oder blasse Gespenster des Todes, sondern in der Gestalt von Gemälden, ein jedes mit dem unveränderlichen Ausdruck, den seine Zauberkunst aus dem Versteck der Seele hervorgelockt hatte. Er konnte nicht übers Meer zurückfahren, ohne die Urbilder dieser seltsamen Gemälde noch einmal gesehen zu haben.

Oh, du gebenedeite Kunst! so sann der begeisterte Maler, als er durch die Straßen ging, du bist das Abbild von des Schöpfers eigener Macht. Die unzählbaren Formen, die da wandern im Nichts, ruft ein Wink von dir ins Dasein. Die Toten leben wieder. Du führst sie zurück zu ihren gewohnten Stätten und umgibst die grauen Schatten mit dem Glanz eines besseren Lebens, irdisch und unsterblich zugleich. Die flüchtigen Augenblicke der Geschichte hältst du fest. Keine Vergangenheit besteht für dich, denn wenn du es berührst, wird alles Große ewig gegenwärtig. Berühmte Männer leben durch lange Zeitalter fort und führen sichtbar ihre Taten aus, die sie zu dem gemacht haben, was sie sind. Oh, mächtige Kunst! Wie du die schwach enthüllte Vergangenheit in jenen schmalen Streifen Sonnenlicht zu stellen vermagst, den wir Gegenwart nennen! Kannst du auch die dicht verhüllte Zukunft zur Begegnung mit ihr zwingen? Habe ich es nicht vollbracht? Bin ich nicht dein Prophet? So dachte er fast laut in stolzer und doch wehmütiger Inbrunst, als er durch die Straße schritt, vorbei an Leuten, die nichts wußten von seinen Träumen, und die sie nicht verstehen und beachten konnten. Es ist nicht gut für einen Menschen, einsam Ehrgeiz zu nähren. Wenn nicht Menschen um ihn sind, nach denen er sich richten kann, werden seine Gedanken, Wünsche und Hoffnungen überspannt; er selber scheint ein Irrer oder wird es wirklich. In fremden Herzen las der Maler mit fast übernatürlichem Scharfsinn und sah dabei die Wirrnis seines eigenen nicht.

Und das muß wohl das Haus sein, dachte er und sah daran hinauf, bevor er pochte. Der Himmel bewahre meinen Verstand! Dieses Bild! Mir scheint, es wird nie wieder verschwinden. Immer ist es da, ob ich nach den Fenstern sehe oder nach der Tür, und blickt, wie aus einem Rahmen, aus ihnen hervor.

Er klopfte.

„Die Bilder! Sind die Bilder zu Hause?“ fragte er den Diener. Dann faßte er sich: „Sind die Herrschaften daheim?“

„Ja, Herr“, sagte der Diener, und als er die malerische Aufmachung bemerkte, von der der Künstler sich nie freimachen konnte, fügte er hinzu: „Und die Bilder auch!“

Der Gast wurde in ein Vorzimmer geführt, das durch eine Mitteltür mit einem Innenzimmer gleicher Größe verbunden war. Da das erste Zimmer leer war, schritt er durch den Eingang des zweiten, in dem seine Augen die lebenden Personen grüßten und auch ihre gemalten Abbilder, die lange Gegenstand so eigenartigen Interesses gewesen waren. Unwillkürlich blieb er auf der Schwelle stehen.

Sie hatten sein Kommen nicht bemerkt. Walter und Elinor standen vor den Bildern. Walter hatte gerade die reichen, schweren Falten des seidenen Vorhangs zurückgeschlagen und hielt mit einer Hand die goldene Quaste, während die andere die seiner jungen Frau gefaßt hielt. Die Bilder, die monatelang verhüllt gewesen waren, leuchteten wieder in unvermindertem Glanz hervor; es schien mehr so, daß sie einen schwachen Schein durch das Zimmer sandten, als daß sie in geborgtem Licht sich offenbarten. Elinors Bild hatte sich wohl als prophetisch erwiesen. Schwermut und dann schleichende Bekümmernis hatten sich auf ihrem Antlitz eingefunden und sich im Laufe der Zeit zu stiller Qual vertieft. Walters Gesicht war stumpf und mürrisch, nur manchmal von plötzlichem Auflodern belebt; aber das vorübergehende Aufleuchten ließ es nachher nur um so düsterer erscheinen. Er blickte von Elinor auf ihr Bild und dann auf sein eigenes und blieb schließlich in dessen Betrachtung versunken.

Dem Maler war es, als hörte er hinter sich den Tritt des Schicksals, das auf sein Opfer zuschritt. Ein seltsamer Gedanke schoß ihm durch den Sinn. War es nicht seine eigene Gestalt, in die das Schicksal sich verwandelt hatte?

Noch immer stand Walter schweigend vor dem Bild, mit dem er Zwiesprache hielt wie mit dem eigenen Herzen, und gab sich ganz dem Bann des schlimmen Einflusses hin, den der Maler in die Züge gelegt hatte. Allmählich glomm es in seinen Augen auf; und während Elinor die zunehmende Wildheit seines Gesichtes beobachtete, nahm ihr eigenes den Ausdruck von Angst und Furcht an. Als er sich schließlich zu ihr wandte, war die Ähnlichkeit mit den beiden Bildern vollkommen.

„Unser Schicksal erfüllt sich!“ schrie Walter. „Stirb!“

Er zog ein Messer, stützte sie, als sie umsinken wollte, und zielte auf ihre Brust. Die Stellung, der Ausdruck und die Haltung der beiden zeigten dem Maler die Gestalten seiner Skizze. Das Bild in all seinen furchtbaren Farben war vollendet!

„Halt, Wahnsinniger!“ rief er.

Er war aus der Tür hervorgetreten und stellte sich zwischen die unglücklichen Menschen. Er fühlte sich ebenso mächtig, ihr Geschick zu lenken, wie er eine Szene auf der Leinwand ändern konnte. Wie ein Zauberer stand er da, der Gespenster bannt, die er heraufbeschworen.

„Wie“, murmelte Walter Ludlow und sank von wilder Erregung plötzlich wieder in Bedrücktheit zurück, „fällt das Schicksal seinem eigenen Ratschluß in den Arm?“

„Unglückliche Frau!“ sagte der Maler, „hab' ich Sie nicht gewarnt?“

„Ja, das haben Sie“, erwiderte Elinor ruhig, und die Angst wich wieder dem stillen Kummer, den er verdrängt hatte. „Doch ich liebte ihn!“

Liegt nicht ein tiefer Sinn in dieser Erzählung?

Und könnte auch das Ende einer oder aller unserer Taten vorausgeahnt werden und uns gezeigt werden – manche würden sagen: das ist Schicksal, und weitereilen; andere trieben Leidenschaft und eigenes Begehren vorwärts, – und nicht einen hielten die prophetischen Bilder zurück.

Roger Malvins Bestattung

Eines der wenigen Ereignisse aus den Indianerkriegen, das aus seiner Natur heraus für den Mondschein der Romantik geeignet ist, war die Expedition zur Verteidigung der Grenzen im Jahre 1725, die in dem wohlbekannten Kampf Lovells endigte. Die Phantasie, die wohlweislich gewisse Umstände im Schatten verschwinden läßt, kann viel Bewundernswertes sehen im Heldenmut einer kleinen Truppe, die sich mitten im Feindesland mit der doppelten Anzahl der Feinde schlug. Die offene Tapferkeit, die auf beiden Seiten entfaltet wurde, stimmte mit den zivilisierten Begriffen von Mut überein, und die Ritterlichkeit selber brauchte sich nicht zu schämen, die Taten einiger Leute zu berichten. Die Schlacht, die so verhängnisvoll für die Kämpfer war, hatte doch keine ungünstigen Folgen für das Land; denn sie brach die Stärke eines Stammes und führte zu einem Frieden, der mehrere Jahre lang anhielt. Geschichte und Überlieferung sind ungewöhnlich genau in ihren Berichten über diese Sache, und der Führer einer Streifpatrouille der Grenzer hat ebenso wirklichen militärischen Ruhm erlangt wie mancher siegreiche Führer von Tausenden. Einige der Ereignisse, die nachfolgend geschildert sind, werden trotz der eingesetzten falschen Namen von den Leuten erkannt werden, die aus dem Munde alter Männer das Schicksal der wenigen Kämpfer erfahren haben, die lebendig aus „Lovells Kampf" zurückkehrten.

* * *

Die frühen Sonnenstrahlen zitterten auf den Spitzen der Bäume, unter denen zwei matte, verwundete Männer am Abend vorher ihre Glieder ausgestreckt hatten. Ihr Lager aus welken Eichenblättern war auf einer kleinen horizontalen Fläche am Fuß eines Felsens errichtet. Der große Granitblock am Ende der glatten, ebenen Fläche, der fünfzehn oder zwanzig Fuß über ihre Köpfe hinausragte, sah einem riesigen Grabstein nicht unähnlich, auf welchem die Adern eine Inschrift in verschollenen Lettern bildeten. In weitem Umkreis um diesen Felsen standen Eichen und andere Hartholzbäume; ein junger, kraftvoller Tännling erhob sich dicht bei den Wanderern.

Die schwere Verwundung des Älteren hatte ihn wahrscheinlich am Schlaf gehindert; denn sobald der erste Sonnenstrahl auf der höchsten Baumspitze ruhte, richtete er sich mühsam aus der liegenden Stellung auf. Die tiefen Furchen im Gesicht und die zum Teil ergrauten Haare zeigten, daß er die mittleren Jahre überschritten hatte. Aber seine sehnige Gestalt hätte sicher noch wie in erster Jugendkraft alle Strapazen ertragen können, wenn ihn die Folgen der Verwundung nicht geschwächt hätten. Entkräftung und Erschöpfung lagen nun auf seinen hageren Zügen, und der verzweifelte Blick, den er in die Tiefe des Waldes hineinschickte, zeigte klar, daß er selber überzeugt davon war, daß seine Wanderschaft sich dem Ende nahte. Dann wandte er seine Augen auf den Gefährten, der an seiner Seite ruhte. Der Jüngling, denn er hatte kaum das Mannesalter erreicht, hatte den Kopf auf die Arme gelegt und lag in unruhigem Schlummer, aus dem ihn jeden Augenblick ein bohrender Schmerz in seinen Wunden reißen konnte. Seine Rechte umklammerte ein Gewehr und, nach der heftigen Bewegung in seinen Zügen zu urteilen, schien ihn der Schlaf in den Kampf zurückzuführen, dem er als einer der wenigen Überlebenden entronnen war. Ein Schrei, laut und tief in seiner träumenden Vorstellung, stieg als leises Gemurmel auf seine Lippen, und vom schwachen Klang der eigenen Stimme erschreckt, wachte er plötzlich auf. Als die Erinnerung zurückkehrte, fragte er sofort besorgt nach dem Zustand des verwundeten Gefährten. Dieser schüttelte das Haupt.

„Reuben, mein Junge", sagte er, „dieser Felsen, unter dem wir sitzen, wird der Grabstein eines alten Jägers werden. Viele

Meilen öder Wüste liegen noch vor uns. Aber es könnte mir auch nichts nützen, wenn der Rauch meines eigenen Schornsteins auf der andern Seite jenes Hügels aufstiege. Die Indianerkugel traf schwerer als ich dachte.“

„Ihr seid müde von der dreitägigen Wanderung“, erwiderte der Jüngling, „wenn wir noch etwas länger ruhen, werdet Ihr Euch erholen. Bleibt hier sitzen, ich will den Wald nach Kräutern und Wurzeln durchsuchen; wenn wir gegessen haben, sollt Ihr Euch auf mich stützen, und wir wollen weitergehen. Ich glaube fest, daß Ihr mit meiner Hilfe eine der Grenzgarnisonen erreichen könnt.“

„Ich habe keine zwei Tage mehr zu leben, Reuben“, sagte der andere ruhig, „und ich will dich nicht länger mit meinem wertlosen Körper belasten, wo du kaum den eigenen aufrecht halten kannst. Deine Wunden sind tief und deine Kräfte nehmen rasch ab; aber wenn du allein weitereilst, kannst du noch gerettet werden. Für mich ist keine Hoffnung mehr; ich will hier auf den Tod warten.“

„Wenn es so sein muß, dann will ich auch hier bleiben und Euch bewachen“, sagte Reuben entschlossen.

„Nein, nein, mein Sohn“, fiel sein Gefährte ein. „Gib dem Wunsch eines Sterbenden Gehör. Drücke mir noch einmal die Hand und dann geh. Glaubst du, daß es meine letzten Augenblicke erleichtern wird, wenn ich denken muß, daß dich nach mir ein noch langsamerer Tod erwartet? Ich habe dich wie ein Vater geliebt, Reuben, und in solchem Augenblick solltest du mir auch wie einem Vater gehorchen. Ich befehle dir fortzugehen, damit ich in Frieden sterben kann.“

„Und weil Ihr wie ein Vater zu mir wart, deshalb soll ich Euch hier sterben und unbegraben in der Wildnis liegen lassen?“ rief der Jüngling. „Nein, wenn wirklich Euer Ende nahe ist, dann will ich bei Euch wachen und Eure letzten Worte hören. Hier bei dem Felsen will ich ein Grab schaufeln, und wenn ich der Schwäche unterliege, so wollen wir beisammen darin ruhen. Oder, wenn der Himmel mir Kraft genug läßt, will ich dann den Heimweg suchen.“

„In den Städten, und wo sonst Menschen wohnen“, erwiderte der andere, „da begräbt man die Toten in der Erde; man verbirgt sie vor den Blicken der Lebenden. Aber hier, wo vielleicht in hundert Jahren kein Mensch vorüberkommt, warum sollte ich hier nicht unter dem freien Himmel ruhen, nur von den Blättern der Eiche bedeckt, die der Herbstwind über mich streut? Und als Denkmal steht der graue Felsblock hier, in den ich mit sterbender Hand den Namen Roger Malvin graben will. Der Wanderer in künftigen Zeiten wird dann wissen, daß hier ein Jäger und Krieger schläft. Um solcher Torheit willen sollst du also nicht zögern. Eile weiter, und ist es nicht um deinetwillen, so tue es ihr zuliebe, die sonst verlassen bleibt.“

„Wie furchtbar, in dieser Einsamkeit das langsame Nahen des Todes zu erwarten!“ rief Reuben. „Ein tapferer Mann zuckt nicht vor ihm zurück in der Schlacht, selbst eine Frau vermag gefaßt zu sterben, wenn ihre Freunde das Lager umstehen. Aber hier ...“

„Ich werde auch hier nicht zurückschrecken, Reuben Bourne“, unterbrach ihn Malvin, „ich habe kein ängstliches Herz, und wenn ich es hätte, so gibt es einen festeren Halt als den irdischer Freunde. Du bist jung. Wenn du stirbst, so brauchst du viel mehr Trost als ich. Wenn du mich in die Erde gelegt hast und allein bist, und die Nacht senkt sich über den Wald, dann wirst du die ganze Bitterkeit des Todes fühlen, dem du jetzt noch entrinnen kannst. Doch ich will deiner edlen Seele kein eigennütziges Motiv aufdrängen. Verlaß mich um meiner selbst willen, daß ich für dein Heil beten und dann, ungestört von irdischen Sorgen Zeit habe, meine Rechnung abschließen kann.“

„Und Eure Tochter! Wie soll ich ihr unter die Augen treten!“ rief Reuben. „Sie wird mich nach dem Schicksal ihres Vaters fragen, dessen Leben ich wie mein eigenes zu verteidigen geschworen habe. Muß ich ihr erzählen, daß er drei Tage lang mit mir vom Schlachtfeld fortgewandert ist, und daß ich ihn dann allein in der Wildnis sterben ließ? Wäre es nicht besser, ich legte mich neben Euch zum Sterben nieder, als lebend heimzukehren und Eurer Tochter Dorcas das zu berichten?“

„Sag meiner Tochter", sagte Roger Malvin, „daß du selber schwer verwundet und matt und müde meine strauchelnden Schritte viele Meilen weit geleitet hast und nur auf meine ernste Bitte mich verließest, weil ich meine Seele nicht mit deinem Blut belasten wollte. Sag ihr, daß du mir treu warst in Schmerz und in Gefahr, und daß du den letzten Tropfen Blut vergossen hättest, wenn es mich hätte retten können. Und sag ihr, daß mein Segen mit euch beiden ist, und daß meine Augen einen frohen Weg vor sich sehen, auf dem ihr zusammen wandert."

Als Malvin sprach, hob er sich fast vom Boden auf, und die Begeisterung seiner letzten Worte schien den wilden einsamen Wald ganz zu erfüllen mit einer Vision des Glücks. Aber als er erschöpft auf sein Lager aus Eichblättern zurücksank, erlosch das Licht, das in Reubens Augen aufgeleuchtet war. Er empfand es wie Sünde und Torheit, in einem solchen Augenblick an Glück zu denken. Sein Gefährte beobachtet den Wechsel auf seinem Gesicht und wollte ihn in wohlgemeinter Täuschung zum eigenen Besten überlisten.

„Vielleicht täusche ich mich auch über die Zeit, die ich noch zu leben habe", fing er wieder an. „Möglich, daß ich mich bei rascher Hilfe wieder erholen könnte. Die früheren Flüchtlinge müssen jetzt schon Kunde von der unseligen Schlacht an die Grenzen gebracht haben, und es werden Abteilungen unterwegs sein, die Leute in unserer Lage in Sicherheit bringen sollen. Wenn du eine solche anträfest und sie hierher führtest – wer weiß, ob ich dann nicht doch noch wieder am eigenen Herd sitzen könnte?"

Ein trübes Lächeln ging über die Züge des Sterbenden, als er diese leere Hoffnung ersann. Aber sie blieb nicht ohne Wirkung auf Reuben. Kein selbstsüchtiger Grund, nicht einmal die Verlassenheit seiner Dorcas hätte ihn dazu bringen können, seinen Gefährten in diesem Augenblick zu verlassen. Aber seine Wünsche klammerten sich an den Gedanken, daß Malvins Leben gerettet werden könnte, und seine zuversichtliche Natur steigerte die entfernte Möglichkeit, menschliche Hilfe zu beschaffen, schon fast zur Gewißheit.

„Gewiß, es besteht Hoffnung, berechtigte Hoffnung, daß Freunde in der Nähe sind“, sagte er haltlaut. „Ein Feigling floh unverwundet am Anfang des Kampfes, und höchstwahrscheinlich hat er sich sehr beeilt. Jeder echte Grenzer wird das Gewehr ergreifen bei dieser Nachricht, und wenn auch keine Abteilung bis hierher in die Wälder vordringt, könnte ich doch vielleicht nach einem Tagesmarsch auf sie stoßen. Sagt mir ehrlich“, fügte er hinzu und wandte sich an Malvin, denn er mißtraute seinem eigenen Motiv, „wenn Ihr in meiner Lage wäret, würdet Ihr mich verlassen, solange noch Leben in mir wäre?“

„Es ist jetzt zwanzig Jahre her“, erwiderte Roger Malvin, doch er seufzte heimlich über die große Verschiedenheit der beiden Fälle – „es ist jetzt zwanzig Jahre her, als ich mit einem guten Freund aus der Gefangenschaft der Indianer in der Nähe von Montreal entfloh. Wir reisten viele Tage durch die Wälder, bis schließlich mein Freund, von Hunger und Mattigkeit überwältigt, liegenblieb und mich bat, ihn zu verlassen; denn er wußte, wenn ich blieb, mußten wir beide umkommen. Und trotzdem nur wenig Hoffnung auf Hilfe bestand, legte ich ihm ein Kissen aus trockenen Blättern unter den Kopf und eilte weiter.“

„Und kamt Ihr rechtzeitig zu seiner Rettung zurück?“ fragte Reuben, der an Malvins Lippen hing, als sollten sie ihm den eigenen Erfolg vorauskünden.

„Ja“, antwortete der andere, „ich stieß auf das Feldlager einer Jagdgesellschaft, noch bevor die Sonne dieses Tages unterging. Ich führte sie zu der Stelle, wo mein Kamerad den Tod erwartete. Und er ist jetzt ein kräftiger, gesunder Mann auf seiner eigenen Farm, weit hinter der Grenze – und ich liege hier verwundet mitten in der Wildnis.“

Dieses Beispiel wirkte mächtig auf Reubens Entschluß ein, unbewußt unterstützt von der verborgenen Kraft vieler anderer Motive. Roger Malvin bemerkte, daß der Sieg fast gewonnen war.

„Nun geh, mein Sohn, und der Himmel steh dir bei!“ sagte er. „Kehre nicht mit den Freunden zurück, wenn du sie triffst, damit die Wunden und die Ermattung dich nicht überwältigen;

sende zwei oder drei Leute hierher, mich zu suchen. Und glaub' mir, Reuben, mit jedem Schritt, den du der Heimat zu tust, wird mein Herz leichter werden." Doch es ging eine leichte Änderung durch seine Stimme und über sein Gesicht. Es war schließlich doch ein grauenvolles Geschick, sterbend in der Wildnis zurückzubleiben.

Reuben Bourne, der von seinem Tun nur halb überzeugt war, erhob sich schließlich und rüstete sich zum Aufbruch. Zuerst sammelte er gegen Malvins Willen einen Vorrat von Wurzeln und Kräutern, die auch während der beiden letzten Tage ihre einzige Nahrung gebildet hatten. Diesen wertlosen Proviant legte er neben den todwunden Mann, für den er auch ein frisches Lager aus trockenen Eichblättern zurechtmachte. Dann kletterte er auf den Felsen hinauf, der an einer Seite rauh und zerklüftet war, bog den jungen Baum herunter und band sein Taschentuch an den obersten Zweig. Dies war eine notwendige Maßnahme, um die zu leiten, die Malvin suchen würden; denn der ganze Felsen, außer der breiten, glatten Vorderseite, verschwand schon in geringer Entfernung in dem dichten Unterholz des Waldes. Das Taschentuch hatte einer Armwunde Reubens als Verband gedient. Als er es an den Baum band, schwor er bei dem Blut, mit dem es getränkt war, daß er zurückkehren wolle, entweder um das Leben des Gefährten zu retten, oder um seinen Leichnam zu bestatten. Dann stieg er herab und erwartete mit gesenktem Blick Roger Malvins letzte Worte.

Die große Erfahrung Malvins ließ ihn viele und genaue Ratschläge geben für die Reise des Jünglings durch den pfadlosen Wald. Darüber sprach er ernst und ruhig, als ob er Reuben in die Schlacht oder zur Jagd schicke, während er selber sicher zu Hause blieb; nicht so, als ob das Menschenantlitz, das ihn jetzt verlassen wollte, das letzte sei, das er je erblicken sollte. Aber die Festigkeit verließ ihn, bevor er schloß.

„Bring Dorcas meinen Segen und sag ihr, daß mein letztes Gebet euch beiden gilt. Sie soll nicht hart darüber denken, daß du mich hier verlassen hast", – Reuben gab es einen Stich durchs Herz – „denn dein Leben wäre dir nicht zu teuer gewesen, wenn mir sein Opfer hätte nützen können. Sie wird dein werden, wenn sie eine kleine Weile um ihren Vater getrauert hat. Der Himmel gebe euch lange und glückliche Tage! Eure Kindeskinder sollen um euer Sterbelager stehen. Und – Reuben", fügte er hinzu, als ihn schließlich doch die Schwäche der Sterblichen überkam, „komm zurück, wenn deine Wunden geheilt sind und deine Mattigkeit überwunden ist, komm zu diesem wilden Felsen zurück, lege meine Gebeine ins Grab und sprich ein Gebet darüber."

Überaus großen Wert legten die Grenzbewohner auf die peinliche Beachtung der Begräbnisbräuche; es kam vielleicht daher, weil die Indianer nicht nur mit den Lebenden, sondern auch mit den Toten Krieg führten. Es gab viele Beispiele dafür, wie die Leute ihr Leben aufs Spiel setzten bei dem gefährlichen Versuch, die zu begraben, die durch das „Schwert der Wildnis" gefallen waren. Daher empfand Reuben die ganze Tragweite des Versprechens, das er feierlich gab, nämlich zurückzukehren und für Roger Malvins Bestattung zu sorgen. Es war auffallend, daß dieser, der sein ganzes Herz in seine Abschiedsworte legte, sich gar nicht mehr bemühte, den Jüngling zu überreden, daß die schleunigste Hilfe die Rettung seines Lebens noch möglich mache. Reuben war im Innersten fest überzeugt, daß er Malvins Gesicht nicht lebend wiedersehen würde. Sein edler Charakter hätte ihn fast doch noch um jeden Preis zurückgehalten, bis der Todeskampf vorüber war. Aber der unbändige Wunsch zu leben und die Hoffnung auf Glück waren wieder stark geworden in seinem Herzen, und er konnte ihnen nicht mehr länger widerstehen.

„Es ist genug", sagte Roger Malvin, der Reubens Versprechen angehört hatte, „eile jetzt, und Gott sei mit dir!"

Der Jüngling drückte ihm schweigend die Hand, wandte sich und ging. Seine langsamen und schwankenden Schritte hatten ihn aber erst eine kurze Strecke weggeführt, als Malvins Stimme ihn zurückrief.

„Reuben, Reuben!" rief er matt. Reuben kehrte um und kniete neben dem Sterbenden nieder.

„Richte mich auf und lehne mich an den Felsen", war seine letzte Bitte. „So wird mein Gesicht der Heimat zugekehrt sein, und ich kann dich einen Augenblick länger sehen, wenn du unter den Bäumen dahingehst."

Reuben änderte die Stellung seines Gefährten, wie er es wünschte, und nahm seine einsame Wanderung wieder auf. Er ging zuerst rascher, als für seine Kräfte gut war. Ein Schuldgefühl, wie es die Menschen manchmal bei den gerechtfertigsten Handlungen quält, drängte ihn eilig aus Malvins Blicken. Aber nachdem er ein gutes Stück durch die raschelnden Blätter gegangen war, kroch er im Schutz der Erdwurzeln eines gestürzten Baumes zurück, von wilder, schmerzhafter Neugierde getrieben, und starrte ernsthaft auf den verlassenen Mann. Wolkenlos stand die Morgensonne am Himmel, die Bäume und Sträucher waren durchtränkt von süßer Mailuft, und doch erschien das Antlitz der Natur verdüstert, als habe sie Mitgefühl mit menschlichen Sorgen und Schmerzen. Roger Malvins Hände waren im Gebet gefaltet; einige Worte stahlen sich durch die Stille des Waldes, drangen Reuben ins Herz und quälten es mit unaussprechlicher Pein. Es waren zerstreute Laute aus einer Bitte um Glück für ihn und Dorcas. Als der Jüngling lauschte, drängte das Gewissen oder eine ähnliche Stimme stark in ihm, zurückzukehren und sich wieder beim Felsen hinzulegen. Er fühlte, wie hart das Geschick des gütigen und edlen Menschen war, den er in seiner letzten Not verlassen hatte. Langsam würde der Tod herankommen, sich allmählich durch den Wald auf ihn zuschleichen, sein geisterhaft bewegungsloses Gesicht bald hinter dem, bald hinter einem näheren und dann nächsten Baum hervorlugen lassen. Doch das wäre auch Reubens eigenes Schicksal geworden, hätte er den nächsten Sonnenuntergang erwartet. Wer sollte ihn tadeln, wenn er ein so ganz nutzloses Opfer scheute? Als er zum letztenmal zurückschaute, bewegte ein leichter Wind die kleine Fahne auf dem Bäumchen und mahnte Reuben an seinen Schwur.

* * *

Allerhand Umstände hielten den verwundeten Wanderer auf seinem Wege zur Grenze auf. Am zweiten Tag nahmen ihm die Wolken, die sich dicht am Himmel ballten, die Möglichkeit, die Wegrichtung nach dem Stand der Sonne zu bestimmen, und er konnte nicht wissen, ob ihn nicht alle Anstrengung der fast erschöpften Kräfte nur noch weiter von der gesuchten Heimat entfernte. Beeren und was sonst wild im Walde wuchs, war seine kärgliche Nahrung. Freilich sprangen manchmal ganze Herden von Wild an ihm vorüber, und Rebhühner schwirrten vor seinen Füßen auf. Aber seine Munition war in der Schlacht verbraucht, und er hatte keine Möglichkeit, die Tiere zu töten. Seine Wunden, durch die dauernde Anstrengung gereizt, in der doch die einzige Hoffnung auf Erhaltung lag, verzehrten seine Kräfte und machten ihn bisweilen fast besinnungslos. Doch selbst in irren Träumen klammerte sich Reubens junges Herz fest an das Leben, und erst als ihm jede Bewegung ganz unmöglich geworden war, sank er unter einem Baum zusammen, um dort den Tod zu erwarten.

In dieser Lage wurde er von einigen Leuten entdeckt, die man auf die erste Nachricht von dem Kampf hin zur Rettung der Überlebenden ausgeschickt hatte. Sie brachten ihn zur nächsten Niederlassung – und es war seine eigene Heimat.

Dorcas wachte am Bett des Verwundeten und gab ihm alle Linderung und Pflege, wie nur das Herz und die Hand einer Frau sie gewähren kann. Mehrere Tage lang irrte Reubens Geist verworren durch die erlittenen Gefahren und Strapazen, und er war nicht imstande, klare Antworten auf die Fragen zu geben, mit denen ihn viele eifrig bestürmten. Keine authentischen Einzelheiten über die Schlacht waren bis jetzt bekannt geworden. Mütter, Frauen und Kinder wußten nicht, ob ihre Lieben von der Gefangenschaft oder der stärkeren Kette des Todes zurückgehalten wurden. Dorcas bewahrte ihre Ahnungen schweigend bis zu einem Nachmittag, wo Reuben aus unruhigem Schlummer erwachte und sie deutlicher zu erkennen schien als bisher. Sie sah, daß er sich beruhigt hatte und konnte ihre kindliche Besorgnis nicht länger beherrschen.

„Mein Vater, Reuben?“ begann sie; aber der Wechsel auf dem Gesicht des Geliebten ließ sie stocken.

Der Jüngling schrak wie in bitterem Schmerz zusammen und das Blut schoß ihm lebhaft in die blassen, hohlen Wangen. Zuerst wollte er unwillkürlich sein Gesicht verbergen; aber dann richtete er sich in offenbar verzweifelter Anstrengung halb auf, sprach erregt und verteidigte sich gegen eine vorgestellte Anklage.

„Dein Vater wurde schwer verwundet in der Schlacht, Dorcas, und er bat, mich nicht mit ihm zu belasten. Nur an den See sollte ich ihn führen, daß er seinen Durst löschen und dann sterben könnte. Aber ich wollte den alten Mann in seiner Not nicht verlassen, und führte ihn mit mir fort. Drei Tage lang reisten wir zusammen, und dein Vater hielt sich besser aufrecht, als ich zu hoffen gewagt hatte; aber als wir am vierten Tag bei Sonnenaufgang erwachten, fand ich ihn schwach und erschöpft, – er konnte nicht mehr weiter – seine Kräfte schwanden schnell – und – –“

„Er starb!“ rief Dorcas mit schwacher Stimme.

Es war Reuben nicht möglich, zuzugeben, daß seine Liebe zum Leben ihn fortgetrieben hatte, bevor das Schicksal ihres Vaters sich erfüllt hatte. Er sprach nicht. Er senkte nur den Kopf, und unter Scham und Erschöpfung sank er zurück und verbarg das Gesicht in den Kissen. Als Dorcas ihre Befürchtung so bestätigt sah, weinte sie; aber der Schmerz, der so lange vorausgeahnt war, war dadurch weniger heftig.

„Hast du meinem Vater ein Grab in der Wildnis gegraben, Reuben?“ Das war die Frage, in der ihre kindliche Liebe sich ausdrückte.

„Meine Hände waren schwach, aber ich tat, was ich konnte“, erwiderte der Jüngling mit erstickter Stimme. „Ein prächtiger Grabstein steht ihm zu Häupten; wollte Gott, daß ich so fest schliefe wie er!“

Dorcas fühlte das Fieber in diesen letzten Worten und fragte nicht mehr weiter; aber ihr Herz fand Trost in dem Gedanken, daß es Roger Malvin nicht an den Bestattungsbräuchen gefehlt hatte, die man ihm hatte zuteil werden lassen können. Die Geschichte von Reubens Mut und Treue verlor nichts, als sie sie ihren Freunden erzählte. Und der arme Jüngling, der aus seinem Krankenzimmer wankte, um die sonnige Luft zu atmen, erfuhr aus jedem Munde die schmerzliche und demütigende Quälerei unverdienten Lobes. Alle gaben zu, daß er mit Recht die Hand des schönen Mädchens verlangen konnte, dessen Vater er „getreu bis in den Tod" gewesen war. Und da ich keine Liebesgeschichte erzähle, genügt es zu sagen, daß Reuben nach etwa zwei Jahren Dorcas Malvins Gatte wurde.

Reuben Bourne trug nun einen Gedanken in der Brust, den er nicht mitteilen konnte, etwas, das er sorgfältig vor der verbergen mußte, der all seine Liebe und sein Vertrauen gehörte. Tief und bitter bereute er die moralische Feigheit, die ihm die Zunge gefesselt hatte, als er Dorcas die Wahrheit gestehen wollte. Aber Stolz, die Furcht, ihre Liebe zu verlieren, die Angst vor allgemeiner Verachtung, das alles hinderte ihn daran, den Fehler gutzumachen. Er fühlte, daß er keinen Tadel verdiente, weil er Roger Malvin verlassen hatte. Seine Gegenwart, das überflüssige Opfer seines eigenen Lebens hätte nur einen neuen und nutzlosen Schmerz in den letzten Augenblicken des Sterbenden bedeutet. Aber die Verheimlichung hatte der einwandfreien Handlung viel von der Wirkung einer Schuld verliehen. Und Reuben, dem doch sein Verstand sagte, daß er recht gehandelt habe, erfuhr in hohem Maße, die seelischen Qualen, die einen heimlichen Verbrecher verfolgen. Durch eine gewisse Ideenverbindung bildete er sich manchmal förmlich ein, ein Mörder zu sein. Jahrelang kam ihm ab und zu ein Gedanke, den er nicht zu bannen vermochte, obwohl er seine ganze Torheit und Überspanntheit einsah: Es verfolgte ihn die quälende Vorstellung, daß sein Schwiegervater noch immer am Fuße des Felsens saß, auf den welken Waldblättern, noch lebendig, noch immer auf den versprochenen Beistand wartend. Diese Sinnestäuschungen kamen und gingen wieder, und er nahm sie nie als Wirklichkeiten; aber bei ruhigster und klarster Überlegung war er sich doch bewußt, daß er ein heiliges Gelöbnis nicht eingelöst hatte, und daß ein unbestatteter Leichnam aus der Wildnis nach ihm rief. Daß er diesem Rufe nicht folgen konnte, das war die Folge seiner Unoffenheit. Jetzt war es zu spät, die Hilfe der Freunde zu erbitten, um Roger Malvins lang verschobene Bestattung vorzunehmen; und eine geheime Furcht verbot Reuben, allein zu gehen. Auch wußte er nicht, wo er im unendlichen, pfadlosen Walde den glatten Felsen mit den seltsamen Schriftzeichen finden sollte, an dessen Fuß der Tote lag. Seine Erinnerung an den Weg dorthin war nur undeutlich, und der letzte Abschnitt hatte sich ihm gar nicht mehr eingeprägt. Beständig aber fühlte er einen inneren Antrieb, hörte eine Stimme, die nur er vernahm, die ihm befahl auszuziehen, um sein Versprechen einzulösen. Und er hatte das sonderbare Gefühl: wenn er es nur versuchte, er würde sofort den Weg zu Malvins Gebeinen finden. Doch Jahr um Jahr hörte er zwar die Mahnung, folgte ihr aber nicht. Sein einziger heimlicher Gedanke wurde zu einer Kette, die seinen Geist zu Boden zerrte, zu einer Schlange, die sich in sein Herz einfraß. Er wurde ein trauriger, niedergeschlagener, aber reizbarer Mensch.

Im Laufe einiger Jahre nach ihrer Hochzeit machte sich eine Änderung im Leben Reubens und Dorcas bemerkbar. Reubens einziger Reichtum hatte in seinem wackeren Herzen und starken Arm bestanden; aber Dorcas, die einzige Erbin ihres Vaters, hatte ihren Gatten zum Besitzer einer Farm gemacht, die länger kultiviert, größer und besser ausgestattet war als die meisten der Grenzniederlassungen. Reuben Bourne aber war ein lässiger Hausherr, und während die Ländereien der andern Siedler alljährlich fruchtbarer wurden, verschlechterten sich die seinen in dem gleichen Maße. Die Mutlosigkeit in der Landbestellung ließ nach dem Indianerkrieg sehr nach, währenddessen die Leute den Pflug in der einen Hand und in der andern die Flinte gehalten hatten und glücklich gewesen waren, wenn ihnen der wilde Feind die Frucht ihrer Arbeit nicht auf den Feldern oder in den Scheunen vernichtete. Aber Reuben zog keinen Vorteil aus den veränderten Bedingungen des Landes; auch läßt sich nicht leugnen, daß der Fleiß, den er zeitweilig an sein Besitztum wandte, nur von geringem Erfolg belohnt war. Die Reizbarkeit, die er in jüngster Zeit zeigte, war ein weiterer Grund für den Verfall seines Vermögens, da sie häufig bei dem unvermeidlichen Verkehr mit benachbarten Siedlern zu Streitigkeiten führte. Daraus ergaben sich zahlreiche Prozesse; denn die Bewohner Neuenglands in jenen frühesten Zeiten und ungeordneten Zuständen des Landes betraten, wenn irgendwie möglich, den gesetzlichen Weg zur Entscheidung ihrer Zwistigkeiten. Kurzum, es stand nicht gut um Reuben Bourne und schließlich, wenn auch erst viele Jahre nach seiner Heirat, war er ein ruinierter Mann.

Dorcas und Reubens einziges Kind war ein Sohn, der jetzt fünfzehn Jahre alt war, ein schöner Junge, der ein prächtiger Mann zu werden versprach. Er war besonders geeignet für das Grenzerleben und zeichnete sich schon darin aus. Sein Fuß war hurtig, er zielte sicher, faßte rasch auf und sein Herz war froh und hochgemut. Und alle, die einen neuen Indianerkrieg ahnten, sprachen von Cyrus Bourne als einem künftigen Führer des Landes. Der Knabe wurde von seinem Vater mit tiefer, schweigender Liebe geliebt, als sei alles, was gut und glücklich an ihm selber war, auf das Kind übertragen worden und alle seine Neigungen dazu. Selbst Dorcas, die ihn liebte und von ihm geliebt wurde, war ihm lange nicht so teuer. Denn Reubens heimliche Gedanken hatten ihn allmählich selbstsüchtig gemacht. Er konnte nur noch da aufrichtig leben, wo er sein Abbild oder eine Ähnlichkeit mit seinem Geiste sah oder zu sehen glaubte. In Cyrus erkannte er das, was er selber in früheren Tagen gewesen war; mitunter schien er teilzunehmen am Geiste des Jungen und frisch und glücklich aufzuleben. Reuben nahm seinen Sohn mit, um ein Stück Land auszusuchen und das Bauholz zu fällen, was der Verlegung des Haushalts notwendig vorausgehen mußte. Zwei Herbstmonate verbrachten sie damit. Dann kehrte Reuben mit seinem jungen Gefährten zurück, um den letzten Winter in der Niederlassung zu verbringen.

* * *

Früh im Monat Mai zerriß die kleine Familie alle Bande der Anhänglichkeit, die sie an leblose Dinge geknüpft hatte, und sagte den wenigen Lebewohl, die sich noch im Unglück ihre Freunde nannten. Die Traurigkeit des Abschieds trug für jeden der drei Wanderer eine besondere Note. Reuben, ein mißmutiger Mann, ohne Menschenfreundlichkeit, weil er unglücklich war, ging mit seinem finsteren Gesicht und mit niedergeschlagenen Augen dahin. Er fühlte wenig Kummer oder wollte es wenigstens nicht zugeben. Dorcas, die viele Tränen vergoß über die gelösten Bande, die ihr schlichtes und liebevolles Gemüt mit allem verknüpft hatten, fühlte doch, daß alles mit ihr ging, was sie in ihr Herz geschlossen hatte, und alles andere würde schon gut werden, wohin sie auch ginge. Der Knabe wischte sich eine Träne aus den Augen und dachte dann an die Freuden und Abenteuer des unerforschten Waldes.

Der düstere und wirre Wald, durch den die Helden dieser Geschichte wanderten, war sehr verschieden vom Land der Phantasie verträumter Schwärmer; und doch war etwas in ihrer Lebensweise, was eng zur Natur gehörte. Die nagenden Sorgen, die aus der Welt mit ihnen kamen, waren das einzige, was jetzt ihr Glück beschattete. Der kräftige gescheckte Gaul, der ihren ganzen Reichtum trug, nahm auch geduldig Dorcas auf seinen Rücken; doch war sie nicht weichlich erzogen und wanderte den größten Teil des Tages an der Seite ihres Gatten. Reuben und sein Sohn schritten rüstig aus. Sie trugen die Flinten auf der Schulter und die Axt auf dem Rücken und spähten mit Jägerblicken nach dem Wild, das ihre Nahrung bildete. Wenn der Hunger mahnte, machten sie halt und bereiteten ihr Mahl am Ufer eines ungetrübten Waldbaches, der sanfte Abwehr murmelte, wenn sie sich mit dürstenden Lippen zu ihm neigten, so wie ein Mädchen noch dem ersten Kuß der Liebe wehrt. Zum Schlaf bauten sie aus Zweigen eine Hütte und wachten auf beim ersten Strahl des Lichts, erfrischt für die Anstrengungen eines neuen Tages.

Cyrus Bourne war schon geübt genug im Wandern durch den Urwald, um zu bemerken, daß sein Vater nicht die gleiche Richtung innehielt wie auf ihrer Fahrt im letzten Herbst. Sie hielten sich diesmal weiter nach Norden, in geraderer Richtung von der Niederlassung aus, in ein Gebiet hinein, in dem bis jetzt nur Raubtiere und Wilde die Herrscher waren. Der Knabe deutete manchmal seine Ansicht darüber an; Reuben hörte ihn aufmerksam an und änderte ein- oder zweimal die Marschrichtung nach den Ratschlägen seines Sohnes. Aber jedesmal schien er danach sich unbehaglich zu fühlen. Er schickte rasche, unstete Blicke voraus, als suche er nach Feinden, die hinter den Bäumen lauerten; wenn er dort nichts erblickte, schaute er rückwärts, als fürchte er Verfolger.

Am Nachmittag des fünften Tages rasteten sie und schlugen ihr einfaches Lager eine Stunde vor Sonnenuntergang auf. Das Gesicht der Landschaft war während der letzten Meilen wechselvoller geworden durch hügeliges Gelände, das den ungeheuren Wogen eines erstarrten Ozeans glich. In einem dieser Wellentäler hatte die Familie ihre Hütte errichtet und das Feuer entfacht.

Die schwarzen, düsteren Tannen schauten auf sie herab, und als der Wind durch ihre Wipfel fuhr, ging ein klagender Ton durch den Wald. Oder stöhnten die alten Bäume aus Angst, daß nun doch noch die Menschen gekommen waren, um die Axt an ihre Wurzeln zu legen? Während Dorcas das Mahl bereitete, wollten Reuben und sein Sohn jagen, da sich an diesem Tage kein Vorrat geboten hatte. Der Knabe versprach, sich nicht aus dem Umkreis des Lagers zu entfernen, und sprang davon. Sein Vater fühlte sich einen Augenblick lang glücklich, als er ihm nachschaute. Dorcas hatte sich inzwischen neben dem Reisigfeuer auf den bemoosten, morschen Stamm eines Baumes gesetzt, der seit Jahren entwurzelt war. Sie beschäftigte sich mit dem Durchblättern des letzten Jahresalmanachs aus Massachusetts, der neben der Bibel in Frakturschrift den ganzen literarischen Reichtum der Familie bildete; dazwischen warf sie hier und da einen Blick auf den Topf, der jetzt über der Flamme zu singen begann. Niemand beachtet aufmerksamer die Zeiteinteilung des Jahres als Leute, die von der menschlichen Gesellschaft abgeschnitten sind. Und Dorcas erwähnte, daß heute der zwölfte Mai sei. Ihr Gatte schrak zusammen.

„Der zwölfte Mai! An den sollte ich mich wohl erinnern", murmelte er, und eine Fülle von Gedanken verwirrte ihn einen Augenblick lang. „Wo bin ich? Wohin gehe ich? Wo habe ich ihn verlassen?"

Dorcas war zu sehr gewöhnt an die zerstreuten Stimmungen ihres Gatten, als daß ihr etwas Besonderes in seinem Benehmen aufgefallen wäre. Sie legte den Almanach beiseite und sprach in dem traurigen Tonfall, wie ihn weichherzige Menschen altem, längst begrabenen Kummer anzupassen pflegen.

„In diesen Tagen des Monats ging mein armer Vater vor achtzehn Jahren aus dieser Welt in eine bessere ein. Ein guter Arm stützte sein Haupt, und eine liebe Stimme tröstete ihn in seinen letzten Augenblicken, Reuben. Der Gedanke an deine treue Fürsorge hat mich seitdem so oft getröstet. Oh! Wie schrecklich hätte der Tod für einen einsamen Mann an so wildem Orte sein müssen!"

„Bete zum Himmel, Dorcas", sagte Reuben mit gebrochener Stimme – „bete zum Himmel, daß keiner von uns dreien einsam stirbt und in dieser wilden Wildnis unbestattet liegt!" Er stürzte davon, und sie blieb zurück und bewachte das Feuer unter den düsteren Tannen.

Reuben Bournes rascher Schritt verlangsamte sich, als der Schmerz, den die Worte seines Weibes unbeabsichtigt ihm zugefügt hatten, nachzulassen begann. Seltsame Gedanken bedrängten ihn. Er streifte mehr wie ein Traumwandler als wie ein Jäger umher; unmerklich wurden seine Schritte fast im Kreise gelenkt, und er bemerkte nicht, daß er an den Rand eines Gebietes kam, das dicht bewaldet war, aber nicht mit Tannenwuchs. Eichen und andere Harthölzer traten hier an die Stelle der Tannen. Um ihre Wurzeln drängte sich dichtes, buschiges Unterholz, das jedoch kahle Stellen zwischen den Bäumen freiließ, die hoch mit welken Blättern bedeckt waren. So oft die raschelnden Zweige oder die knackenden Stämme einen Laut verursachten, als erwache der Wald vom Schlummer, hob Reuben unwillkürlich die Flinte, die er im Arm hielt, und spähte scharf nach allen Seiten aus. Durch diese flüchtige Beobachtung überzeugt, daß kein Tier in der Nähe war, gab er sich wieder seinen Gedanken hin. Er sann über den merkwürdigen Einfluß nach, der ihn so weit von der geplanten Richtung fort, so tief in diese Wildnis hineingeführt hatte. Er vermochte nicht in seine innerste Seele einzudringen, wo seine Beweggründe verborgen lagen, und er glaubte, eine übernatürliche Stimme hätte ihn weiter gelockt und eine übersinnliche Macht ihm den Rückweg abgeschnitten. Er hoffte, daß es in der Absicht des Himmels lag, ihm eine Gelegenheit zur Sühne seiner Schuld zu bieten; er hoffte, daß er die so lange unbestatteten Gebeine finden möchte, und wenn er sie unter die Erde gelegt hätte, sollte der Friede wieder die Sonne in das finstere Grab seines Herzens scheinen lassen. Aus diesen Gedanken schreckte ihn ein Rascheln im Walde, in einiger Entfernung von der Stelle, zu der er gewandert war. Er bemerkte, daß sich irgend etwas hinter dem dicken Unterholz bewegte, und feuerte mit dem Instinkt des Jägers und der Sicherheit eines geübten Schützen.

Das Dickicht, in das Reuben gefeuert hatte, lag neben dem Gipfel eines Hügels und drängte sich um den Fuß eines Felsens, der in der Gestalt und Glätte seiner einen Seite einem ungeheuren Grabstein glich. Wie ein Spiegelbild trug Reuben einen gleichen in der Erinnerung. Er erkannte sogar die Adern, die eine Inschrift in verschollenen Lettern zu bilden schienen. Alles war genau das gleiche, bis auf ein dichtes Gebüsch, das den unteren Teil des Felsens verhüllte und Roger Malvin verborgen hätte, wenn er noch immer dasäße. Doch im nächsten Augenblick fiel Reubens Auge auf eine andere Veränderung, die die Zeit bewirkt hatte, seit er zuletzt da gestanden hatte, wo er nun wieder stand – hinter den Erdwurzeln eines gestürzten Baumes. Der junge Baum, an den er das blutige Unterpfand seines Gelübdes gebunden hatte, war gewachsen und zu einer Eiche geworden, die freilich lange noch nicht ausgewachsen war, aber doch schon weit die schattigen Zweige breitete. Etwas Sonderbares konnte man an diesem Baum sehen, und Reuben zitterte davor. Die mittleren und unteren Zweige zeigten üppiges Leben, und fast bis zum Boden war der Stamm reich bewachsen. Aber auf den oberen Teil der Eiche war offenbar ein Frost gefallen, und der alleroberste Zweig war welk, saftlos und ganz abgestorben. Reuben dachte daran, wie die kleine Fahne vom obersten Zweig geweht hatte, als er noch grün und lieblich war, vor achtzehn Jahren. Durch wessen Schuld war er verdorrt?

* * *

Nachdem die beiden Jäger fortgegangen waren, vollendete Dorcas die Vorbereitungen zur Abendmahlzeit. Ihr Tisch war der moosbewachsene Stamm eines gestürzten Baumes. Wo er am breitesten war, hatte sie ein weißes Tuch aufgelegt und alles aufgestellt, was ihr von dem glänzenden Zinngeschirr geblieben war, das in der Siedlung ihr Stolz gewesen. Es sah seltsam aus – dieser kleine Fleck anheimelnder Behaglichkeit mitten in der trostlosen Natur. Der Sonnenschein zögerte noch auf den höheren Zweigen der Bäume, die am Abhang standen. Aber in der Niederung, wo das Lager aufgeschlagen war, lagen schon tiefe Abendschatten. Der Feuerschein war rot, wenn er auf den schlanken Fichtenstämmen erstrahlte oder auf der dichten dunklen Laubmasse ruhte, die den Platz rings umschloß. Dorcas war nicht traurig im Herzen. Sie fühlte, daß es besser sei, durch die Wildnis zu wandern mit zwei Menschen, die sie liebte, als eine einsame Frau zu sein in einer Menge von Menschen, die sich nicht um sie kümmerten. Als sie sich mühte, Sitze aus morschem Holz und Blättern für Reuben und den Sohn herzurichten, tanzte ihre Stimme durch den düstern Wald im Takt eines Liedes, das sie in ihrer Jugend gelernt hatte. Die schlichte Melodie erzählte von einem Winterabend in einer Grenzerhütte, wo die Familie, sicher vor dem Eindringen hoher Schneewehen, froh am eigenen Kamin sitzt. Als Dorcas sang, schienen die Wände des verlassenen Heims sie zu umschließen. Sie sah nicht mehr die düsteren Fichten, sie hörte nicht mehr den Wind, der vor jeder neuen Strophe einen schweren Seufzer durch die

Zweige schickte und nach dem Kehrreim des Liedes in dumpfem Stöhnen erstarb. Der Knall einer Flinte in der Nähe des Lagers schreckte sie auf. Der unerwartete Laut oder die Einsamkeit am verglimmenden Feuer ließ sie plötzlich heftig zittern. Doch im nächsten Augenblick lachte sie im frohem Mutterstolz.

„Mein stolzer junger Jäger! Mein Junge hat ein Wild erlegt!" rief sie, denn sie erinnerte sich, daß Cyrus in der Richtung, aus der der Schuß ertönte, zur Jagd gegangen war.

Sie wartete ein wenig auf den leichten Schritt ihres Sohnes in den raschelnden Blättern; denn er würde doch gesprungen kommen, um seinen Erfolg zu melden. Aber er kam nicht sofort, und sie schickte ihre frohe Stimme nach ihm aus.

„Cyrus! Cyrus!"

Er kam noch immer nicht; da beschloß sie, ihn selber zu suchen, da der Schuß offenbar ganz nah gefallen war. Vielleicht konnte er auch ihre Hilfe gebrauchen, um das Wildbret heranzubringen, das er erlegt hatte, wie sie hoffte. Sie ging also fort, richtete ihre Schritte nach dem längst verklungenen Hall und sang beim Gehen, damit der Knabe ihr Kommen hören und ihr entgegenlaufen sollte. Hinter jedem Baumstamm, aus jedem Versteck im dichten Laubwerk des Unterholzes hoffte sie das Gesicht ihres Sohnes zu sehen, lachend in fröhlicher Neckerei, hinter der die Liebe steckt. Die Sonne stand jetzt unter dem Horizont, und das Licht, das durch die Bäume drang, war so schwach, daß es ihrer Erwartung viele Trugbilder vortäuschte. Manchmal schien sein Gesicht undeutlich aus den Blättern hervorzuspähen, und einmal war ihr, als winke er ihr vom Fuße eines zerklüfteten Felsens aus. Richtete sie aber die Augen fest dahin, so war es nur der Stamm einer Eiche, die bis zum Boden mit kleinen Zweigen bewachsen war, von denen der Wind einen bewegte, der weiter hervorragte. Sie ging um den Felsen herum und sah sich plötzlich ihrem Gatten gegenüber, der von der andern Seite gekommen war. Er stützte sich auf den Kolben seiner Flinte, deren Lauf in den dürren Blättern steckte, und war offenbar ganz versunken in der Betrachtung eines Gegenstandes, der zu seinen Füßen lag.

„Na, Reuben? Hast du das Wild erlegt und bist darüber eingeschlafen?“ rief Dorcas und lachte fröhlich.

Er regte sich nicht, wandte auch die Augen nicht nach ihr – eine kalte, grausige Furcht, deren Grund und Gegenstand sie nicht kannte, kroch ihr ins Blut.

„Um Gottes willen, Reuben, sprich!“ schrie Dorcas, und der fremde Klang ihrer eigenen Stimme erschreckte sie noch mehr als die tödliche Stille.

Ihr Gatte fuhr zusammen, stierte ihr ins Gesicht, zog sie bis vor den Felsen und deutete mit dem Finger darauf.

Ach! Da lag der Knabe, schlafend, aber traumlos, auf den Blättern des Waldes! Die Wange ruhte auf dem Arm, die geringelten Locken fielen von der Stirn zurück, die Glieder waren leicht gelöst. Hatte eine plötzliche Müdigkeit den jungen Jäger befallen? Konnte die Stimme seiner Mutter ihn wecken? Sie wußte, daß das der Tod war!

„Dieser breite Felsen ist der Grabstein deiner nächsten Verwandten, Dorcas“, sagte der Gatte. „Deine Tränen werden auf deinen Vater und deinen Sohn zugleich fallen.“

Sie hörte ihn nicht. Mit einem wilden Schrei, der aus dem Innersten der gequälten Seele zu kommen schien, sank sie bewußtlos an der Seite ihres toten Knaben nieder. In diesem Augenblick löste sich der oberste dürre Zweig der Eiche und fiel sacht auf den Felsen, auf die Blätter, auf Reuben, auf sein Weib und sein Kind und auf Roger Malvins Gebeine. Das traf Reubens Herz und seine Tränen strömten, wie das Wasser aus einem Felsen. Der gebrochene Mann war gekommen, das Gelübde einzulösen, das er als Jüngling tat. Seine Schuld war gesühnt, der Fluch von ihm gewichen. In der Stunde, da er Blut vergossen hatte, das ihm teurer war als das eigene, stieg ein Gebet, das erste seit langen Jahren, von Reuben Bournes Lippen zum Himmel auf.

Die alte Jungfer in Weiß

Die Strahlen des Mondes kamen durch zwei tiefe schmale Fenster und zeigten ein geräumiges Zimmer, reich ausgestattet in altertümlicher Weise. Durch eines der Gitter fiel der Schatten der Butzenscheiben auf den Boden. Geisterhaftes Licht durchkreuzte sich, ruhte auf einem Bett, fiel durch die schweren Seidenvorhänge und erhellte das Gesicht eines jungen Mannes. Doch wie ruhig lag der Schlummernde da! Wie bleich war sein Gesicht! Wie sehr sah doch das Linnen, das ihn umwand, nach einem Todenhemd aus! Ja: Es war ein Toter in seinen Leichenkleidern.

Plötzlich schienen die starren Züge sich zu bewegen in dunkler Erregung. Sonderbarer Gedanke! Es war nur der weiche Schatten des Vorhangs, dessen lange Fransen zwischen dem Mondlicht und dem toten Gesicht sich regten, als die Tür des Zimmers aufging und ein junges Mädchen leise zum Bettrand schlich. Täuschte das Mondlicht, oder verrieten ihre Haltung und ihr Blick wirklich einen Schein von Siegesfreude, als sie sich über den bleichen Leichnam beugte – selber so bleich wie er – und ihre lebenden Lippen auf die kalten des Toten preßte? Als sie sich von diesem langen Kuß aufrichtete, zuckte es in ihren Zügen, als ob ein stolzer Herr ankämpfte gegen seine Qual. Wieder schien es, als hätten sich die Züge des Toten in Zwiesprache mit den ihren bewegt. Wieder war es eine Täuschung. Der Seidenvorhang hatte zum zweiten Male geweht zwischen dem Gesicht und dem Mondlicht, als ein zweites schönes Mädchen die Tür auftat und geisterhaft zum Bett hinglitt. Da standen die beiden Mädchen, beide schön, mit der bleichen Schönheit des Toten zwischen sich. Aber die, die zuerst eingetreten war, war stolz und vornehm, die andere ein zierliches, sanftes Geschöpf.

„Hinweg!“ rief die Stolze, „Du hattest ihn im Leben. Der Tote ist mein!“

„Dein!“ erwiderte die andere mit Beben. „Wahr hast du gesprochen! Der Tote ist dein!“

Das stolze Mädchen fuhr auf und starrte mit entgeistertem Blick in ihr Gesicht. Aber ein Ausdruck wilder Trauer ging über die Züge der Sanften; dann sank sie schwach und hilflos nieder auf das Bett. Ihr Haupt ruhte auf dem Kissen neben dem des Toten, und ihr Haar vermischte sich mit seinen dunklen Locken. Ein Geschöpf der Hoffnung und der Freude war sie; der erste Zug aus dem Kelch des Leides hatte sie verwirrt.

„Edith!“ rief ihre Nebenbuhlerin.

Edith stöhnte, als ob sich ihr plötzlich das Herz zusammenkrampfte. Sie löste ihre Wange vom Kissen des toten Jünglings, stand auf und sah in die Augen des hochmütigen Mädchens.

„Wirst du mich verraten?“ fragte sie ruhig.

„Solange bis der Tote mich reden heißt, will ich schweigen“, antwortete Edith. „Laß uns allein. Geh und lebe viele Jahre, und dann komm wieder und erzähle mir von deinem Leben! Auch er wird da sein. Wenn du dann von Leiden erzählst, die schlimmer sind als der Tod, wollen wir dir beide vergeben.“

„Und was soll das Zeichen sein?“ fragte das stolze Mädchen, als ob ihr Herz einen Sinn erkannte in diesen irren Worten. „Diese Haarlocke“, sagte Edith und hob eine der dunklen Locken empor, die dicht und schwer auf des toten Mannes Stirn lagen. Die beiden Jungfrauen reichten sich die Hand über der Brust des Leichnams und setzten einen Tag und eine Stunde fest, in ferner, ferner Zeit, für ihr nächstes Zusammentreffen in diesem Zimmer. Das stattlichere Mädchen warf noch einen langen Blick auf das leblose Gesicht und ging fort; sie wandte sich jedoch noch einmal zurück und zitterte, bevor sie die Tür schloß. Fast glaubte sie, der tote Geliebte blicke drohend auf sie. Und auch Edith! Schien es nicht, als löse ihre weiße Gestalt sich auf im Mondlicht? Ihrer Schwäche zum Trotz ging sie hinaus und sah einen schwarzen Diener, der im Vorzimmer wartete, mit einer Fackel, die er zwischen sein Gesicht und ihres hob und sie mit häßlichem Grinsen betrachtete, wie es ihr vorkam. Dann hob er die Fackel hoch, leuchtete die Treppe hinab und öffnete das Haustor. Der junge Stadtgeistliche war gerade die Stufen heraufgekommen, verneigte sich vor der Dame und trat schweigend ein.

Viele Jahre vergingen. Die Welt schien wieder neu, soviel älter war sie geworden seit der Nacht, in der jene blasse Mädchen über die Brust des Toten einander die Hand gereicht hatten. Inzwischen hatte eine einsame Frau den Weg von ihrer Jugend bis ins höchste Greisenalter zurückgelegt, und die ganze Stadt kannte sie unter dem Namen ‚die alte Jungfer im Sterbekleid'. Eine leichte Geistesverwirrung schwebte über ihrem ganzen Leben, aber so still und sanft und traurig, so frei von jeder Heftigkeit, daß man sie ihren harmlosen Träumereien nachgehen ließ, unbehindert von der Welt, mit deren Geschäften und Vergnügungen sie nichts gemein hatte. Sie wohnte allein und kam nur ans Tageslicht, um mit Leichenbegängnissen zu gehen. Sooft ein Leichnam durch die Straße getragen wurde, ob in Sonne, Regen oder Schnee, ob es ein prunkvoller Zug war, in dem die Reichen und Stolzen sich drängten, ob es nur wenige und ärmliche Leute waren, immer kam die einsame Frau hinter ihnen her, in einem langen weißen Gewand, das die Leute ihr Leichentuch nannten. Sie stellte sich nicht unter die Freunde und Verwandten, sondern blieb an der Tür stehen, um das Totengebet zu hören, und ging am Schluß des Zuges, als sei es ihre Pflicht auf Erden, Trauerhäuser aufzusuchen, der Schatten der Betrübnis zu sein und achtzuhaben, daß den Toten ihr Recht ward bei der Bestattung. So lange schon machte sie es so, daß die Bewohner der Stadt sie für einen Teil jeden Begräbnisses hielten, so wichtig wie das Bahrtuch oder wie die Leiche selber; und Schlimmes ahnte man vom Schicksal des Sünders, wenn nicht ‚die alte Jungfer im Sterbehemd' hinter ihm herglitt. Einmal, so erzählte man, erschreckte sie eine Hochzeitsgesellschaft mit ihrer bleichen Gegenwart, als sie plötzlich in dem erleuchteten Saal erschien, gerade als der Priester ein treuloses Mädchen mit einem reichen Manne verband, bevor ihr Geliebter ein Jahr lang tot war. Das war ein schlimmes Vorzeichen für diese Ehe! Manchmal stahl sie sich hinaus beim Mondlicht und besuchte die Gräber ehrenhafter Unbescholtenheit, treuer Gattenliebe, jungfräulicher Unschuld und jede andere Stelle, wo der Staub eines gütigen und treuen Herzens moderte. Über den Hügeln dieser geliebten Toten streckte sie die Arme aus und machte Bewegungen, als ob sie Samen streue, und viele glaubten auch, daß sie ihn hole aus dem Garten des Paradieses, denn die Gräber, die sie besuchte, waren grün noch unter dem Schnee und vom April bis zum November blühten liebliche Blumen darauf. Ihr Segen hatte mehr Kraft, als ein frommer Spruch auf dem Grabstein. So ging ihr langes, trauervolles, friedliches und phantastisches Leben dahin, bis es nur noch wenige gab, die so alt waren wie sie, und die jungen Geschlechter wunderten sich, wie die Toten je begraben worden waren, wie die Trauernden je ihren Kummer ertragen hatten, ohne ‚die alte Jungfer im Sterbehemd'.

Noch immer vergingen die Jahre, noch immer folgte sie den Begräbnissen, und noch immer wird sie nicht zu ihrem eigenen Totenfest gerufen. Eines Nachmittags war die Hauptstraße der Stadt ganz belebt von Geschäftigkeit und Lärm, obwohl die Sonne nur noch die obere Hälfte des Kirchturms vergoldete, und die Dächer und die höchsten Bäume schon im Schatten lagen.

Das Bild war freudig und voll Leben, trotz des dunklen Schattens zwischen den hohen Backsteinhäusern. Prahlerische Kaufleute waren da, in weißen Perücken und spitzenbesetzten Sammeтröcken, broncefarbene Gesichter von Kapitänen, fremdländische Tracht und Sitten spanischer Kreolen, das hochmütige Gebaren der Bewohner Altenglands. Sie alle standen im Gegensatz zu dem rauhen Äußeren einiger Hinterwäldler, die über den Verkauf von Holz verhandelten, aus Wäldern, in denen noch nie eine Axt erschallte. Manchmal ging eine Dame vorüber, rundlich und schwellend in bestickten Röcken, zierlichen Schrittes in Stöckelschuhen, mit vornehmer Grazie sich verneigend, wenn die Herren ehrerbietig grüßten. Das Leben der Stadt schien seinen Brennpunkt in der Nähe eines alten Herrenhauses zu haben, das etwas im Hintergrund der gepflegten Straße stand, von ungepflegtem Gras umwachsen, in befremdlicher Einsamkeit, die eher vertieft als verbannt wurde durch das Gedränge in solcher Nähe. An seiner Stelle hätte gut ein prächtiges Bankgebäude stehen können, oder ein Häuserblock voller Reklameschrift. Das große Haus selber hätte ein vornehmes Gasthaus abgegeben, mit dem Königswappen über der Tür und Gästen in allen Zimmern anstatt der Einsamkeit. Aber irgendeines Erbstreites halber hatte das Haus lange unbewohnt gestanden, verfiel mehr von Jahr zu Jahr und warf seinen vornehm düsteren Schatten über den geschäftigen Stadtteil. In dieser Umgebung und zu dieser Zeit sah man in der Ferne eine Gestalt die Straße herabkommen, die sehr verschieden war von allen, die soeben beschrieben wurden. „Ein seltsames Segel in Sicht", bemerkte ein Seemann aus Liverpool, „dort die Frau in dem langen weißen Gewand!"

Der Seemann schien ganz betroffen und viele andere auch, die gleichzeitig die Gestalt erspähten, die seine Aufmerksamkeit auf sich gezogen hatte. Sofort verstummten die verschiedenen Gespräche, und flüsternd machte man Vermutungen über das seltsame Ereignis.

„Kann so spät am Nachmittag noch ein Begräbnis sein?" fragten einige.

Sie schauten auf jede Tür nach den Zeichen des Todes, dem Totengräber, dem Leichenwagen, der schwarzgekleideten Verwandtenschar – nach allem, was den wehmutvollen Prunk der Leichenbegängnisse ausmacht.

„Was kann das bedeuten?" fragte ein jeder seinen Nachbarn. Alle lächelten, als sie die Frage stellten, doch mit Besorgnis im Auge, als werde eine Seuche angekündigt oder sonst ein großes Unheil. Was ein Komet ist für die Erde, das war diese trauernde Frau für die Stadt. Weiter ging sie, und das überraschte Murmeln verstummte, wo sie vorbei kam. Hoch und niedrig trat zur Seite, damit ihr weißes Kleid ihn nicht berühre. Es war ein langes loses Gewand von fleckenloser Reinheit. Die Trägerin schien sehr alt, bleich, abgezehrt und schwach; doch sie glitt dahin ohne den unsicheren Schritt des hohen Greisenalters. An einer Stelle ihres Weges sprang ein rosiger Junge hervor und lief mit offenen Ärmchen auf die geisterhafte Frau zu, als warte er auf einen Kuß von ihren blutlosen Lippen. Einen kleinen Augenblick stand sie still und ihre Augen schauten mit unirdischer Güte auf das Kind, daß es, erschreckt nicht, aber voller Scheu dastand und zitterte. Das Erstaunen wuchs, als sie durch das Tor des verlassenen Hauses schritt, die moosbewachsenen Stufen hinaufging, den eisernen Klopfer hob und dreimal klopfte. Die Leute konnten nur vermuten, daß irgendeine Erinnerung, die ihren irren Sinn bedrückte, die alte Frau hierhergetrieben hatte, die Freunde ihrer Jugend aufzusuchen, die doch alle längst ihr Heim verlassen hatten; wenn ihre Geister nicht noch darin umgingen, passende Gefährten für ‚die alte Jungfer im Sterbehemd'. Ein älterer Mann näherte sich den Stufen, entblößte ehrerbietig seine grauen Locken und versuchte ihr die Sache zu erklären. „Seit fünfzehn Jahren", sagte er, „hat niemand mehr in diesem Hause gewohnt, seit dem Tode des alten Oberst Fenricke nicht mehr, an dessen Beerdigung Sie teilgenommen haben, wie Sie vielleicht erinnern. Seine Erben liegen miteinander in Streit und haben das Herrenhaus verfallen lassen." Das alte Mädchen sah sich langsam um, bewegte leicht den Finger der einen Hand und legte den Finger der anderen auf den Mund. Im Halbdunkel des Portals sah sie noch geisterhafter aus als sonst. Wieder hob sie den Klopfer, und diesmal tat sie nur einen Schlag. War es möglich, daß man jetzt einen Schritt vernahm, der die Treppe des alten Hauses herabkam, von dem doch alle wußten, daß es so lange unbewohnt gewesen? Langsam, schwach, und doch schwer, kam es näher, wie der Schritt eines alten, hinfälligen Menschen, immer deutlicher auf jeder tieferen Stufe, bis es das Tor erreicht hatte. Innen fiel der Riegel, die Tür ging auf. Einen Blick nach oben zum Kirchturm hinauf, auf dem die Sonne gerade verblaßt war, das war das letzte, was die Leute sahen von der ‚alten Jungfer im Sterbehemd'.

„Wer hat die Tür geöffnet?“ fragten viele.

Diese Frage konnte niemand befriedigend beantworten; der Schatten unter dem Tor war zu tief gewesen. Zwei oder drei alte Männer protestierten gegen einen Schluß, den man zu ziehen geneigt war, und versicherten, es sei ein Neger gewesen, der dem alten Cäsar merkwürdig ähnlich sah, der früher als Sklave zum Hause gehört hatte, dem aber vor mehr als dreißig Jahren der Tod die Freiheit gegeben habe.

„Ihr Ruf hat einen alten Diener der Familie auferweckt“, sagte ein anderer halb im Ernst.

„Wir wollen hier warten“, erwiderte ein dritter, „bald werden noch mehr Gäste anklopfen. Aber man sollte zuvor die Kirchhofspforten öffnen!“

Dämmerung hüllte die ganze Stadt ein, ehe die Menge sich zum Gehen wendete und die Deutungen dieses Ereignisses erschöpft waren. Einer nach dem andern trat den Heimweg an, als eine Kutsche – ein seltener Anblick in jener Zeit – in die dunkle Straße einbog. Es war ein altmodisches Gefährt, ein Lakai hinten, ein dicker Kutscher vorne auf dem Sitz, alles üppiger Prunk und feierliche Würde. Etwas Geheimnisvolles lag im Rattern der Räder. Die Kutsche rollte durch die Straße, bis sie auffuhr vor dem hohen Gitter des verlassenen Hauses, und der Lakai sprang herab.

„Wessen Staatskutsche ist das?“ fragte ein besonders Neugieriger.

Der Lakai gab keine Antwort, sondern stieg die Stufen zu dem alten Hause hinauf, klopfte dreimal mit dem eisernen Hammer und kam zurück, um den Wagenschlag zu öffnen. Ein alter Mann, der die heraldischen Gesetze kannte, die damals so verbreitet waren, untersuchte das Wappenschild.

„Ein blaues Feld, ein Löwenhaupt zwischen zwei Lilien“, sagte er, dann flüsterte er den Namen der Familie, der dieses Wappen gehörte.

Noch weitere Enthüllungen wären wohl erfolgt, wäre nicht der Sprecher plötzlich verstummt vor dem strengen Blick einer sehr alten Dame, die den Kopf aus dem Wagen steckte und sich anschickte, auszusteigen. Als sie herauskam, sah man, daß ihre Kleidung prächtig war und ihre würdevolle Gestalt trotz des Alters noch vornehm im Verfall; doch Stolz und Elend zugleich lagen in ihrem Ausdruck. Ihre strengen starren Züge flößten Scheu ein, nicht wie die des weißen alten Mädchens – es lag etwas Böses darin. Sie stützte sich auf einen Stock mit goldenem Knauf und schritt die Stufen hinauf. Die Tür sprang auf und das Licht einer Fackel erglänzte auf der Stickerei ihres Kleides und schimmerte auf den Pfeilern des Portals. Eine kleine Pause – ein Blick rückwärts – dann raffte sie sich gewaltsam auf und trat ein. Der Mann, der das Wappenschild entziffert hatte, wagte sich auf die unterste Stufe; doch sofort trat er zurück und erzählte bleich und zitternd, daß das genaue Ebenbild des alten Cäsar die Fackel hielt.

„Aber ein so abscheuliches Grinsen haben nie die Züge eines Sterblichen getragen, nicht schwarz noch weiß! Es wird mich bis zu meiner Sterbestunde verfolgen."

Inzwischen hatte die Kutsche gewendet, rasselte ungeheuerlich auf dem Pflaster, polterte die Straße hinauf und verschwand in der Dämmerung; das Ohr jedoch konnte noch lange ihren Weg verfolgen. Kaum war sie verschwunden, als die Leute sich zu fragen begannen, ob die Kutsche mit den Dienern, der Geist des alten Cäsar, die alte Dame, das alte Mädchen selber – ob nicht alles seltsam verknüpfte wunderbare Täuschung sei mit irgendeinem dunklen Sinn. Die ganze Stadt war auf den Beinen, so daß das Gedränge dauernd wuchs anstatt sich zu zerstreuen. Da standen sie und starrten zu den Fenstern des Herrenhauses empor, die jetzt vom steigenden Mond versilbert wurden. Die Alten, froh, der Geschwätzigkeit des Alters nachgeben zu dürfen, erzählten von dem längst verblaßten Glanz der Familie, von den Festen, die sie gegeben hatte und den Gästen, den vornehmsten des Landes, selbst ausländischen von Adel und Titel, die durch dies Portal geschritten waren. Diese anschaulichen Schilderungen schienen die Geister derer wachzurufen, von denen sie erzählten. So stark war der Eindruck auf einige der phantasievolleren Hörer, daß zwei oder drei derselben ein Zittern befiel und sie im selben Augenblick behaupteten, deutlich drei weitere Schläge des eisernen Klopfers gehört zu haben.

„Unsinn!“ riefen andere. „Seht, der Mond scheint bis unter das Portal, und man sieht alles ganz genau, nur um den Pfeiler ist ein schmaler Schatten. Da ist keiner!“

„Ging die Tür nicht auf?“ flüsterte jemand.

„Hast du es auch gesehen?“ sagte ein Gefährte in entsetztem Ton.

Aber die allgemeine Meinung widersprach der Ansicht, daß noch ein dritter Besucher sich an der Tür des verlassenen Hauses gezeigt hätte. Einige jedoch hielten fest an diesem neuen Wunder und erklärten sogar, daß ein roter Lichtstreifen, wie von einer Fackel, durch das große Vorderfenster gefallen sei, als ob der Neger einem Gast die Treppe hinaufleuchtete. Auch das wurde für bloße Einbildung erklärt. Aber plötzlich schreckte die ganze Menge zusammen und jeder konnte den eigenen Schrecken im Gesicht aller anderen lesen.

„Wie entsetzlich!“ riefen sie.

Ein Schrei, zu furchtbar deutlich, um daran zu zweifeln, war im Hause gehört worden – ein plötzlicher Ausbruch und dann tiefe Stille, als ob das Herz, das ihn hervorgestoßen, dabei zersprungen wäre. Die Leute wußten nicht, ob sie den Anblick des Hauses fliehen oder zitternd eindringen sollten, das seltsame Geheimnis zu ergründen. Die Verwirrung und der Schrecken legten sich ein wenig, als ihr Geistlicher erschien, ein ehrwürdiger alter Mann, ein Heiliger, der ihnen und ihren Vätern den Weg zum Himmel gewiesen hatte seit mehr als einem Menschenalter. Er war eine ehrfurchtheischende Gestalt. Lange weiße Locken fielen ihm auf die Schultern und ein weißer Bart wallte auf seine Brust herab. So tief gebeugt war sein Rücken über seinen Stab, daß es schien, als blicke er dauernd zu Boden, um ein gutes Grab für seinen müden Leib zu suchen. Es währte lange, bis man dem guten alten Mann, der taub war und schon etwas schwachsinnig, soviel von der Sache verständlich machen konnte, wie sich überhaupt verstehen ließ.

Aber als er die Tatsachen erfaßt hatte, wurden seine Kräfte merkwürdig rege.

„Wahrlich", sagte der alte Herr, „es ist meine Pflicht, das Haus des würdigen Oberst Fenricke zu betreten, damit der guten Christin nichts geschehe, die ihr ‚die alte Jungfer im Sterbehemd' heißt." Und siehe, der ehrwürdige Priester schritt die Stufen des Herrenhauses empor und ein Fackelträger folgte ihm. Es war der ältere Mann, der mit dem alten Mädchen gesprochen hatte, derselbe, der nachher das Wappen erklärt und die Züge des Negers erkannt hatte. Wie ihre Vorgänger klopften sie dreimal mit dem eisernen Hammer.

„Der alte Cäsar kommt nicht", bemerkte der Priester. „Er wird wohl nicht länger Dienste tun in diesem Hause."

„Dann war es sicher ein Schlimmerer in Cäsars Gestalt", sagte der andere Abenteurer.

„Gottes Wille geschehe", antwortete der Priester, „sieh, meine Kraft, so sehr sie auch verfallen ist, hat doch genügt, die schwere Tür zu öffnen. Laß uns eintreten und die Treppe hinaufgehen."

Nun bot sich ein seltsamer Beweis dafür, wie traumhaft verwirrt der Geist alter Leute sein kann. Als sie die breite Treppenflucht emporschritten, schien sich der alte Priester mit Vorsicht zu bewegen, trat mitunter zur Seite, neigte oft das Haupt wie zum Gruße, benahm sich ganz so, wie einer, der durch eine große Menge schreitet. Oben auf der Treppe sah er um sich, mit trauriger und feierlicher Güte, legte seinen Stab beiseite, entblößte seine weißen Locken und war augenscheinlich im Begriff, ein Gebet zu beginnen.

„Ehrwürdiger Herr", sagte sein Begleiter, der dies für eine passende Einleitung ihrer weiteren Nachforschung hielt, „wäre es nicht richtig, wenn das Volk teil hätte an unserm Gebet?"

„Wehe!" rief der alte Priester und schaute entgeistert um sich, „ist keiner bei mir außer dir? Wahrlich, alte Zeiten kamen zu mir zurück, und mir war, als sollte ich eine Totenpredigt halten, wie so oft in früherer Zeit von dieser Treppe herab. Wahrhaftig, ich sah die Schatten vieler, die dahingegangen sind. Ja, ich habe nacheinander bei all ihren Leichenfeiern gepredigt und ‚die alte Jungfer im Sterbehemd' hat sie zu Grabe getragen!"

Nun war er sich klarer über ihre augenblickliche Absicht, nahm seinen Stab und schlug ihn kraftvoll auf den Boden, bis das Echo kam, aus jedem leeren Zimmer; aber kein Diener leistete dem Ruf Folge. Daher gingen sie den Flur entlang und hielten wieder an vor dem großen Vorderfenster, durch das man die Menge unten sah, halb im Schatten, halb im Schein des Mondes. Zur Rechten war die offene Tür eines Zimmers, eine verschlossene zur Linken. Der Geistliche deutete mit seinem Stock auf die geschnitzte Eichenfüllung der letzteren.

„In diesem Zimmer", sagte er, „saß ich vor einem ganzen Menschenalter am Totenbett eines edlen jungen Mannes, der in den letzten Zügen ..."

Offenbar gab ihm der Gedanke, der ihn jetzt durchzuckte, eine furchtbare Erregung. Er riß die Fackel aus der Hand des Gefährten und stieß die Tür mit so heftiger Gewalt auf, daß die Flamme erlosch. Es blieb nur noch das Licht der Mondstrahlen, die durch zwei Fenster in das geräumige Zimmer fielen. Es war genug, um alles zu entdecken, was man erfahren konnte. In einem hochlehnigen eichenen Armstuhl saß aufrecht, den Kopf im Nacken, ‚die alte Jungfer im Sterbehemd'. Die stolze Dame war auf die Knie gesunken, der Kopf ruhte auf dem heiligen Knie des alten Mädchens, eine Hand hing zur Erde herab, die andere hielt sie krampfhaft aufs Herz gepreßt. Sie schloß sich um eine Haarlocke, die einst schwarz gewesen, doch jetzt unter grünlichem Schimmel die Farbe verloren hatte. Als der Priester und der Laie in das Zimmer hineinschritten, nahmen die Züge des alten Mädchens einen so bewegten Ausdruck an, daß sie glaubten, das ganze Geheimnis in einem Wort erklärt zu hören. Doch es war nur der Schatten eines zerfetzten Vorhangs, der sich bewegte zwischen dem toten Gesicht und dem Mondlicht.

„Beide sind tot", sagte der ehrwürdige Mann.

Wer soll nun das Geheimnis enthüllen? Mir ist, als husche es in meinem Geiste hin und her, wie Licht und Schatten über das Gesicht des alten Mädchens – Und nun ist es fort!

Das Auskunftsbüro

Eine ernste Gestalt mit geheimnisvollen Brillengläsern auf der Nase und einer Feder hinter dem Ohr saß an einem Pult in der Ecke eines Büros der Hauptstadt. Eine Kasse war in dem Raum, der mit einem Schrank aus Eichenholz und ein paar Stühlen ausgestattet war; alles einfach und geschäftsmäßig. An den Wänden hingen Anzeigen von Dingen, die verloren waren, die man suchte oder veräußern wollte. In irgendeiner Gruppe waren darunter fast alle Gegenstände der Behaglichkeit vertreten, oder vielmehr alles, was der Menschengeist zu seiner Bequemlichkeit ausgedacht hat. Das Innere des Zimmers lag im Schatten, teils durch die hohen Häuser, die auf der Gegenseite der Straße aufragten, zum Teil auch durch die ungeheuren blauen und knallroten Plakate, mit denen jedes der drei Fenster beklebt war. Ungestört von dem Trampeln der Füße, dem Rattern der Räder, dem Surren der Stimmen, von den Schreien der Ausrufer, dem Kreischen der Zeitungsjungen und anderen Zeichen des tausendfältigen Lebens, das vor dem Büro dahinbrandete, brütete die Gestalt am Pult fleißig über dem Hauptbuch. Es sah aus wie der Geist eines Registers – die fleischgewordene Seele seines eigenen dicken Buches.

Aber kaum ein Augenblick verging, ohne daß an der Tür nicht eine Gestalt aus der emsigen Bevölkerung auftauchte, deren Nachbarschaft sich durch soviel Lärm, Gerassel und Geschrei kundtat. Bald war es ein aufstrebender Handwerker, der nach einem Grundstück sich erkundigte, das er gegen eine bescheidene Summe pachten wollte; bald war es ein rotwangiges irisches Mädchen von der Küste von Killarney, das aus einer Küche unseres Landes in die andere wanderte, während ihr Herz noch immer im Torfrauch ihrer heimatlichen Hütte hing; dann ein Junggeselle, der sich nach einem billigen Kosthaus umsah, und nun – denn dieses Unternehmen befaßte sich mit allem, was es an weltlichem Trachten gab –, war es eine verwelkte Schönheit, die nach ihrer verlorenen Jugendfrische fragte; Peter Schlemihl, der seinen Schatten, ein Schriftsteller von vor zehn Jahren, der seinen verlorenen Ruhm; oder ein Mißmutiger, der den Sonnenschein von gestern suchte. Als die Klinke gehoben wurde, trat ein Mensch ein, der den Hut schief auf dem Kopf trug; die Kleider paßten wunderlich schlecht zu seiner Gestalt; seine Augen starrten in Richtungen, die dem, was sie sehen wollten, entgegengesetzt lagen – über seiner ganzen Erscheinung lag eine gewisse Ungeschicklichkeit. Wo man sich ihn auch denken mochte, im Schloß oder in der Hütte, in der Kirche oder auf dem Marktplatz, zu Wasser oder zu Lande, selbst am eigenen Kamin – er mußte den charakteristischen Ausdruck eines Mannes tragen, der nicht am rechten Orte ist.

„Dies“, fragte er und gab seiner Frage die Form einer Behauptung, „dies ist das Zentralauskunftsbüro?“

„Ganz recht“, antwortete die Gestalt am Pult und schlug eine neue Seite um; dann sah er dem Bittsteller ins Gesicht und fragte kurz: „Sie wünschen?“

„Ich möchte“, sagte dieser mit bebendem Ernst, „eine Stellung.“

„Eine Stellung? Was für eine Stellung?“ fragte der Auskunftgeber. „Es sind viele frei oder werden es bald, und einige werden sicher passen, denn sie gehen vom Lakai aufwärts bis zu einem Sitz am Ratstisch oder im Kabinett, oder bis zu einem Thron oder Präsidentenstuhl.“

Der Fremde stand nachdenklich vor dem Pult und sah unruhig und unzufrieden aus; ein dumpfer, unbestimmter Gemütsschmerz drückte sich in den leicht zusammengezogenen Brauen aus; sein ernster Blick fragte und erwartete, aber er flackerte beständig wie in Mißtrauen. Kurzum, was er wollte, war offensichtlich nicht in physischem oder verstandesmäßigem Sinn zu erfassen, sondern aus einer zwingenden inneren Notwendigkeit heraus, die am allerschwersten zu befriedigen ist, da sie selber nicht weiß, was sie eigentlich will.

„Ach, Sie mißverstehen mich", sagte er schließlich und wurde ungeduldig nervös. „Eine von den Stellen, die Sie erwähnen, könnte natürlich meinem Zweck entsprechen– oder, noch wahrscheinlicher, keine von allen. Ich will meine Stelle! Meine eigene Stelle! Meine richtige Stelle in der Welt! Meine richtige Sphäre! Meine Aufgabe, die die Natur mir setzte, als sie mich so verdreht erschuf, und die ich mein ganzes Leben lang vergeblich gesucht habe! Ob es eines Dieners Beruf ist oder eines Königs, das tut wenig zur Sache, wenn es nur der ist, für den ich geschaffen bin. Können sie mir darin helfen?"

„Ich will Ihre Bewerbung eintragen", sagte der andere und schrieb dabei einige Zeilen in sein Buch. „Aber ich muß ihnen offen sagen, derartiges zu übernehmen, liegt ganz außerhalb meiner Berufspflichten. Fragen Sie nach etwas Bestimmtem, und es wird zweifellos für Sie besorgt werden, wenn Sie mit den Bedingungen einverstanden sind. Aber wenn ich weitergehen wollte, hätte ich bald die ganze Bevölkerung der Stadt auf dem Halse; denn die Menschen sind zum größten Teil mehr oder weniger in Ihrer Lage."

Der Bittsteller knickte verzweifelt zusammen und ging aus der Tür, ohne noch einmal die Augen aufzuheben. Und wenn er an der Enttäuschung starb, so ist er wahrscheinlich im falschen Grab beerdigt worden. Solche Leute verläßt das Unglück nie, und, tot oder lebendig, sie sind unweigerlich am verkehrten Platz.

Sofort hinterher hörte man einen neuen Schritt auf der Treppe. Ein Jüngling trat hastig ein und warf einen Blick um sich, um sich zu vergewissern, ob der Auskunftsbeamte allein war. Dann trat er dicht an das Pult heran, errötete wie ein Mädchen und schien in Verlegenheit, wie er sein Anliegen vorbringen sollte.

„Sie kommen in einer Herzensangelegenheit", sagte der Beamte und schaute durch seine geheimnisvollen Gläser in ihn hinein.

„Drücken Sie es so kurz wie möglich aus."

„Sie haben recht", erwiderte der Jüngling, „ich habe ein Herz zu vergeben."

„Sie suchen einen Tausch?“ sagte der Auskunftgeber. „Törichter junger Mann, warum sind Sie nicht zufrieden mit Ihrem eigenen?“

„Weil“, rief der Jüngling, der in leidenschaftlicher Glut alle Befangenheit verlor, „weil mein Herz mit unerträglichem Feuer in mir brennt. Es quält mich den ganzen Tag mit ungekannter Sehnsucht, fieberhaftem Pochen und den Qualen unbestimmbaren Kummers. Sein Beben weckt mich in der Nacht, auch wenn gar nichts zu befürchten ist! Ich kann es nicht länger ertragen. Es wäre klüger, ein solches Herz von sich zu werfen, auch wenn ich nichts dafür wiederhaben sollte!“

„Sehr gut!“ sagte der Beamte und machte eine Eintragung in sein Buch. „Eure Angelegenheit läßt sich leicht erledigen. Solche Maklergeschäfte machen einen großen Teil meines Unternehmens aus; und es ist immer ein großer Vorrat dieses Artikels zur Auswahl vorhanden. Wenn ich mich nicht täusche, kommt hier gerade eine ganz hübsche Probe.“

Er sprach noch, da tat sich die Tür leise und langsam auf und ließ die schlanke Gestalt eines jungen Mädchens sehen. Als sie schüchtern eintrat, schien sie das Licht und die Heiterkeit der Außenwelt in das etwas düstere Zimmer hereintragen. Wir wissen nicht, was sie dort wollte. Auch können wir nicht verraten, ob der junge Mann sein Herz in ihre Obhut gab. Wenn ja, so war es nicht besser und nicht schlechter als in neunundneunzig von hundert Fällen, wo gleiche Empfindungen in ähnlichem Alter, beengende Gefühle und die leichte Befriedigung bei Charakteren, die sich ihrer selbst nicht klar bewußt sind, die Stelle tieferer Sympathie ausfüllen.

Nicht immer jedoch war der Handel mit Leidenschaften und Neigungen ein so wenig beschwerliches Geschäft. Es kam vor – selten freilich im Verhältnis zu den üblichen Fällen – es kam aber immerhin vor, daß gelegentlich ein Herz hierhergebracht wurde aus so besonderem Stoff, so zart besaitet, so merkwürdig eingerichtet, daß sich kein anderes Herz finden ließ, das zu ihm paßte. Mit weltlichen Augen gesehen, konnte es fast als Unglück betrachtet werden, der Besitzer eines solchen Diamanten von klarstem Wasser zu sein; denn aller Wahrscheinlichkeit nach konnte er nur für einen gewöhnlichen Kiesel eingetauscht werden oder ein Stückchen geschickt bearbeitetes Glas oder doch zum mindesten gegen einen Edelstein, der wohl köstlich war, aber falsch gefaßt, einen häßlichen Fleck zeigte oder eine erdige Ader mitten durch sein klares Licht. Um ein anderes Bild zu wählen: es ist traurig, daß Herzen, deren Quell im Unendlichen liegt, die unerschöpflich reich an Liebe sind, je und je dazu verurteilt sind, in seichte Becken sich zu ergießen und so die reichen Gefühle zu vergeuden, die auf ihrem Grunde ruhen. Seltsam, daß die feinere und tiefere Natur, in Mann oder Weib, selbst wenn sie jedes andere höchste Zartgefühl besitzt, so oft das unschätzbarste entbehrt: sich vor der Berührung mit Niedrigerem zu bewahren! Manchmal freilich wird der geistige Quell aus eigenster Weisheit heraus klar erhalten und funkelt ins Himmelslicht hinein, ohne befleckt zu sein durch den irdischen Weg, auf dem er nach oben sprudelte. Und manchmal – selbst hier auf Erden – gesellt das Reine sich dem Reinen, und Unerschöpflichkeit wird mit Unendlichkeit belohnt. Aber solche Wunder, wenn er sie auch für sich beansprucht, liegen hoch über dem, was einem so oberflächlichen Makler menschlicher Angelegenheiten wie dem Mann mit der geheimnisvollen Brille erreichbar sein kann.

Wieder öffnete sich die Tür und gab dem Lärm der Großstadt in erneutem Widerhall Einlaß in das Auskunftsbüro. Nun trat ein Mann mit schmerzlich gesenktem Blick ein. So jämmerlich sah er aus, als habe er die Seele aus dem Leibe verloren und dann die ganze Welt durchwandert, suchend im Staub der Landstraßen, auf allen schattigen Pfaden, unter dem Laub des Waldes, im Sand der Küste – immer hoffend, sie wiederzufinden. Angstvoll hatte er das Straßenpflaster abgesucht, als er hierher kam; er sah auch in die Winkel der Türschwelle und auf den Boden des Zimmers; schließlich trat er an den Auskunftgeber heran und starrte durch die unergründliche Brille, als sei der verlorene Schatz in seinen Augen verborgen.

„Ich habe verloren“ begann er; dann stockte er.

„Ja", sagte der andere, „ich sehe, daß Sie etwas verloren haben – aber was?"

„Ich habe einen kostbaren Edelstein verloren", erwiderte der Unglückliche. „Einen solchen findet man nicht einmal in der Schatzkammer eines Königs. Solange ich ihn besaß, war es mein einziges Glück, ihn zu betrachten, und es war mir Glück genug. Um keinen Preis hätte man ihn mir abkaufen können. Aber ich wanderte achtlos durch die Stadt, da fiel er mir von der Brust, wo ich ihn trug."

Der Auskunftgeber veranlaßte den Fremden, den verlorenen Edelstein genau zu beschreiben; dann zog er eine Schublade des eichenen Schrankes heraus, der, wie schon erwähnt, einen Teil der Zimmereinrichtung bildete. Darin lag alles, was man auf der Straße aufgehoben hatte, und wartete, daß der rechte Eigentümer es zurückverlangte. Es war eine seltsam gemischte Sammlung. Nicht der geringste Teil davon bestand in einer großen Anzahl von Eheringen; jeder von ihnen war mit heiligem Schwur an dem Finger befestigt worden und mit der ganzen mystischen Gewalt, die von den feierlichsten Bräuchen ausgeht, und doch hatte er sich als zu glatt bewiesen für die Wachsamkeit des Trägers. Bei manchen war das Gold ganz dünn getragen und sprach von jahrelanger Ehe, andere, die noch blitzten wie im Laden des Goldschmieds, mußten in den Flitterwochen schon verloren worden sein. Elfenbeinerne Notizbüchlein waren darunter, deren bekritzelten Seiten Gefühle verrieten, die in früheren Jahren der Schreiber als tiefste Wahrheit empfunden hatte, die aber jetzt ganz ausgelöscht waren aus seiner Erinnerung. So gewissenhaft wurde alles hier aufbewahrt, daß selbst welke Blumen nicht zurückgewiesen wurden: weiße Rosen, rote Rosen und Moosrosen – Sinnbilder jungfräulicher Reinheit und Schamhaftigkeit – die man verloren hatte oder weggeworfen, im Schmutz der Straße zertreten zu werden. Haarlocken – goldene und tiefschwarz, lange Frauenlocken und krause Männerlocken – zeigten an, daß Liebende mitunter so achtlos waren, das anvertraute Pfand der Treue aus dem Schrein des Herzens zu verlieren. Viele dieser Dinge waren mit Wohlgerüchen durchtränkt, und vielleicht war auch aus dem Leben ihrer früheren Besitzer ein süßer Duft gewichen, seit sie so lässig und achtlos diese Dinge verloren. Da waren goldene Bleistifthalter, kleine Rubinherzen, von goldenen Pfeilen durchbohrt, Busennadeln, Münzen und allerhand andere kleine Gegenstände, alles, was seit langer Zeit verlorengegangen war. Das meiste davon hatte sicherlich seine Geschichte und tiefere Bedeutung, wenn man Zeit dazu hätte, sie herauszufinden oder zu erzählen. Wer etwas Wertvolles vermißt, im Herzen, im Gemüt oder in der Tasche, der tut gut daran, im Zentralauskunftsbüro nachzufragen.

Und in der Ecke einer Schublade des Eichenschrankes wurde nach langem Suchen eine große Perle gefunden, fest und glänzend; wie die Seele himmlischer Reinheit sah sie aus.

„Da ist mein Juwel! das ist meine Perle!" rief der Fremde, fast außer sich vor Freude. „Sie gehört mir! Gebt sie mir – sofort! Oder ich sterbe!"

„Ich sehe", sagte der Auskunftgeber, der sie genauer betrachtete, „daß dies die ‚Perle des höchsten Lohnes' ist."

„Das ist sie", antwortete der Fremde. „Stellen Sie sich also mein Elend vor, als ich sie verlor! Geben Sie sie mir wieder! Ich kann keinen Augenblick mehr ohne sie leben."

„Verzeihen Sie", fiel der andere ruhig ein. „Sie verlangen etwas, was meine Pflicht übersteigt. Diese Perle, wie Sie wohl wissen, wird nur als besonderes Lehen vergeben, und da Sie es einmal aus den Händen gleiten ließen, haben Sie keinen größeren Anspruch darauf – nein, nicht einmal einen so großen wie jeder andere Mensch. Ich kann sie nicht zurückgeben."

Kein Bitten des unseligen Mannes, der das Juwel seines Lebens vor den Augen hatte und nicht die Macht besaß, es wiederzuerlangen, konnten das Herz dieses strengen Mannes besänftigen, den kein menschliches Fühlen rührte, obwohl er augenscheinlich so großen Einfluß auf menschliches Schicksal hatte. Schließlich zerraufte der Verlierer der unschätzbaren Perle sein Haar und rannte wie irrsinnig in die Welt hinaus, die vor seinen verzweifelten Blicken erschrak. Auf der Schwelle begegnete ihm ein eleganter junger Herr, der nach einer roten Rosenknospe fragen wollte, dem Geschenk der geliebten Dame, das er eine Stunde später schon aus dem Knopfloch verloren hatte. So verschiedenartig waren die Wünsche derer, die das Zentralbüro aufsuchten, wo alle menschlichen Wünsche vorgebracht zu werden schienen, um, soweit das Schicksal es zugab, erfüllt zu werden.

Der nächste, der eintrat, war ein Mann über der Mittelgrenze des Lebens, der aussah wie jemand, der die Welt und seine eigene Stellung darin kennt. Er war gerade mit großer Würde aus einem schönen eigenen Wagen ausgestiegen, der auf der Straße warten sollte, während der Besitzer seine Geschäfte erledigte. Dieser Mann kam mit raschem, festem Schritt auf das Pult zu und sah dem Auskunftgeber entschlossen in die Augen, obgleich dabei in seinem Blick ein geheimer Kummer rot und düster glühte.

„Ich habe ein Gut zu verkaufen", sagte er mit einer Kürze, die für ihn bezeichnend schien.

„Beschreiben Sie es", sagt der Auskunftgeber.

Der Bittsteller ging dazu über, die Grenzen seines Besitztums zu beschreiben, seine Art, die dazugehörigen Äcker, Weiden, Waldbestände und Gartenanlagen in weiter Ausdehnung; dazu ein Herrenhaus, bei dessen Bau er sich bemüht hatte, ein Luftschloß wirklich zu machen, indem er die schattenhaften Mauern zu Granit verdichtete und den Geisterglanz dem wachen Auge sichtbar machte. Seiner Beschreibung nach war es schön genug, wie ein Traum zu verblassen, und doch wirklich genug, Jahrhunderte zu überdauern. Er sprach auch von der prunkhaften Ausstattung, den vornehmen Möbeln und all dem künstlerischen Luxus, der dieses Haus zu einem Wohnsitz machte, wo das Leben in einem Strome goldener Tage dahinfließen konnte.

„Ich bin ein Mann von starkem Willen", sagte er zum Schluß; „und als ich zuerst ins Leben trat, ein armer Jüngling, ohne Freunde, beschloß ich, mich zum Besitzer eines Hauses und eines Gutes wie dies zu machen und das ungeheure Einkommen zu erwerben, das zu ihrer Erhaltung nötig ist. Selbst der kühnste

Wunsch hat sich mir erfüllt. Und dies ist der Besitz, den zu verkaufen ich mich nun entschlossen habe."

„Und Ihre Bedingungen?" fragte der Auskunftsbeamte, nachdem er die Einzelheiten notiert hatte, die der Fremde ihm angab.

„Leicht – außerordentlich leicht!" antwortete der reiche Mann und lächelte, aber er zog dabei die Brauen ernst und fast schrecklich zusammen, als wolle er einer inneren Qual gebieten. „Ich war an den verschiedensten Unternehmungen beteiligt – Branntweinfabrikant war ich, trieb Geschäfte mit Afrika und Ostindien, spekulierte in Aktien, und aus all diesen Unternehmungen haben sich gewisse Belastungen ergeben. Von dem Käufer des Besitzes soll nur verlangt werden, daß er diese Lasten mit übernimmt."

„Ich verstehe Sie", sagte der Auskunftsbeamte und steckte die Feder hinters Ohr. „Aber ich fürchte, unter diesen Bedingungen kann kein Geschäft vermittelt werden. Höchstwahrscheinlich wird ja der nächste Besitzer das Gut unter ähnlichen Verpflichtungen erwerben, aber die wird er sich selber zugezogen haben, und das wird Ihre Lasten nicht im geringsten erleichtern."

„So soll ich also weiterleben", rief der Fremde zornig aus, „und der Schmutz dieser verfluchten Äcker und der Granit dieses entsetzlichen Hauses soll meine Seele zermalmen? Und wenn ich nun das Gebäude in ein Hospital oder Armenhaus verwandelte, oder wenn ich es niederrisse und eine Kirche daraus baute?"

„Sie können zum mindesten den Versuch machen", sagte der Auskunftgeber; „aber die ganze Angelegenheit kann nur von Ihnen selber geregelt werden."

Der beklagenswerte reiche Mann zog sich zurück und stieg in seine Kutsche, die leicht über das Holzpflaster dahinrollte, und war doch mit dem Gewicht großer Ländereien beladen, einem prächtigen Haus und schweren Haufen Goldes, alles eingeschlossen in einem einzigen bösen Gewissen.

Nun erschienen viele Stellungsuchende. Einer der auffallendsten darunter war eine kleine, verhutzelte Gestalt, die sich als einen der bösen Geister ausgab, die Doktor Faustus in seinem Laboratorium gedient hatten. Er gab vor, ein Dienstzeugnis zu besitzen, das ihm, wie er behauptete, von jenem berühmten Schwarzkünstler ausgestellt worden und von verschiedenen Meistern mitunterzeichnet war, denen er der Reihe nach Dienste leistete.

„Es tut mir leid, guter Freund", bemerkte der Auskunftgeber, „daß deine Aussicht, einen Dienst zu finden, nur gering ist. Heutzutage spielen die Leute selber den bösen Geist für sich und ihre Nachbarn, und sie spielen die Rolle wirkungsvoller als neunundneunzig Prozent deines Schlages."

Aber gerade nahm der arme Teufel Dunstgestalt an und wollte in trauriger Enttäuschung und Bekümmernis durch den Fußboden entweichen, als der Herausgeber einer politischen Zeitung zufällig das Büro betrat, um einen Winkelschriftsteller für Leitartikel zu suchen. Dem ehemaligen Diener Fausts wurde gestattet, sich in dieser Eigenschaft zu versuchen, nachdem einige Befürchtungen laut geworden waren, ob er dazu genügend Giftstoff in sich trüge. Dann erschien, gleichfalls auf der Stellungssuche, der geheimnisvolle ‚Mann in Rot', der Bonaparte bei seinem Aufstieg zur kaiserlichen Macht behilflich gewesen war. Seine Fähigkeiten wurden von einem ehrgeizigen Politiker untersucht, aber schließlich wies man ihn ab, weil ihm die Vertrautheit mit der durchtriebenen Taktik der Gegenwart fehle.

Die Leute folgten so ununterbrochen rasch aufeinander, als ob jedermann aus dem Lärm und Tumult der Stadt einen Abstecher hierher mache, um von einem Mangel, Überfluß oder Wunsch zu berichten. Einige wollten über den Verkauf von Waren und Besitzungen verhandeln. Ein Kaufmann aus China hatte durch langen Aufenthalt in diesem verheerenden Klima die Gesundheit verloren. Großzügig bot er sie mitsamt seinem Reichtum jedem Arzt an, der ihn von beiden befreien wollte. Ein Soldat bot seinen Lorbeerkranz aus für ein ebensogutes Bein, wie er auf dem Schlachtfeld dafür bezahlt hatte. Ein armer, müder Schelm wünschte nichts anderes zu erfahren, als wie er auf anständige Weise sein Leben loswerden könne; Unglück und Geldschwierigkeiten hatten ihn so gebrochen, daß er an keine Glücksmöglichkeit mehr glaubte und auch gar nicht mehr den Mut dazu aufbrachte. Trotzdem, als er zufällig im Auskunftsbüro eine Unterhaltung mitanhörte, wie man durch eine gewisse Art von Spekulation rasch großen Reichtum erwerben könne, beschloß er, doch noch so lange zu leben, bis er diesen Versuch, sein Geschick zu verbessern, ausprobiert hätte. Viele Leute wollten die Sünden ihrer Jugend gegen andere eintauschen, die dem Ernst vorgerückten Alters besser entsprachen; einige machten erfreulicherweise auch ernsthafte Anstrengungen, Laster gegen Tugenden einzutauschen, und, so schwierig der Handel auch war, sie brachten ihn glücklich zustande. Aber es war auffallend: das, was alle am wenigsten gern aufgeben wollten, selbst unter den günstigsten Angeboten nicht, das waren die Angewohnheiten, die Sonderlichkeiten, die charakteristischen Züge, die kleinen lächerlichen Schrullen, die halb Fehler, halb Torheiten waren, und von denen keiner als sie selbst wußte, worin ihr Reiz bestand.

Das große Buch, in das der Auskunftsbeamte all diese Launen müßiger Herzen, die heißen Wünsche tiefer Herzen, die verzweifelte Sehnsucht unglücklicher und die bösen Bitten verderbter Herzen einschrieb, müßte interessant zu lesen sein, wenn man es veröffentlichen könnte. Der menschliche Charakter in seiner Einzelentwicklung – die menschliche Natur als Ganzes – sie sind am besten an ihren Wünschen zu erkennen; und in diesem Buch waren sie alle zu Protokoll genommen. Endlos verschieden waren Art und Umstände und doch im tiefsten Grunde alle so ähnlich, daß jede einzelne Seite des Buches, mochte sie vor der Sintflut geschrieben sein oder am jüngst vergangenen Tage, sollte sie schon morgen geschrieben werden oder nach tausend Menschenaltern, als Beispiel für das Ganze dienen konnte. Was aber nicht sagen soll, daß da keine wilden Streiche der Phantasie verzeichnet waren, die kaum mehr als einem Menschenhirn entspringen konnten, ob es gesund war oder zerrüttet. Die seltsamsten Wünsche – die doch ganz natürlich schienen bei Männern, die sich ganz in die Wissenschaft versenkt hatten und auf hoher geistiger Warte standen, wenn auch noch nicht auf der allerhöchsten – bestanden darin, mit der Natur zu ringen, um ihr ein Geheimnis abzutrotzen oder eine Macht, die sie in ihrer Weisheit menschlicher Gewalt entrückte. Sie liebt es, ihre ehrgeizigen Gelehrten zu höhnen, sie zum besten zu haben mit Geheimnissen, die gerade eben über der Grenze ihrer Fassungskraft zu liegen scheinen. Neue Mineralien auszusinnen, neue Lebensformen zu erzeugen, ein Insekt zu erschaffen, wenn nicht gar ein höheres Lebewesen – das sind Wünsche, die oft in der Brust eines Gelehrten tobten. Ein Astronom, der viel mehr in den fernen Welten des Raumes lebte, als in dieser niederen Sphäre, sprach den Wunsch aus, die andere Seite des Mondes zu sehen, die er doch der Erde nicht zukehren kann, wenn nicht das ganze Himmelssystem geändert wird. Auf derselben Seite des Buches stand der Wunsch eines kleinen Kindes, das die Sterne als Spielzeig begehrte.

Der häufigste Wunsch, der in trostloser Häufigkeit wiederkehrte, war natürlich der, reich, reich, reich zu sein – von einigen wenigen Münzen bis zu unzählbaren Summen. In Wirklichkeit aber umkleidete dieser oft wiederholte Wunsch ebensoviel verschiedenes Begehren. Reichtum ist der goldene Schlüssel zur irdischen Welt und führt zu allem, was außerhalb der Seele liegt; und darum ist es die natürliche Sehnsucht nach dem Leben, in dem wir stehen, und in dem Gold die Grundlage alles Glücks bedeutet, die in diesem allgemeinen Wunsche sich zusammenfaßt. Ab und zu freilich bewies das Buch, daß es auch verderbte Herzen gibt, die das Gold um seiner selbst willen begehren. Viele wünschten sich Macht. Wahrlich, ein seltsamer Wunsch, da sie doch nur eine andere Form der Sklaverei bedeutet. Alte Leute verlangte es nach den Freuden ihrer Jugend; ein Stutzer wollte einen modischen Rock; ein gedankenloser Leser einen neuen Roman; ein Verseschmied einen Reim auf irgendein widerspenstiges Wort; einen Maler gelüstete es nach Tizians Farbengeheimnis; einem Fürsten nach einer schlichten Hütte; einem Republikaner nach Königreich und Palast; einem Lüstling nach seines Nächsten Weib; ein Feinschmecker bat um junge Erbsen; ein Bettler um eine Brotrinde. Die ehrgeizigen Wünsche der Staatsmänner, sonst so geschickt verheimlicht, hier wurden sie kühn und offen ausgesprochen, in gleicher Reihe mit des Menschenfreundes selbstlosen Wünschen für das Wohl aller, so schön und trostreich im Gegensatz zu dem Egoismus, der ständig das eigene Ich gegen die Welt ausspielte. In die dunkleren Geheimnisse des Buches der Wünsche wollen wir nicht eindringen.

Es wäre eine lehrreiche Beschäftigung für einen, der die Probleme der Menschheit studiert, diesen Band aufmerksam durchzulesen und seine Berichte mit den zur Ausführung gelangten Plänen der Menschen zu vergleichen, wie sie sich in ihren Handlungen und im täglichen Leben offenbaren, und dann festzustellen, wie weit die beiden miteinander übereinstimmen. In den meisten Fällen würden sie sicher einander nur entfernt entsprechen. Der heiligste und edelste Wunsch, der wie Weihrauch aus einem reinen Herzen zum Himmel steigt, verliert im Pesthauch übler Zeiten oft den süßen Duft. Der böse, mordgierige Wunsch, der aus einem schlimmen Herzen kommt, geht oft ins All hinaus, ohne sich zu einer irdischen Tat zu verdichten. Und doch stellt dieses Buch das menschliche Herz wahrscheinlich getreu dar als das lebendige Drama der Handlungen, das sich um uns herum abspielt. Es ist mehr Gut und Böse darin; mehr Entlastung für die Schlechten und mehr Schwächen der Tugendhaften; höherer Aufschwung und tiefere Erniedrigung der Seele, kurzum ein erstaunlicheres Gemisch von Tugend und Laster, als wir es in der Außenwelt beobachten. Wohlerzogenheit und äußerliche Gewissenhaftigkeit machen das Äußere oft schöner, als die inneren Mängel erwarten lassen. Und andererseits muß man zugeben, daß ein Mensch nur selten, ebensowenig wie er sie in die Tat umsetzt, selbst zu seinem besten Freund von den reinsten Wünschen spricht, die zu irgendeiner gesegneten Zeit aus der Tiefe seines Herzens stiegen und in diesem Buche für ihn Zeugnis geben. Und doch steht auf jedem Blatt genug, um selbst den Guten schaudern zu machen vor seinen eigenen wilden, törichten Wünschen sowohl wie vor dem Sünder, dessen ganzes Leben die Verkörperung schlimmen Begehrens ist.

Doch wieder öffnet sich die Tür, und wir hören das lärmende Treiben der Welt – ein tiefer, furchtbarer Ton, der nur in anderer Form einen Teil dessen ausdrückt, was in dem Buche steht, das vor dem Auskunftgeber liegt. Ein großväterlicher, alter Mann wankte eilig in das Büro. So ernst war ihm mit seiner gebrechlichen Hast, daß sein weißes Haar zurückwehte, als er auf das Pult zueilte; und seine trüben Augen erhielten vorübergehenden Glanz aus der Leidenschaftlichkeit seines Zieles. Diese ehrwürdige Gestalt erklärte, daß sie auf der Suche nach dem ‚Morgen' sei.

„Mein ganzes Leben lang habe ich danach gejagt", fügte der würdige, alte Herr hinzu, „denn ich war sicher, daß das ‚Morgen' ein großes Glück für mich im Schoße trüge. Aber nun komme ich etwas zu Jahren und muß mich beeilen, denn wenn ich das ‚Morgen' nicht bald erhasche, fürchte ich, es könnte mir schließlich ganz entwischen."

„Dieses flüchtige ‚Morgen', mein verehrter Freund", sagte der Auskunftgeber, „ist ein verirrtes Kind der Zeit, das von seiner Mutter fort ins Unendliche entlief. Setzt Eure Verfolgung fort, und Ihr werdet es zeifellos erreichen; aber was die irdischen Güter angeht, die Ihr erwartet – es hat sie alle unter einer Menge von Gestern ausgestreut."

Mit dieser rätselhaften Antwort mußte sich der Großvater begnügen. Er eilte hinaus, und sein Stock klapperte voll Hast auf dem Fußboden; und als er verschwand, kam ein kleiner Junge zur Tür hereingetrippelt, der hinter einem Schmetterling herlief, der sich im kahlen Sonnenschein der Großstadt verflogen hatte. Wäre der alte Mann klüger gewesen, so hätte er sein Morgen im Bild dieses schimmernden Insekts entdeckt. Der goldene Schmetterling blitzte durch den düstern Raum, stieß mit den Flügeln an das Buch der Wünsche und flatterte wieder hinaus; das Kind lief immer hinterher.

Jetzt trat ein Mann in nachlässiger Kleidung ein. Er sah aus wie ein Denker, und doch für einen Gelehrten etwas zu ungeschliffen und stämmig. Unbeugsame Kraft lag in seinem Gesicht; doch etwas Vornehmes und Kluges war darunter verborgen. Im ersten Augenblick erschien es rauh, doch der Strahl aus einem großen, warmen Herzen milderte den Ausdruck, und es lag Kraft genug darin, den ganzen machtvollen Geist zu durchglühen. Er trat auf den Auskunftsbeamten zu und schaute mit einem Blick so ernsthafter Offenheit auf ihn, daß nur wenige Geheimnisse für ihn undurchdringlich schienen.

„Ich suche die Wahrheit", sagte er.

„Das ist das Ziel, das mir am seltensten genannt wurde", erwiderte der Auskunftgeber, als er diese neue Eintragung in sein Buch machte. „Die meisten Leute versuchen, sich irgendeine geschickte Unaufrichtigkeit als Wahrheit einzureden. Aber ich kann Euch nicht behilflich sein bei Euren Nachforschungen. Ihr müßt das Wunder selber vollbringen. In irgendeinem beglükkenden Augenblick könnt Ihr die Wahrheit an Eurer Seite finden oder Ihr seht sie in nebelhafter Ferne vor Euch – oder vielleicht auch hinter Euch."

„Hinter mir nicht", sprach der Suchende, „denn ich habe nichts auf meinem Weg zurückgelassen, was ich nicht gründlich erforschte. Sie schwebt vor mir her; bald schreitet sie durch eine kahle Wüste, bald mengt sie sich in das Gewühl einer Volksmenge, dann wieder schreibt sie mit der Feder eines französischen Philosophen, oder sie steht vor dem Altar eines alten Domes, angetan wie ein katholischer Priester, der das Hochamt liest. Beschwerlich ist das Suchen! Aber ich darf nicht ermatten. Wenn ich so mit ganzem Herzen suche, wird sich die Wahrheit sicher endlich finden lassen."

Er hielt inne und heftete die Augen auf den Auskunftgeber, so eindringlich forschend, daß es schien, als berede er sich mit der innersten Natur dieses Wesens, ganz ohne seiner äußeren Erscheinungsform zu achten.

„Und was seid Ihr?" fragte er. „Ich gebe mich nicht zufrieden mit dieser Aufmachung eines Auskunftsbüros und diesem scheinbaren Geschäftsbetrieb. Sagt mir, was dahintersteckt und was Eure wirkliche Tätigkeit und Euer Einfluß auf die Menschheit ist.“

„Vor Eurem Geiste“, antwortete der andere, „verschwinden sogleich alle Formen und Verstellungen, die den inneren Kern vor der Menge verbergen, und es bleibt nur die nackte Wahrheit, die darunter liegt. So erfahrt das Geheimnis. Meine Tätigkeit im irdischen Getriebe, mein Zusammenhang mit der Hast und dem Lärm, mit der Verwirrung und Entwirrung menschlicher Angelegenheiten ist nur eine Täuschung. Der Wunsch im Herzen tut für den Menschen das, was ich zu tun scheine. Ich bin kein Werkzeug des Handelns, ich bin der Geist, der Buch hält für die ewige Gerechtigkeit.“

Was sonst noch für Geheimnisse enthüllt wurden, bleibt verborgen. Das Getöse der Stadt, der Lärm menschlicher Geschäftigkeit, das Geschrei der drängenden Masse, das Stürmen und Brausen irdischen Lebens auf seinem kurzen, geräuschvollen Weg schwoll so hoch an, daß es die Worte der beiden Redenden erstickte. Ob es im Mond war, wo sie plaudernd standen, auf dem Markt der Eitelkeit oder in einer Stadt dieser wirklichen Welt – das vermag ich nicht genau zu sagen.

„WERKE DER WELTLITERATUR"

(Auswahl)

Marc Aurel
Selbstbetrachtungen
ISBN 3-88400-028-4, 223 Seiten

Honoré de Balzac
Vater Goriot
ISBN 3-88400-025-1, 239 Seiten

Giambattista Basile
Das Pentameron
ISBN 3-88400-024-1, 724 Seiten

Catull
Das Buch der Lieder
ISBN 3-88400-200-7, 270 Seiten

Theodor Fontane
Gedichte
ISBN 3-88400-199-X, 322 Seiten

Prokop
Der Gotenkrieg
ISBN 3-88400-023-3, 311 Seiten

William M. Thackeray
Das Buch der Snobs
ISBN 3-88400-029-2, 256 Seiten

William M. Thackeray
Der Jahrmarkt der Eitelkeit
ISBN 3-88400-026-8, 432 Seiten

Magnus Verlag Essen

Russische Schriftsteller in der Reihe „Werke der Weltliteratur"

F. M. Dostojewski, Der Spieler, Ein schwaches Herz
ISBN 3-88400-189-2, 307 Seiten

Nikolai Gogol, Die toten Seelen
ISBN 3-88400-188-4, 512 Seiten

Lermontov Petschorin, Ein Held unserer Zeit
ISBN 3-88400-190-6, 304 Seiten

Alexander Puschkin, Die Hauptmannstochter Dubrowskij
ISBN 3-88400-187-6, 248 Seiten

A. K. Tolstoj, Iwan der Schreckliche
ISBN 3-88400-185-X, 413 Seiten

A. P. Tschechow, Humoresken
ISBN 3-88400-191-4, 401 Seiten

Iwan Turgenjew, Erste Liebe
ISBN 3-88400-186-8, 400 Seiten

Format jeweils 11,5 × 18 cm

Magnus Verlag Essen